W0184412

Fabeltie

Fabeltiere

Von Drachen, Einhörnern und anderen mythischen Wesen

Herausgegeben von
John Cherry

Aus dem Englischen übersetzt von
Ingrid Rein, Christian Rochow,
Thomas Schlachter

Mit 132 Abbildungen

Philipp Reclam jun.
Stuttgart

Titel der englischen Originalausgabe:
Mythical Beasts. Edited by John Cherry.
London: British Museum Press, 1995.

Das Kapitel »Sphingen« wurde übersetzt von Ingrid Rein, die Kapitel »Drachen«, »Einhörner«, »Greifen« und das Glossar von Christian Rochow, die Einführung sowie das Kapitel »Halbmenschliche Wesen« übersetzte Thomas Schlachter

RECLAM TASCHENBUCH Nr. 20185

Reihengestaltung: büroecco!, Augsburg
Umschlaggestaltung: Eva Knoll, Stuttgart,
unter Verwendung einer Darstellung aus einem
flämischen Millefleurs-Wandbehang *La Dame à licorne*, Ende 15. Jh.
Gesamtherstellung: Reclam, Ditzingen
Printed in Germany 2009
RECLAM ist eine eingetragene Marke
der Philipp Reclam jun. GmbH & Co., Stuttgart
ISBN 978-3-15-020185-5

www.reclam.de

Inhalt

Einführung
John Cherry
7

Drachen
Sheila R. Canby
19

Einhörner
John Cherry
68

Greifen
Peter Armour
112

Sphingen
Henrietta McCall
165

Halbmenschliche Wesen
Helen King
219

Lexikon
269

Literaturhinweise
301

Register
311

Einführung

John Cherry

Was ist das, ein Fabeltier? Wir wollen in diesem Buch unter einem Fabeltier nicht einfach ein Tier verstehen, das man mit der Welt der Fabel in Verbindung bringt. Auch bei Löwen, Pferden und Hunden besteht eine solche Verbindung, und doch macht das aus ihnen noch keine Fabeltiere. Als Fabeltiere bezeichnen wir vielmehr jene Tiere, die in Wirklichkeit nie existiert haben, sondern menschlicher Phantasie entsprungen sind. Ein solches Wesen kann sich aus Teilen verschiedener Tiere zusammensetzen – so bilden Kopf und Flügel des Adlers am Leib des Löwen den Vogel Greif. Es kann seine Entstehung aber auch der Vervielfältigung verdanken, wie im Falle der vielköpfigen Hydra. In manchen dieser Wesen gehen Mensch und Tier eine Verbindung ein, etwa beim Kentauren, der Meerjungfrau oder dem Minotauros. Indem das Fabelwesen Teile verschiedener Tiere in sich vereint, unterstreicht es deren Gegensätzlichkeit. Abzugrenzen sind Fabeltiere von den Dämonen, also bösen Geistern in oft zweibeiniger Form, aber auch von den Ungeheuern, jenen oft bloß mißgestalteten Tieren. Das vorliegende Werk versucht anschaulich zu machen, wie schöpferisch der Mensch beim Erfinden der Fabelwesen am Werke war.

Es ist auffällig, wie häufig sich diese Wesen wiederholen. Tatsächlich kennt die Natur einen weit größeren Artenreichtum als unser Einbildungsvermögen. So bemerkte etwa der Schriftsteller Jorge Luis Borges im Vorwort zu seinem *Buch der imaginären Wesen*: »Die Zoologie unserer Träume nimmt sich weit bescheidener aus als die Zoologie des Schöpfers.« Und doch verdienen manche imaginären Wesen wegen der ihnen zuteil gewordenen, oft an Anbetung grenzenden Aufmerksamkeit unser Interesse. Viele der hier versammelten Tiere könnten noch weit eingehender untersucht werden. Wir wollten jedoch dem Leser einfach eine Einführung in diese Menagerie, aber auch Anregungen zu weiteren Entdeckungen bieten.

Wie nun aber erfolgte die Auswahl der Tiere für dieses Buch, und weshalb wurde manchen mehr Platz eingeräumt als anderen? Die Autoren fühlten sich gerade zu jenen Fabelwesen hingezogen, die über alle kulturellen Grenzen hinweg besonders wirksam gewesen sind, auch wenn ihre Bedeutung von Kultur zu Kultur stark schwanken mag. Der Drache ist das möglicherweise am weitesten verbreitete Fabeltier. Einhorn und Greif haben ihren Ursprung beide in der Antike, doch verläuft ihre Entwicklung auch im Mittelalter parallel. Die Sphinx schlägt einen Bogen von der Welt des alten Ägypten zur Moderne. Ein Kapitel über Vögel wurde zwar in Erwägung gezogen, doch der Phönix, die Baumgans und alle anderen hätten sich nur schwer auf einen Nenner bringen lassen. Grundsätzlich keine Aufnahme fanden Göttinnen und Götter sowie reale Tiere. Die ausgewählten Wesen erschienen uns sowohl wegen ihrer eigentlichen Geschichten wie auch wegen der darin transportierten Bedeutungen und Symbolisierungen bemerkenswert.

Die in diesem Buch gezeichnete Landkarte der Fabeltiere erstreckt sich von den alten Hochkulturen des nahen und fernen Ostens bis ins heutige Europa; im Glossar tauchen aber auch Tiere aus Afrika und Australien, aus Nord- und Südamerika auf. Ein wichtiger Aspekt war der Bedeutungs- und Formenwandel in unterschiedlichen Gegenden und Kulturen. Sowohl in der Antike wie im Mittelalter hegte man die Vorstellung, daß diese Tiere aus

Vielköpfiges apokalyptisches Tier, aus einer zwischen 1320 und 1330 vermutlich in East Anglia entstandenen apokalyptischen Handschrift.

fernen Gegenden stammten oder dort lebten – und diese räumliche Entfernung machte sie nur noch geheimnisvoller. Man glaubte beispielsweise, der Phönix komme aus Arabien (eine Ansicht übrigens, die auf die alten Ägypter zurückgeht), und mittelalterliche Schreiber vermuteten die Brutstätten der Drachen in Indien und Äthiopien.

Häufig besteht ein enger Zusammenhang zwischen der Entstehung der Fabeltiere und den Schöpfungsmythen. Im mesopotamischen *Weltschöpfungsepos* verkörpert Tiamat das Meer. Sie erschafft eine Schar grausamer Ungeheuer, die ihr im Kampf gegen den allwissenden Gott Ea und dessen Sohn, den Helden Marduk, beistehen sollen. Unter diesen Ungeheuern finden sich eine Hornschlange, ein Skorpionmann, ein Fischmann und ein Stiermann. Schließlich tötet Marduk Tiamat im Zweikampf und fängt alle anderen von ihr geschaffenen Dämonen ein. Marduk bricht daraufhin Tiamat in zwei Hälften und bildet daraus zuerst Himmel und Erde, danach den restlichen Kosmos. Nach vollbrachter Tat erschafft er den Menschen. Im griechischen Schöpfungsmythos ist gleichfalls von der Geburt ungeheurer Kreaturen die Rede; Typhon – ein grausiges Ungeheuer mit hundert Drachenhäuptern, Sohn von Gaia, der Mutter der olympischen Götter – heiratet seine Schwester Echidna, mit der er Kerberos (Zerberus), die Chimäre und viele weitere Wesen zeugt. Selbst auf christlichen Gemälden, die Gott bei der Schöpfung der Vögel und der anderen Tiere zeigen, sind Fabelwesen wie das Einhorn und der Greif zu sehen, glaubte man doch, die Bibel liefere für deren Existenz die nötige geistliche Autorität.

Fabeltiere zeichneten sich häufig dadurch aus, daß sie über Naturkräfte wie Feuer und Wasser Macht hatten. Feuerspeiende Drachen kennt jeder, schon ungewöhnlicher erscheint die Idee eines feuerspeienden Seeungeheuers, wie etwa des im Buch Hiob beschriebenen Leviathan, aus dessen Rachen Feuer und aus dessen Nüstern Rauch schießt. Die chinesischen Drachen waren meist gütig, denn sie herrschten über das Wetter und sorgten für die richtige Verteilung des Regens über die Jahreszeiten. Bösartiger gebärdete sich in der hinduistischen Mythologie der Drache Vritra, der sein Heim in den Wolken hatte. Er nahte auf den Flügeln des Monsun; in seinem Körper hortete er riesige Wasservorräte, die sich erst entluden, wenn Indra, Gott des Donners und Herr über die Elemente, einen Blitzstrahl gegen ihn schleuderte. Dann barst der Drachen, und das Land wurde bewässert.

Aus Darstellungen der bildenden Kunst, insbesondere der Bildhauerei, erfahren wir manches über die einstige Stellung der Fabelwesen. Einerseits machen sie immer wieder die Grenze zwischen zwei unterschiedlichen Kreaturen deutlich; andrerseits wurden sie auch oft eingesetzt, um elementare Grenzen und heilige Schranken zu schützen und Eingänge zu bewachen. Ganz deutlich

Gott erschafft die Tiere. Diese Szene, dem Psalmenbuch der Queen Mary aus dem frühen 14. Jh. entnommen, zeigt Einhorn und Greif vor Gottes Thron.

sehen wir dies bei den kolossalen Steinskulpturen, jenen menschenhäuptigen, gefiederten Stieren und Löwen, die die Pforten der großen mesopotamischen Paläste von Kalach und Chorsabad flankieren, bei deren Anblick die Entdecker jener Zivilisationen so erschraken. In jüngerer Zeit ließ man in Italien die romanischen Portale von Löwen und Greifen bewachen, was wiederum deren Verwendung in anderen Ländern beeinflußte. In der griechischen Mythologie erscheinen Drachen und Schlangen ebenfalls als Wächter, denken wir nur an den Python von Delphi oder den Drachen Ladon, der zusammen mit den drei als Hesperiden bekannten Schwestern die goldenen Äpfel hütete, welche Hera zur Hochzeit geschenkt erhalten hatte.

Gelegentlich folgt aus dem Tod eines Fabelwesens dessen Wiedergeburt. Nächstliegendes Beispiel für diese Kontinuität ist der aus der Asche des ihn verzehrenden Feuers neu erstehende Phönix. Andere Geburten verdanken sich dem Tod von Ungeheuern:

Die Rückseite des »Phönix«-Juwels zeigt das Emblem des aus den Flammen steigenden Phönix, das Monogramm von Queen Elisabeth I. und eine Krone unter himmlischen Strahlen. Dieses englische Juwel, auf dessen Vorderseite sich ein Brustbild der Königin befindet, entstand um 1570–1580.

Das Flügelroß Pegasus entspringt aus dem Blut der griechischen Gorgone Medusa, nachdem diese vom Helden Perseus getötet wird. Eine andere Vorstellung betrachtet Tod und Auferstehung der Fabelwesen als fortlaufenden Prozeß. Als Beispiel dafür mag der Tod und die Wiedergeburt der Sonne dienen, die Tag für Tag vom ägyptischen Schlangendrachen Apophis (Aapep) verfolgt wird; im tödlichen nächtlichen Kampf wird Apophis schließlich getötet und zerstückelt, ist aber glücklicherweise rechtzeitig für den folgenden Tag wiederhergestellt.

Manche Fabeltiere, wie etwa die Geschöpfe Tiamats, personifizierten die Macht des Bösen. Im Nahen Osten diente insbesondere die Schlange oder der Drache als Symbol für das Naturgesetz des Bösen. In Ägypten war die erwähnte Apophis jene von Re unterworfene Riesenschlange aus dem Reich der Finsternis. Im Alten Testament stellte der Drache die Quelle des Todes und aller Sünden dar, eine Auffassung, die das Neue Testament übernahm und in die christliche Mythologie des Mittelalters überführte, wo der Drache für den Teufel und dessen Werke stand. Insbesondere diente er als Symbol der Häresie. Mit der im Jahre 1418 erfolgten Gründung des Ritterordens des besiegten Drachen durch Sigismund, Kaiser des Heiligen Römischen Reichs, wurde der Sieg des orthodoxen Glaubens über den Häretiker Jan Hus gefeiert.

Es gehört zu den wichtigsten Funktionen einiger Fabeltiere, für den Helden in dessen siegreichem Kampf gegen das Böse den Gegner zu stellen. Denkwürdige Beispiele für das Ringen zwischen Helden und den Kräften des Bösen sind die Kämpfe zwischen Bellerophon und der Chimäre, zwischen dem heiligen Georg und dem Drachen und zwischen Sigurd (Siegfried) und Fafnir. Gelegentlich wird das Ringen mit dem Tier als erdrückende und nicht zu bewältigende Aufgabe geschildert. So muß beispielsweise Daniel in der Geschichte von Baal und dem Drachen in den Apokryphen den Drachen ganz ohne Knüppel oder Schwert töten, ein für unmöglich erachtetes Unterfangen. Daniel aber entledigt sich seiner Aufgabe mit Bravour, indem er dem Drachen Pech, Fett und Haare in den Schlund stopft. In ähnlicher Lage fand sich Herakles,

Herakles und die Lernäische Hydra auf einem rotfigurigen Gefäß, das dem Geras-Maler zugeschrieben wird. Entstanden in Athen um 480–470 v. Chr.

der den unter dem Namen Lernäische Hydra bekannten vielköpfigen Drachen töten sollte; jedesmal nämlich, wenn ein Kopf abgeschlagen war, wuchsen an jener Stelle zwei neue nach. Schließlich löste er das Problem, indem er, zusammen mit Jolaos, einen nahen Wald in Brand setzte und mit dem Feuer, kaum war der Kopf abgeschlagen, den Halsstumpf versengte – ein schönes Beispiel für heroisches Querdenken. Aber nicht immer ist mit dem Tod des Fabelwesens die Sache aus der Welt.

Einmal vom Helden unterworfen, wurden manche Wesen selbst Embleme der Kühnheit. Die Eigenschaften der Fabelwesen, welche zu dieser Interpretation führten, wurden im 17. Jahrhundert vom Autor Sir Thomas Browne in seiner Definition des Greifen umrissen: »So nennt er denn die Züge eines Hüters oder sonstwie Vertrauten sein eigen; die Ohren verheißen Aufmerksamkeit, die Flügel Entschlossenheit der Tat, der löwenhafte Bau Mut und Kühnheit, der krumme Schnabel Zähigkeit und Ausdauer. In sei-

Englischer Silbergreif um 1600; diente den Gefolgsleuten des Hauses Cholmondeley in Cheshire als Zunftabzeichen.

ner Zusammensetzung aus Adler und Löwe, jenen edelsten Tieren ihrer Gattung, ist er ein Emblem für Kühnheit und Großmut; und so erweist er sich für Prinzen, Präsidenten, Generäle und sämtliche heroischen Führer von Nutzen; und so führen ihn auch manche der nobelsten Familien Europas in ihren Wappen.«

Höchst bemerkenswert ist das Fortleben der Fabeltiere bis in die Moderne in der Heraldik, ob auf Schilden oder als Schildhalter. Dieser Brauch wurde möglicherweise von Agamemnon eingeführt, war doch auf seinem Schild neben dem Gorgonenhaupt eine blaue dreiköpfige Schlange zu sehen. Den Drachen als kriegerisches Symbol entdeckte der römische Kaiser Trajan bei den unterworfenen Dakern, und er machte ihn zum Emblem der Kohorte, einer Infanterieeinheit des römischen Heers. Vor der normannischen Eroberung war das Drachenbanner in England ein Emblem der angelsächsischen Könige, und noch im Jahre 1245 wurde es von Heinrich III. bei seinem Krieg gegen Wales mitgeführt. Der Gebrauch von Fabelwesen auf Wappen statt auf Standarten und Bannern scheint seinen Ursprung Ende des 14. Jahrhunderts in Frankreich und Deutschland gehabt zu haben; aufgrund der französischen Religionskriege fand es seinen Weg nach England. Häufig nehmen Fabelwesen ihre grimmige Beschützerrolle als seitliche Schildhalter wahr. Zu den berühmtesten zählen der Löwe und das Einhorn beidseits des englischen Königs-Wappens. Und bis zum heutigen Tag werden Fabelwesen unter anderem von Apotheken, Banken und Versicherungen als Symbole eingesetzt, um gegenüber der Kundschaft Vertrauenswürdigkeit auszustrahlen.

Das 1988 von Wolf Olins für die Midland Bank geschaffene Greif-Symbol.

Man könnte angesichts der Stärke und dämonischen Energie mancher Fabelwesen vermuten, daß sich diese niemals würden bändigen lassen; die Macht über sie betonte also gewissermaßen Status und Stärke des Helden. So wollte zum Beispiel Bellerophons Versuch, Pegasus zu zähmen, erst gelingen, als ihm die Göttin Athene einen magischen Zaum schenkte. Manche Fabeltiere wurden sogar vor Triumphwagen gespannt, ein Dienst, den sie insbesondere im mittelalterlichen Italien versahen; so zieht etwa der Greif in Dantes *Purgatorio* den Triumphwagen des Himmlischen Jerusalem, und das Einhorn wird oft beim Ziehen des Keuschheitswagens dargestellt.

Als Hüter von Grenzen und Übergängen spielten Fabelwesen beim Bewachen der Grenze zwischen Leben und Tod eine wichtige Rolle. Die Pforte zur griechischen Unterwelt wurde von Kerberos bewacht, einem dreiköpfigen Hund, der jedem, der wollte, Einlaß gewährte, jedoch den, der zu gehen trachtete, verschlang. Eine andere Art, diese Grenze zu überschreiten, bestand darin, sich von einer Harpyie, einer Vogelfrau, mitnehmen zu lassen, die mit den Seelen der Toten zum Hades flog. Auf dem »Harpyiengrab«, einer lykischen Totensäule aus dem frühen 5. Jahrhundert v. Chr., sehen wir Harpyien im Flug.

Die antiken Monster im Vorderen Orient entsprangen der Vorstellung eines kosmischen Kampfes zwischen Göttern und Dämonen, in dem über das menschliche Schicksal entschieden wurde. Im Mittelalter hatte sich diese Auffassung in Europa bereits merklich verändert; für die christlichen Mönche jener Tage hatten sich die alptraumhaften Visionen von grausamen Untieren in Symbole für die irdischen Leidenschaften und übernatürlichen Kräfte verwandelt, die auch sie in ihrem Ringen um spirituelle Vollkommenheit bedrängten. Mit dem Aufkommen der modernen Psychologie wurden daraus Symbole des Unbewußten, besonders der unbewußten Wünsche.

Das Einhorn zum Beispiel war stolz, edel und von grimmigem Mut, aber auch sanft und friedlich. Nur ein jungfräuliches Mädchen war in der Lage, es einzufangen und zum königlichen Palast zu führen. Einerseits symbolisierte das Einhorn Christus, andrerseits die irdische Liebe. Auf den im Spätmittelalter zuweilen zwischen Liebenden ausgetauschten Schatullen repräsentiert das Einhorn den Liebhaber, das jungfräuliche Mädchen aber dessen schöne, holde Geliebte.

Die verführerischen Reize der Fabelwesen veranlaßten den heiligen Bernhard von Clairvaux im 12. Jahrhundert, sich gegen den Gebrauch mißgestalteter Schönheit in klösterlichen Skulpturen zu wenden, indem er die von den Mönchen des Klosters im burgundischen Cluny geförderte Kunst brandmarkte: »Wozu dienen jene unreinen Affen, jene wilden Löwen, jene grauslichen Kentauren, jene Halbmenschen, jene gestreiften Tiger, jene kämpfenden Ritter, jene Jäger mit ihren Hörnern? Viele Leiber finden sich hier unter einem Kopfe, aber auch viele Köpfe auf einem einzigen Leibe. Hier ein vierfüßiges Wesen mit einem Schlangenschwanz; dort ein Fisch mit dem Kopf eines Vierfüßers. [. . .] so vielgestaltig und so prächtig ist allerorten der Reichtum an Formen, daß wir eher versucht sind, im Marmor zu lesen anstatt in unseren Büchern.«

Fabeltiere sind Schöpfungen der Phantasie, die als Symbole nie aussterben. Über Generationen, Gesellschaften und Kulturen hinweg haben sie sich am Leben erhalten, wenn auch oft begleitet von anderen Bedeutungen und Assoziationen. In Literatur und Kunst wird die Spur dieser Wesen nachgezeichnet. Die Verfasser dieses Buchs haben sich, um das Fortleben und die wandelnde Wahrnehmung dieser seltsamen Wesen zu illustrieren, auf die reiche Vielfalt an überlieferten Kunstwerken stützen können.

Drachen

Sheila R. Canby

Wo und wann schlug die Geburtsstunde der Drachen? Entsprangen sie voll ausgewachsen den Händen eines Künstlers oder von den Lippen eines Poeten? Absolut gesehen, läßt sich keine dieser beiden Fragen beantworten. Kunstwerke jedenfalls, die Drachen in der einen oder anderen Form darstellen, sind bereits sehr früh nachweisbar, nämlich im 4. Jahrtausend v. Chr. Da es jedoch keine Texte aus diesem Zeitraum gibt, bleiben Bedeutung und Absicht dieser Drachen-Motive im Dunkeln. Sobald dann die Schrift als Begleiterin der Bildwelten auftritt, wird deutlich, welchen Platz die Drachen im Mythos einnehmen. Jedoch entwickelte sich die Gestalt des Drachen zu Zeiten unabhängig von ihrer Bedeutung. Beispielsweise trägt ein Drache, dessen Gestalt auf einem chinesischen Vorbild beruht, im Iran des 15. Jahrhunderts ganz andere Konnotationen als sein Gegenstück aus dem China der Ming-Dynastie. Obwohl die Idee des Drachen manchmal so schlüpfrig und so schwer faßbar ist wie das Tier selbst, unternimmt das folgende Kapitel den Versuch, den Drachen in seinen bildlichen und literarischen Erscheinungsformen von den prähistorischen Zeiten bis zur Gegenwart vorzustellen. Selbstverständlich werden dabei viele

Die Krähe hält eine Rede an die versammelten Tiere, Aquarell aus einer Fabelsammlung, vielleicht dem *Anwar-i Suhayli* des al-Kashifi. Das Bild stellt vielleicht eine Variante der Episode aus diesem Buch dar, in der die Krähe versucht, durch eine Ansprache an die Vögel deren Unterstützung gegen den Anführer der Eulen zu gewinnen. Neben realen Tieren findet sich hier der Simurgh oder Phönix (oben rechts), ein schlangenhafter Drache im chinesischen Stil (Mitte rechts) und ein krokodilhafter indischer Makara (unten links). Miskin zugeschrieben, Indien, Mughal, um 1610.

Drachen noch unserm Fangnetz entgehen; doch wenn wir ihre Vettern betrachten, wird sicherlich ihr Wesenskern deutlich werden, wenn auch nicht jede ihrer spezifischen lokalen Einzelheiten.

Altertum

Das Geschöpf, unter dem wir heute einen Drachen verstehen – das schuppentragende Reptil mit dem schlangenartigen Körper, dem Kopf eines Krokodils, mit vier Beinen, mit Hörnern, Flügeln und feuerspeiendem Atem –, entwickelte seine Form aus verschiedenen Einzelzügen. Im antiken Indien und in Ägypten wurden Drachen mit Schlangen identifiziert (oder mit prächtigeren Varianten von diesen), wenn auch die indische *makara* vom Krokodil abgeleitet ist. Die frühesten chinesischen Drachen hingegen ähneln Eidechsen oder sind zusammengesetzte Kreaturen mit dem Schwanz einer Schlange und dem Kopf eines anderen Tiers. Die Drachen der vorderasiatischen Antike wiederum besitzen zwar einen Schuppenpanzer, stellen aber sonst ein ganz und gar erfundenes Mischwesen dar, zusammengesetzt aus den Merkmalen von Kriechtier und Säugetier, ohne daß eine dieser Merkmalgruppen vorherrschen würde.

Der Abguß des zwischen 2000 und 1500 v. Chr. entstandenen Rollsiegels aus Bannu in der nordwestlichen Grenzregion Pakistans ist ein frühes Beispiel für die symbolische Bedeutung von Schlangen auf diesem Subkontinent. Die Schlangen und Vögel auf diesem Siegel beziehen sich möglicherweise auf Erde und Himmel. Die einzelne Schlange links ist ein Abdruck des runden Oberteils des Siegels.

Bei Ausgrabungen in Pakistan und China traten Kunstgegenstände zutage, die entweder mit Schlangen oder mit drachenartigen Tierkombinationen verziert sind. Diese Objekte gehen der Erfindung der Schrift um Hunderte von Jahren voraus. Während das Rollsiegel aus Bannu, das dem späten 2. Jahrtausend v. Chr. entstammt, ein frühes Beispiel des auf dem indischen Subkontinent lange Zeit verbreiteten Phänomens der Schlangenverehrung darstellen mag, bleibt der chinesische Schweinedrache ein Rätsel. Vergleichbare vollständige Stücke mit einem geschlängelten Schuppenschwanz sind in neolithischen Grabungsstätten der Provinz Liaoning im Nordosten Chinas gefunden worden. Sie datieren aus dem 4. Jahrtausend v. Chr. und stehen offensichtlich im Zusam-

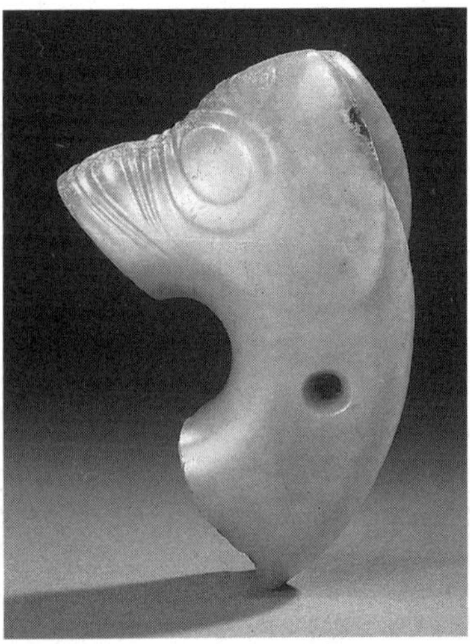

In unbeschädigtem Zustand besaß dieser chinesische Schweinedrachen aus Jade, der gegen 3500 v. Chr. angefertigt wurde, einen schuppenbesetzten Schwanz. Es ist aber nicht sicher, ob diese Wesen als Drachen angesehen wurden. Es wird vermutet, ist aber nicht bewiesen, daß sich die Form des Schweinedrachens von Ohrringen aus Jade ableitet, die in Begräbnisstätten der Hongshan Kultur, etwa 3800–2700 v. Chr., gefunden wurden.

menhang mit Begräbnissen. In einem Fall wurden zwei derartige Jadeplastiken Rücken an Rücken in der Brusthöhle eines Skeletts entdeckt. Ob dies auf einen rituellen Gebrauch dieser Objekte hindeutet oder nur dem Wert, der Gegenständen aus Jade zugesprochen wurde, zuzuschreiben ist, bleibt rätselhaft. Genausowenig können wir wissen, ob derartige Stücke überhaupt als Drachen angesehen wurden, und, falls dies der Fall war, welche Bedeutung sie für ihre Besitzer, Menschen des 4. vorchristlichen Jahrtausends, ausdrückten.

Mit der Erfindung der Schrift im 3. Jahrtausend v. Chr. wird die mythische Bedeutung der Drachen greifbarer. Das *Weltschöpfungslied*, ein babylonisches Epos des frühen 2. Jahrtausends, erzählt detailliert vom Kampf des Apsu, des Gottes der ursprünglichen Gewässer unter der Erde, und seiner Gemahlin Tiamat, der Göttin des Meers, gegen den gemeinsamen Sohn, den allwissenden Ea. Nachdem er Apsu getötet hatte, übernahm Ea dessen Herrschaft und erschuf mit seiner Geliebten den Götter-Heros Marduk. Unterdessen plante Tiamat auf Drängen ihrer Kinder Rache. Um Hilfe für ihren Krieg zu bekommen, brachte sie hervor

riesige Schlangen mit scharfen Zähnen und schonungslosen Hauern [?].
Mit Gift anstelle des Blutes füllte sie ihre Körper.
Grimme Drachen bekleidete sie mit schreckenserweckenden Strahlen,
ließ sie Hüllen von strahlendem Glanz tragen, machte sie gottgleich
[*indem sie folgende Beschwörung anstimmte:*]
›Wer sie nur anschaut, muß vor Angst allein vergehn!
Angriffslustig sollen sie ihre Körper hochrecken, und niemals sich zurückziehen!‹
Sie postierte eine gehörnte Schlange – einen *mušhuššu*, einen Drachen, und einen *lahmu*, einen Helden,
[...] trächtig war sie von mitleidslosen Drachen, die furchtlos waren im Kampf.

Obwohl Tiamat zunächst erfolgreich war in ihrem Bemühen, die Feinde zu schrecken, forderte Marduk sie endlich zum Einzelkampf heraus und besiegte sie. Dies gelang ihm, indem er einen starken Wind in ihr Inneres hineintrieb, der ihren Bauch aufschwellen ließ und es ihm ermöglichte, sie mit einem Pfeilschuß zu durchbohren. Danach zerteilte Marduk den Körper in der Mitte, die eine Hälfte nahm er als Dach des Himmels, um die Wasser zurückzuhalten, ›so daß sie nicht entkommen konnten‹, die andere Hälfte legte er nieder und machte daraus die Oberfläche der Erde. Was den *mušhuššu*-Drachen betraf, so wurden er und die anderen Ungeheuer, die Tiamat geboren hatte, gefangengenommen und dem Marduk unterworfen. Als Marduk die Insignien seiner Königsherrschaft von den übrigen Göttern empfing, nahm der Drache den Platz zu seinen Füßen ein.

Selbst aus diesem epischen Gedicht, in dem der Drache keine zentrale Rolle für die Handlung spielt, wird seine ambivalente Be-

Der Abdruck des akkadischen Rollsiegels von etwa 2300–2200 v. Chr. zeigt einen bärtigen Gott, der in der Inschrift als Iba'um bezeichnet wird, oberhalb eines Drachen vom Mušhuššu-Typus. Wie der Mušhuššu des Gottes Marduk befindet sich auch dieser Drache zu Füßen seines Gottes. Ein anderer bärtiger Gott hält ein Seil, das der Drache um seinen Nacken hat, und führt mit der anderen Hand einen anbetenden Menschen.

deutung erkennbar. Als ein Glied in Tiamats Heer von Ungeheuern ist er grausam und bösartig. Von Marduk unterworfen, wird er zahm und zu einem dienenden Wächter des Königs der Götter. Die Assoziation des Drachen mit dem Element Wasser – hier mit Tiamat, der Personifikation des Meeres – wird zu einem seiner durchgehenden Wesenszüge, ebenso legt sich seine Rolle als Wächter, erst der Götter, dann von Schatzhorten, schon früh fest. Aus dem Text dieses *Weltschöpfungslieds* wird zudem deutlich, daß Drachen von Schlangen unterschieden wurden. Anders als in Ägypten, wo die Schlangen im Mythos viele Funktionen des Drachen innehatten, ist die Symbolik der Schlangen im Zweistromland deutlich von der der Drachen geschieden.

Obwohl die physischen Attribute des babylonischen Drachen von den Ägyptern nicht übernommen wurden, kann eine sumerische Version des *Weltschöpfungslieds* der Ursprung einer Version des ägyptischen Mythos von der Niederlage des Apophis sein, der mit dem Sonnengott Ra verfeindeten Seeschlange. Hier überwindet der Gott Seth, der später als Feind des Osiris geschmäht wird, den Apophis in einer Weise, die Marduks Sieg über Tiamat vergleichbar ist. Dieser Kampf versinnbildlicht den Sieg des Lichtes über die Finsternis und ebenso die Bezwingung des Chaos und die Erneuerung des Lebens. In der ägyptischen Religion wurden Dunkelheit und Licht, Tod und Leben, Osiris und Re als ein großer Zusammenhang aufgefaßt. Weil die Ägypter auf die Darstellung des Lebens nach dem Tode besonderen Nachdruck legten, finden sich bei der Beschreibung von Res Reise durch die Unterwelt auch sehr viele Abbildungen von Schlangen.

Die Ägypter glaubten, daß Re jede Nacht die Unterwelt, Duat, durchquerte. Im 15. Jahrhundert v. Chr. wurde diese Fahrt im *Unterweltsbuch*, dem *Am-Duat*, genau beschrieben und an den Wänden der Gräber von Thutmosis III. (1425 v. Chr.) und Amenophis II. (1401 v. Chr.) bildlich dargestellt. Die Reise ist in zwölf Stunden oder Szenarien unterteilt. Im vierten Szenario gelangt Re an einen Durchgang zum Grab des Osiris mit zwei offenen Türen, die von Schlangen gehütet werden, von denen einige einen menschlichen

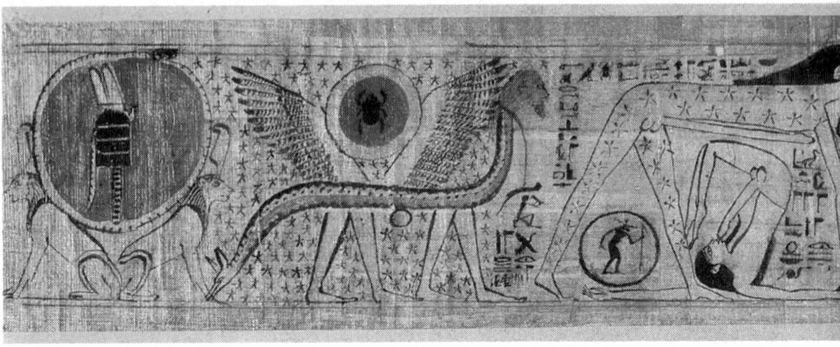

Kopf und vier Beine, andere drei Schlangenköpfe und Flügel besitzen. Diese drachenartigen Kreaturen üben nur ihre Wächterfunktion aus und tun Re kein Leid an. Im siebenten Szenario beobachtet Re von seinem Sonnenboot aus den Sieg über Apophis, die riesige Schlange, Symbol des Chaos, die versucht, ihn zu verschlingen. Apophis ist dargestellt, wie sie, durch Messerstiche verwundet, kampfunfähig geworden ist. Eine weitere Schlange findet sich im zwölften Szenario: sie ist der Körper, in den das Sonnenboot treibt und aus dessen Maul Re in der Gestalt des Khepri, des Skarabäus, austritt. In dieser Gestalt segelt Re dann im Osten aufwärts, um als Sonne in den folgenden zwölf Stunden die Erde zu bescheinen.

In einer analogen, aber etwas späteren Beschreibung von Res Unterweltsreise, dem *Buch der Tore*, erfolgt der Eintritt in jede der zwölf Stunden durch ein schlangenbewachtes Tor. Feuerspeiende Kobras bekrönen die Türme des Tors. Im zweiten Szenario wird wiederum die Riesenschlange Apophis, Res Feindin, besiegt. Das dritte Szenario prunkt mit dem Meer der Kobras, die Res Flamme bewachen, und mit der großen, eingerollten Schlange Hereret, die von Göttinnen flankiert ist, die jedes Übel verschlingen, das von Hereret ausgehen könnte. Im fünften Szenario ist wieder die besiegte Apophis zu sehen, die ihre menschlichen Opfer freigibt, damit sie von Re aufgenommen werden können. Variationen über die Besiegung der Apophis zeigen sich auch im

Der Drache oder die Schlange auf diesem ägyptischen Bilder-Papyrus besitzt einen bärtigen Menschenkopf und einen schakalköpfigen Schwanz. Im 11. und 10. Jh. v. Chr. wurden Papyri zunehmend in einer Ikonographie illustriert, die eigentümliche Züge zuließ und nicht standardisiert war. Der Drache hier bezieht sich auf das Thema der Auferstehung und Wiedergeburt der Sonne und steht deshalb vor einem sternenbesetzten Nachthimmel. Aus einem Papyrus des Henut-tawi, 21. Dynastie, 11.–10. Jh. v. Chr.

neunten, zehnten und elften Szenario; sie finden in der Ankettung der Schlange ihren Höhepunkt.

Obwohl die Ägypter bei der Darstellung der Apophis und anderer Reptilien der Unterwelt unbeirrt am Bild der Schlange festhielten, war die Funktion dieser Schlangen entschieden drachenhaft. Einerseits sind da die sinistren, dunklen, chaotischen Eigenschaften der Apophis, andererseits agieren die Bewohner des Meers der Kobras als Wächter über Res kostbares Feuer. Die Wächterschlangen über jedem Tor speien Feuer, wahrscheinlich, um die Feinde von Osiris und Re zu töten oder jene, die nicht durch die Unterwelt passieren dürfen. Auch hier besitzen die Schlangen-Drachen Anlagen zum Guten, vor allem dann, wenn sie im Dienst von Göttern wie Re stehen. Jedoch legt ihre Wächterrolle gleichzeitig nahe, daß sie auch durch Feuer, durch Gift oder durch Erwürgen töten können. Darüber hinaus sind die Assoziation von Schlangen mit der Unterwelt – eine deutliche Anspielung auf ihre untergründige Lebensweise – und ihre Verbindung mit Tod und Wiedergeburt – wahrscheinlich bezogen auf ihre Fähigkeit, sich mittels Häutung zu ›regenerieren‹ – Züge, die der Mythologie der Drachen allüberall in der Welt gemeinsam sind.

Schlangen und Drachen treten auch im Alten Testament auf, und beide haben hier negative Bedeutung. Die Schlange, die im Garten Eden Eva versucht, daß sie den Apfel esse, ist das klassi-

Die feuerspeienden und nicht feuerspeienden Drachen in dem zentralen Register dieses Sarkophags der 30. Dynastie, um 345 v. Chr., sind Teil des Pantheons der ägyptischen Unterwelt, wie sie im *Am-Duat* beschrieben ist. Dieser Sarkophag wurde nie benutzt, denn sein Auftraggeber, Pharao Nektanebos II. floh infolge der persischen Invasion von 343 v. Chr. nach Nubien.

sche Symbol des Teufels. Diese Geschichte ist auch ein Beispiel für die Assoziation der Schlange mit Bäumen; ein Merkmal, das sich in griechischen Mythen findet, aber auch im heutigen Indien, wo Skulpturen mit Schlangendarstellungen unter Bäumen aufgestellt werden. In Indien wird die Schlange auch mit dem Hindugott Shiva verknüpft; nach Kramrisch, *Manifestations of Shiva*, »können Schlangen sich aufrichten, also sind sie Symbole der Macht; Schlangen können töten, also sind sie Symbole des Todes; Schlangen können ihre Haut abstreifen, also sind sie Symbole der Wiedergeburt. Ihre Gestalt ist phallisch, ihre Abbildung ist stets von einer sexuellen Konnotation begleitet. Als alte, unheimliche Mächte wurden Schlangen (nāgas) zu Bildern mit einer eigenen Daseinsberechtigung.« Wie bei so vielen anderen Wesen der Hindu-Mythologie verkörpert die Schlange gegensätzliche Ideen.

Während Schlangen in der hinduistischen Mythologie nicht die äußere Gestalt der traditionell geflügelten Drachen annehmen, wird die Schlange im Garten Eden mitunter als ein geflügelter teufelsköpfiger Drache dargestellt. Hingegen werden die Schlangen, die in griechischen Mythen Bäume bewachen, bis in das Mittelalter hinein stets als Schlangen, niemals als geflügelte Drachen abgebildet. Die Vertauschbarkeit von Drachen und Schlangen in der Bibel und im griechischen Mythos hat wahrscheinlich eine sprach-

In diesem Holzschnitt aus dem Jahr 1498, *Die babylonische Hure*, illustrierte Albrecht Dürer detailreich die folgenden Verse der *Offenbarung des Johannes*: »Und ich sah ein Weib sitzen auf einem scharlachfarbnen Tier; das war voll Namen der Lästerung und hatte sieben Häupter und zehn Hörner.« Sie hält einen goldenen Becher in ihrer Hand »voll Greuel und Unsauberkeit ihrer Hurerei«.

liche Ursache: das griechische Wort *drakon* bedeutet sowohl ›große Schlange‹ wie auch ›Drache‹. Das macht auch die durchgängige Ikonographie verständlich, die Drachen und Schlangen als Wächter der in Bäumen verborgenen Schätze kennt, handele es sich um Äpfel oder das Goldene Vlies, und als bösartige Hindernisse gegen die Kräfte des Guten.

Diese Schmuckplatte unbekannten Datums (zwischen 1000 und 1900) zeigt eine *nagakal*, eine fünfköpfige Kobra. Gegenstände dieses Typs wurden in der indischen Region Dekkhan unter Bäume gelegt. Da hier kein Symbol des Gottes Shiva zu finden ist, mit dem Kobras häufig in Verbindung gebracht wurden, ist dieses Stück höchstwahrscheinlich das Produkt einer allgemeinen Schlangenverehrung, wie sie in Indien seit prähistorischen Zeiten besteht.

In griechischen Mythen treffen wir Götter und Menschen, vielmehr übermenschliche Heroen, im Kampf mit Drachen an. Anders als die Mythen der alten Ägypter und Mesopotamier blieben die der Griechen bis in die jüngste Vergangenheit hinein in Kunst und Literatur geläufig. Darstellungen von Schlangen beziehungsweise Drachen auf Kunstobjekten der griechischen Antike machen

Die abgebildete Seite dieser rotfigurigen Amphore zeigt eine der Hesperiden, der Töchter des Abendsterns, in Annäherung an den Baum mit den goldenen Äpfeln, der von der Schlange Ladon bewacht wird. Auf der anderen Seite des Gefäßes ist Herakles dargestellt, der den Himmel trägt, während Hera ihm zuschaut. Der Eulenpfeilergruppe zugeschrieben, Kampanien, etwa 450 bis 430 v. Chr.

deutlich, wie sich die Griechen Drachen bildlich vorstellten; spätere Gestaltungen derselben Themen belegen, wie sich die Drachengestalt im Okzident weiterentwickelte.

Zu den zwölf Arbeiten, die Herakles verrichten mußte, gehörten zwei Kämpfe mit drachenartigen Ungetümen. Die Hydra, eine vielköpfige Schlange, hauste unter einem Baum an der

Quelle eines Flusses und machte die Sümpfe von Lerna unsicher. Jedesmal, wenn es Herakles gelungen war, einen ihrer Köpfe abzuschlagen, wuchsen zwei an seiner Stelle nach. Um das Untier zu überwinden, befahl Herakles seinem Neffen Iolaos, nach dem Kopfabschlagen die Halsstümpfe der Hydra auszubrennen, um das Nachwachsen zu verhindern. Als die beiden dann die Hydra endlich besiegt hatten, tauchte Herakles seine Pfeile in das Blut des Untiers und tränkte sie mit dessen tödlichem Gift.

Bei seiner letzten Arbeit wurde Herakles an das Ende der Welt gesandt, um die Äpfel der Hesperiden, die Quelle der ewigen Jugend, zu holen. Der Baum, auf dem die Äpfel wuchsen, wurde von Nymphen, den Hesperiden, gepflegt und von der Schlange Ladon bewacht. In einer Version dieser Geschichte kämpfte Herakles mit der Schlange und tötete sie, bevor er die Äpfel der Unsterblichkeit dem König Eurystheus bringen konnte, der ihm alle zwölf Arbeiten aufgetragen hatte. Zur Erinnerung an diesen Triumph zierte hinfort das Bild des Drachens den Schild des Herakles.

Herakles war bis in die Spätantike hinein populär. Noch im 5. Jahrhundert n. Chr. wurden die Drachen, die er besiegt hatte, als Schlangen dargestellt. Selbst die bildlichen Wiedergaben des Typhoeus oder Typhon, des letzten Titanen, den Zeus nur mit großer Mühe überwinden konnte, folgen nicht getreu der schriftlichen Beschreibung etwa Hesiods, in welcher von einem gigantischen Ungeheuer mit hundert Drachenköpfen die Rede ist, die mit feuersprühenden Augen aus seinen Schultern wachsen. Der Körper des Ungetüms war mit Federn, sein Haupt und das Gesicht mit Borsten bedeckt; weitere Schlangen entsprossen aus seinen Hüften. Die klassischen Künstler wählten einige Attribute des Typhoeus als charakterisierende Eigenschaften dieses Ungeheuers aus – seine schlangentragenden Hüften oder seine feuersprühenden Augen. Obwohl es im Text heißt, daß Drachenköpfe seinen Schultern entwuchsen, stellten die Künstler des klassischen Altertums sie als Schlangen dar.

Die Langlebigkeit der Konvention, Drachen als Schlangen darzustellen, belegt, daß es in der klassischen Kunst Griechenlands einen festen Kanon von Bildvorstellungen gab, der auch während der Römerzeit und bis in die byzantinische Epoche hinein beibehalten wurde. Anders als andere Mischungeheuer der griechischen Mythologie, wie die Sphinx oder die Harpyien, verdanken die klassischen Drachen zumindest ihre Gestalt nicht ausländischen Einflüssen. Erst mit dem Mittelalter und der Zufuhr neuer Ideen aus dem Orient durch zurückkehrende Kreuzfahrer veränderte sich in Europa die Ikonographie des Drachen. Im klassischen Altertum symbolisierten Drachen das Böse und – im Falle des Typhoeus – das Chaos. Anders als die Drachen des vorderasiatischen und ägyptischen Altertums wurden die griechischen von den Helden, die sie überwanden, nicht gezähmt, sondern vernichtet. Und auch wenn die mittelalterlichen Künstler und Literaten Europas die antike Gestalt des Drachen nicht übernahmen, sahen sie doch weiterhin die Drachen als Inkarnation des Bösen, der Dunkelheit und der anderen negativen Konnotationen an, welche das Altertum diesem Tier zugeschrieben hatte.

China

Seit seinen prähistorischen Anfängen hatten sich Gestalt und Bedeutung des Drachen in China so weiterentwickelt, daß der *long* schon auf den Orakelknochen der Shang und im *I king*, dem Weissagebuch, deutlich umrissene Eigenschaften besitzt. Bei den Orakelknochen sind die verschiedenen Formen des Schriftzeichens *long* von reptilischer Gestalt, aber noch wird der Drache nicht speziell mit Regen in Verbindung gebracht. Als das *I king*, das über einen Zeitraum vieler Jahrhunderte, vom 2. bis ins 1. Jahrtausend v. Chr., zusammengestellt worden war, fertig vorlag, bestand jene Verbindung jedenfalls schon. Wenn sich die chinesischen Drachen auch im Lauf der Jahrhunderte differenzierten und in zahlreiche Kategorien mit verschiedenen Attributen aufspalteten, blieb die Assoziation mit Regen, Wolken und dem Himmel ein allgemeines, feststehendes Charakteristikum.

Im *I king* liefert eine Reihe von Diagrammen und ihre Lesung nach Mustern, die durch das Werfen von Schafgarbenstengeln entstehen, die Grundlage zur Voraussage der Zukunft und zur Bestimmung des zu wählenden Verhaltens. Ursprünglich müssen die Ratschläge dieses Buchs auf die Landwirtschaft bezogen gewesen sein, etwa zur Bestimmung des Zeitpunkts von Aussaat und Ernte gedient haben. So heißt es bei ›Himmel‹, dem ersten Diagramm, in der untersten Linie: »Anfangs neun: ein Drache, verborgen im Wasser, ist nutzlos«, was dahin gedeutet wird, daß »der himmlische Spender des fruchtbaren Regens für die Menschheit noch nutzlos ist«. Vielleicht führte die wachsende Beherrschbarkeit und die wachsende Kenntnis vom Feldbau dazu, daß spätere Interpreten diese Zeile allgemeiner auslegten in dem Sinne, daß der Ratsuchende jetzt nicht handeln solle. Von den folgenden fünf Linien des Diagramms erwähnen vier den Drachen oder spielen auf ihn an. In der zweiten und fünften Linie wird der Drache sichtbar, zuerst im Reisfeld, dann am Himmel, und in beiden »wird ein großer Mann gesehen«. Nicht nur ist die Sichtung des Drachen, des Symbols für den Regen, von Vorteil, sie ist auch ein ominöses Vorzeichen für die Geburt oder das Auftreten eines großen Mannes, oft eines Kaisers oder eines Weisen oder Heiligen. Die letzte, oberste Linie des Diagramms lautet: »Der Drache überschreitet die angemessenen Grenzen. Es wird Reue geben.« Wenn der Drache zu hoch steigt, wird der Regen die Erde nicht erreichen. Versteht man den Drachen als Symbol eines großen Mannes, wird dieser es bedauern müssen, maßlos gehandelt zu haben. Die Erwähnung der Zahl neun bezieht sich auf die »Fülle des *yang*«, des männlichen Prinzips, wozu auch der Drache gehört.

Während einige Linien in anderen Diagrammen des *I king* nur Ideen wiederholen, die in diesem ersten Diagramm angesprochen sind, beziehen sich andere auf den Drachen als Ursache von Gewittern: »Drachen kämpfen in offenem Gelände; ihr Blut ist dunkel [. . .] und gelb«. Wie die Schlangen überwintern auch die Drachen; sie ruhen in Gewässern. Im Sommer, wenn die Regenfälle einsetzen, erhebt sich der Drache an den Himmel. Andere alte Texte erwähnen himmelblaue Drachen, Symbole des Frühlings,

Der Drache als Wächter oder Beschützer kommt an diesem chinesischen Schwertgriff zu guter Wirkung. Zu der Zeit, als dieses Stichblatt aus Lack mit seinen zwei gegeneinandergerichteten Drachen geschaffen wurde, im 3. oder 2. Jh. v. Chr., am Ende der Tschou- und am Beginn der Han-Dynastie, waren Drachen im dekorativen Vokabular der chinesischen Kunst weit verbreitet. Dieses Schwert diente höchstwahrscheinlich ausschließlich zeremoniellen Zwecken, denn als effektives Abschreckungsmittel im Kampf ist Lack sicherlich ungeeignet.

die den Wagen des Kaisers ziehen, welcher mit Fahnen geschmückt ist, die zwei verschlungene Drachen darstellen. Die Sichtung des himmelblauen Drachen kündigte die Frühlingsstürme und das Erwachen der Tiere vom Winterschlaf an.

Dem Drachen wurden also diese besonderen, wohltätigen Eigenschaften zugeschrieben, was dazu führte, daß er symbolisch mit dem Kaiser assoziiert wurde, als eine der ›geistigen Wesenheiten‹ oder symbolischen Gestalten, die die Gewänder des Kaisers schmückten und im kaiserlichen Palast oder dessen Nähe wohnten. Das äußere Gewand des Kaisers zeigte den Drachen neben anderen mythischen Tieren; dazu belegt eine bemerkenswerte Prozessionsfahne aus der Zeit der Han-Dynastie (206 v. Chr. – 220 n. Chr.), die bei Ausgrabungen in Mawangdui in der Provinz Changsha als Bedeckung über dem Sarg des Herzogs von Dai gefunden wurde, welch große Bedeutung Drachen schon früh in rituellen Zusammenhängen hatten. Auf dem Oberteil der T-förmigen Fahne sind zwei gegenüberstehende Drachen mit drei Klauen in allen Einzelheiten aufgemalt. Im unteren Teil der Fahne winden sich weitere Drachen durch eine Jadescheibe. Zusätzlich finden sich andere glückverheißende Tiere, wie Qilins (die chinesischen Einhörner) und Schildkröten, sowie kleine Menschengestalten in sitzender Beschäftigung.

Dieses Banner macht neben vielen anderen Kunstgegenständen deutlich, welche Reife die Bildlichkeit des Drachen unter der Han-Dynastie erreicht hatte. Zu seinen wesentlichen Attributen gehörte nunmehr der schuppenbesetzte Leib, die vier klauenbewehrten Beine, die lange, nach oben gerichtete Nase, ein Schnurrbart, behaarte Ohren und lange Hörner. Auf den Gewändern der Han-Zeit besitzt der Drache runde Augen, was vielleicht auf die rundäugigen Taoties (gefräßige Gestalten) und Drachen auf Bronzearbeiten der Chou-Zeit zurückgeht; jedenfalls bleiben sie ein beständiges Merkmal chinesischer Drachen. In seinen einzelnen Körperteilen sollte der Drache Ähnlichkeit mit neun verschiedenen Kreaturen aufweisen; er besitzt, wie Qiguang Zhao in *Dragon: The Symbol of China* erklärt, »den Kopf des Kamels, die Hörner des Rehbocks, die Ohren der Kuh, einen Schlangenhals, den Hinterleib der Muschel, die Schuppen des Fischs, die Klauen des Adlers, die Augen des Teufels und die Tatzen des Tigers«. Mit der zunehmenden Festlegung seiner Gestalt weitete sich auch die pseudohistorische Funktion des Drachen aus. Von der Han-Zeit an berichten verschiedene chinesische Reichsannalen von besonderen Drachenerscheinungen oder von Kämpfen mit Drachen in bestimmten Teichen, deren Folge Überflutungen und Nebeleinbrüche gewesen seien. Auch wenn chinesische Drachen in der Regel ein gutes Omen waren, konnte der Tod eines Drachen oder sein Erscheinen am falschen Ort oder zur falschen Zeit doch auch ein schlechtes Vorzeichen bedeuten.

Nicht alle chinesischen Drachen entsprechen der Beschreibung einer Mischbildung aus neun anderen Kreaturen. Der Pferdedrache, ein Flußbewohner, besaß die Beine und Hufe des Pferds, und es hieß, seinen Rücken zierten gekräuselte Haare »wie eine Karte mit sternenförmigen Punkten«. Das Drachenpferd entstieg dem Gelben Fluß und reichte dem legendären Kaiser Fu Xi jene ›Flußkarte‹, von der die Diagramme des *I king* abgeleitet worden sein sollen. Diese geflügelte Kreatur konnte sowohl auf dem Wasser gehen als auch fliegen. Wenngleich sie in erster Linie ein Flußgeist war, unterstrichen die beiden Komponenten Drache und Pferd doch zugleich ihre Bedeutung als Symbol von Himmel und Erde.

Viele Faktoren haben zur Langlebigkeit des Drachen in China beigetragen. So wie die Nāga in die Bildwelt vieler Religionen und Kulte Indiens einging, so hat auch in China der Drache seine Rolle in Legende und Religion. Die Nāgas der buddhistischen Jatakas und Sutras aus Indien wurden im Chinesischen zu Drachen. Natürlich berücksichtigte auch die chinesische Geomantie, das Verfahren zur Bestimmung günstiger Bauplätze für Häuser, Tempel und Gräber, in ihren Vorschriften den Drachen. Der himmelblaue Drache bedeutete Osten, auch symbolisierten Drachen Wasser, und die Konturen vieler Berge und Hügel ähnelten mit ihren Wellenlinien schlafenden Drachen.

In den Zeiten der Ming- (1368–1644) und der Ch'ing-Dynastie (1644–1912) uferten die Drachensagen und der Gebrauch der Dra-

Diese Szene, die einen Mann mit einem hufförmigen Fuß zeigt, der vor einem Drachen mit Pferdehufen, gewaltiger Mähne und drei Höckern auf dem Rücken in eine Schreibtafel schreibt, stellt vielleicht den legendären Herrscher Fu Xi dar. Ihm übermittelte ein Pferdedrache, der aus dem Gelben Fluß stieg, die aus drei Zeichen zusammengesetzten Symbole des *I king*, des *Buchs der Wandlungen*. Die Geldschnur im Vordergrund des Bildes ist vielleicht glückverheißendes ›Drachengeld‹. Tinte und Farben auf Papier, aus der Höhle 17 in Dunhuang, Tang-Dynastie, 9. Jh.

chenfigur in den bildenden Künsten aus. Aufgrund ihrer glückverheißenden Vorbedeutung erschienen sie auf Toren und Dächern, auf kaiserlichen Fahnen, auf Kleidungsstücken und auf Tausenden anderen Gegenständen des täglichen Gebrauchs. Die Schriftsteller zählten, einem allgemeinen Trend zur Kategorisierung folgend, die gesamten Attribute des Drachen auf, von den inneren Organen, die medizinischen Zwecken dienten, bis hin zu ihrem Sexualleben. Eines führte zum andern, und also gab es sogar eine Literatur über den Nachwuchs der Drachen, etwa den *Wuh tsao tsu*, einen um 1592 geschriebenen Traktat. In diesem werden neun Arten von Drachenjungen aufgezählt, die als Schmuckformen dienen: die *p'u lao*, Drachen, die gerne schreien und als Handgriffe an Glocken angebracht werden; die *sze-niu*, Musikliebhaber, die folglich Musikinstrumente zieren; die *ch'i-wen*, Drachen, die vorzugsweise verschlingen, deshalb auf den Firstbalken der Häuser sitzen und die üblen Einflüsse wegschnappen; die *chao-jing*, mehr löwen- als drachenartigen Charakters, die die Höhe lieben und auf den vier Ecken des Daches sitzen; die *ai-hwa*, die Freude am Töten haben und folglich Schwertgriffe dekorieren; die *hi-pi*, eine Variante des Qilin, die die Literatur lieben und auf Grabornamenten erscheinen; die *p'i-han*, streitsüchtige Ungetüme, die als Wächter auf Gefängnistoren thronen; die *swan-i*, die gerne ruhen und zu den Füßen von Buddha- oder Boddhisattva-Statuen dargestellt werden; schließlich die *pa-hia*, das sind Schildkröten, die schwere Lasten tragen und unter Grabdenkmälern angebracht werden.

Nicht alle Drachensprößlinge sind selber wieder Drachen, weil der Drache sich mit verschiedenen anderen Spezies paaren kann. Deshalb wurde verschiedenen mythischen Tieren Chinas nachgesagt, sie stammten von Drachen ab. Ja sogar mancher chinesische Kaiser beanspruchte, von einem Drachen abzustammen, der seine Mutter im Traum oder als Mann verkleidet geschwängert habe. Daß Drachen die Fähigkeit besitzen, verschiedene Gestalten anzunehmen, war die Ursache dafür, daß viele ungewöhnliche oder wunderbare Ereignisse auf ihr Eingreifen zurückgeführt wurden.

Zu den am besten bekannten Bildern des Drachen gehören zwei, die vielleicht miteinander verwandt sind. Das erste ist der riesige, einen roten Ball jagende Papierdrache bei den chinesischen Umzügen in New York am fünfzehnten Tag des ersten Monats des chinesischen Jahres. Man hat den Ball als Donner gedeutet, den der Drache ausspeit, doch hat die Verbindung mit einem spezifischen Zeitpunkt im Jahreslauf vielleicht auch einen astronomischen Grund. Der Drache entspräche bei dieser Erklärung dem Sternbild des Drachen, welches sich auf den Punkt zubewegt, an dem die Sonne untergeht, und zu Beginn des neuen Jahres dann genau dort aufgeht, wo die Sonne versinkt. Das könnte so gedeutet werden, daß der Drache mit der Sonne kämpft oder sie gar verschlingt. Eine andere Variante dieser Deutung setzt den Ball mit dem Mond gleich, der vor dem Drachengestirn aufgeht und damit die Ankunft des neuen Jahres ankündigt. Das Bild des Drachen, der den Ball jagt und verschlingt, symbolisiert vielleicht das Verschwinden des Mondes hinter Wolken und mag das Einsetzen der Regenfälle im Frühjahr stimulieren.

Das zweite verbreitete Bild ist das vom Drachen und der Perle. Während diese Bildvorstellung sicherlich mit buddhistischem Gedankengut zusammenhängt – die kostbare Perle, die »alle Wünsche gewährt« –, kann die Perle auch den Mond symbolisieren. Buddhistische Texte aus China beschreiben die große Halle des Fa(h)-yü-sze-Tempels, in der acht Drachen, die in die Querbalken beziehungsweise Rippen des Daches eingeschnitzt sind, ihre Klauen nach einem vergoldeten Ball ausstrecken, der ›Perle der Vollkommenheit‹, die von der Decke herabhängt. M. W. de Visser hat behauptet, es könne eine Anspielung auf diese goldene Kugel sein, daß der Ball rot dargestellt werde. Es kann sich jedoch genausogut auch auf den Mond beziehen, der zu manchen Zeiten im Jahr rot erscheint. Am wahrscheinlichsten ist, daß der rote Ball beziehungsweise die Perle, manchmal mit Spiralmustern oder Flammen verziert, eine Vielzahl von Bedeutungen kombiniert, in der buddhistische und taoistische Glaubensvorstellungen zusammenfließen und die der allgemein mit glücklichen Vorzeichen operierenden Ikonographie des chinesischen Drachen entsprechen.

Anders als die Drachen des Westens haben die chinesischen, japanischen und südostasiatischen bis auf den heutigen Tag ihre Bedeutung für viele Facetten des täglichen Lebens bewahrt. Die Form des Drachen stabilisierte sich zwar unter der Ming-Dynastie und hat sich seither nicht mehr dramatisch verändert, als dekoratives Element wurde er aber unvermindert verwendet. Kaiserliche Dekrete ordneten an, der dreiklauige Drache dürfe ausschließlich das Gewand des Kaisers und seines Erben zieren, der vierklauige nur die Gewänder hoher Hofbeamter. Andere offizielle Dokumente über ornamental eingesetzte Drachen betonten die macht-

Der Drache, der eine Perle jagt, ist ein bevorzugtes Motiv auf chinesischer Ming-Keramik. Neben der glückverheißenden Symbolik ist das Bild eines von Wolken umgebenen Drachen, der eine Perle verfolgt, sehr bewegt und unterstreicht die runde Form des Gefäßes. Stielbecher aus kupferrot und weiß bemaltem Porzellan, Ming-Dynastie, etwa 1401–1450.

volle Symbolik und das Ausmaß, in dem sie für den Kaiser und seine Besitztümer standen. Jedoch wurden Drachen in China kaum je gezähmt, auch nicht von den Kaisern. Und so erschienen sie weiterhin am Himmel, kämpften und brachten den Regen. Ihr Geist lebt in Asien weiter.

Japan

Ausgehend vom ererbten einheimischen Shintoismus und dem aus Indien über China importierten Buddhismus entwickelte Japan eine deutlich unterscheidbare Drachenbildlichkeit. Der Glaube an Drachen ging in Japan dem eindringenden Buddhismus im 6. Jahrhundert voraus, doch verschmolzen die Bildwelten der chinesischen Drachen und der buddhistischen nāgas schnell mit einheimischen Ideen. Allerdings führten die japanische Landschaft mit ihren Bergen, Kiefernwäldern und Seen, das Seeklima und die japanische Vorliebe für phantastische Erzählungen zu Vorstellungen über den Drachen, die sich unabhängig von den chinesischen Modellen weiterentwickelten.

Vor dem Auftauchen des Buddhismus in Japan brachte ein Drache, der aus einem Drittel des Körpers des Feuergottes Kaguzuchi gebildet war, Regen und Schnee, wenn die Menschen darum gebetet hatten. Wie in China und Indien nahmen auch in Japan Flußgottheiten, denen die Fähigkeit zugesprochen wurde, Regen zu bringen, die Gestalt von Drachen an. Ebenso erschien auch schon der Seedrache oder *wani* in einer altjapanischen Legende, wurde dann allerdings, als die chinesischen Drachen und indischen nāgarajas aufkamen, mit diesen gleichgesetzt. Nach einer Erzählung lebten der Seegott Toyotama hiko no Mikoto, der reiche Perlenfürst, und seine Tochter in einem Palast auf dem Grund der See. Als die Prinzessin das Antlitz eines schönen Jünglings erblickte, das sich in dem Brunnen beim Palasttor spiegelte, lud der Meergott diesen in seinen Palast ein. Die Prinzessin vermählte sich mit dem Jüngling. Nachdem er drei Jahre in dem Palast gelebt hatte, kehrte der Jüngling auf das Land zurück und die schwangere Prinzessin folgte ihm. Der Jüngling baute für sie an der See ein ›Gebärhaus‹, und die Prinzessin beschwor ihn, nicht bei der Geburt zuzuschauen. Doch er konnte der Versuchung nicht widerstehen und sah, daß die Prinzessin einen *wani*, also einen Drachen, gebar. Beschämt und zornig verließ die Prinzessin ihren Nachwuchs und kehrte in den Palast ihres Vaters zurück. In manchen Versionen dieser Erzählung wird der Meergott als Seeschlange bezeichnet, und auf manchen Abbildungen sieht man Drachen über den Häuptern des Meergottes und seiner Tochter wie bei indischen nāgas.

Während die Drachen, die als Flußgottheiten walteten, Regen spenden und verweigern konnten, besaß ein anderer Meerdrache die Perle der Ebbe und die Perle der Flut. Damit konnte er die Seen austrocknen oder über ihre Ufer treten lassen. Zwischen diesen Perlen und jener, die von den chinesischen Drachen gejagt wird, mag eine Verbindung bestehen, doch die Analogie mit den Schatzhorten der indischen nāgas liegt näher.

Im 8. Jahrhundert waren buddhistische Priester und Schreine neben und teilweise an die Stelle der Shintopriester und ihrer Tempel getreten, wenn es um Vermittler und geeignete Orte ging, die die Drachengottheiten der Flüsse und Teiche veranlassen konnten, es regnen zu lassen. Während die Shintopriester Gebete sprachen und jenen Gottheiten Tier- oder auch Menschenopfer darbrachten, griffen die buddhistischen Priester zu anderen Mitteln. Einer der bevorzugtesten Plätze für Regenzeremonien war der Teich des Shinsenan-Parks, des Parks der heiligen Quelle. Hierher kamen die Priester und rezitierten Sutras, um den Drachen einzuschüchtern, damit er sich an den Himmel erhob. Wenn das nichts half, wurde das Wasser aus dem Teich, worin der Drache lebte, abgelassen, Glocken wurden geläutet und Trommeln geschlagen, damit Ungemütlichkeit und Angst den Drachen zum Aufsteigen zwängen. Auch Tantras, das heißt magische Formeln, wurden benutzt, um es regnen zu lassen. Mit ihrer Hilfe fing einstmals der Priester Shubin Drachen ein und sperrte sie in ein Wasserfaß, weil er den Kaiser und einen priesterlichen Neben-

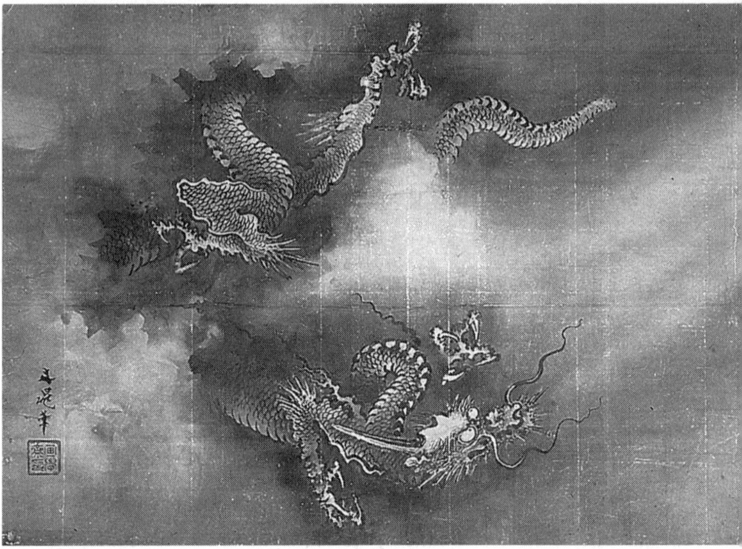

Das Bild *Der Sturmdrache* des japanischen Künstlers Tani Buncho (1765–92), eines führenden Malers der Edo-Schule, zeigt Drachen in Regenwolken und erinnert den Betrachter an die Fähigkeit der Drachen, die Wasser des Himmels zu spenden oder zu versagen.

buhler haßte; eine dreimonatige Dürre war die Folge. Schließlich mußte der Drachenkönig Zennyo aus Indien herbeigebracht werden, der sich den ewigen Dank des Landes verdiente, indem er es drei Tage lang regnen ließ. Viele weitere Legenden spinnen sich um diesen Drachen und um andere, die in Teichen wohnten. Während die meisten dieser Geschichten von der Fähigkeit des Drachen handeln, Regen zu bringen und Regen enden zu lassen, beschäftigen sich einige andere mit seiner Rolle als Vorzeichen und verwandlungsfähiges Tier.

Wie in China wurde die Sichtung eines Drachen als Vorzeichen einer erfolgreichen Herrschaft oder auch nur einer reichen Ernte aufgefaßt. Trotz gegenteiliger Meinung seiner Höflinge muß jedoch das Drachenpferd, das dem Kaiser Godaigo im 14. Jahrhundert geschenkt wurde, ein schlechtes Vorzeichen für seine Herrschaft gewesen sein, denn drei Jahre danach kam es zu einer Spaltung zwischen den Höfen des Nordens und des Südens. Vielleicht war aber die eigentliche Ursache des Konflikts eher in der Tatsache zu finden, daß das Drachenpferd ein Jahr vor dieser Spaltung gestorben war.

Die Verwandlungseigenschaften des Drachen bestanden in zweierlei: Er konnte sich in Menschen verwandeln, und Menschen konnten als Drachen wiedergeboren werden. Ein solcher Drache, die Reinkarnation des buddhistischen Priesters Genko, lebte im Kirschbaumteich (Sakura ga ike), wohin zweimal im Jahr Menschen mit einem speziellen Anliegen zum Gebet pilgerten. Die Bittsteller nahmen einen Eimer mit hartgekochtem Reis als Opfergabe mit. Wenn sie später den Eimer leer fanden, wußten sie, daß der Drache ihre Opfergabe akzeptiert und ihr Gebet vernommen hatte (De Visser). War der Reis unberührt geblieben, würde das Gebet nicht erhört werden. Der Priester Genko hatte ein Drache werden wollen, weil ihm das menschliche Leben zu kurz erschien, um die buddhistische Leere zu studieren. Um sich in einen Drachen zu verwandeln, saß er meditierend mit einem Tropfen Wasser in der Hand so lange da, bis sich Regenwolken bildeten; dann flog er bis an den Himmel und ließ sich an dem Teich nieder. Dort meditierte er, bis er starb und sich in einen Drachen verwandelte. Diese Legende bestätigt, welch große Rolle die Drachen im Buddhismus spielen, zugleich erinnert sie aber auch an eines der universellen Merkmale dieser Geschöpfe, ihre Langlebigkeit.

Neben vielen Geschichten, die in Japan über Drachen erzählt werden, sind hier auch zahlreiche Berge, Flüsse und Teiche nach ihnen benannt. Viele Berge und Flüsse wurden von Drachen bewohnt, doch einige dieser Örtlichkeiten werden ihre Namen auch wegen ihrer Ähnlichkeit mit ruhenden oder sich bewegenden Drachen erhalten haben. Drachen wurden in Japan zudem mit den Irrlichtern in Verbindung gebracht, jenen flüchtigen phosphoreszierenden Lichterscheinungen. Diese Lichter, Drachenlaternen genannt, stiegen aus der See in die Berge, wo sie sich in Kiefernbäumen in der Nähe von Tempeln niederließen. Sie wurden als Geschenke der Meerdrachen an die Götter, Buddhas oder Boddhisattvas angesehen, die in den nahegelegenen Schreinen verehrt wurden. Obwohl die frühesten schriftlichen Belege für Drachenlaternen erst aus dem 14. Jahrhundert stammen, berichten doch unzählige Legenden von ihrem Erscheinen. Ein Text des 16. Jahrhunderts erzählt in aller Ausführlichkeit von der Erscheinung einer Drachenlaterne beim Manju- beziehungsweise Manjusri-Tempel in der Nähe von Ama no hashidate. Die Drachenlaterne sei aus dem Tor des Drachenpalastes unter dem Meer zu dem Tempel geflogen und habe dort in der Spitze einer hohen Kiefer etwa eine halbe Stunde verweilt; nur gläubige Buddhisten hätten sie sehen können.

Ein letztes erwähnenswertes Phänomen, das mit japanischen Drachen in Verbindung gebracht wird, sind die Dracheneier. Es hieß, sie lägen tausend Jahre schlafend im Meer, tausend Jahre im Gebirge und tausend Jahre in Form eines Steins, der eine winzige Schlange enthielte, in einem Dorf. Von den wundervollen Farben jener Steine angezogen, würden Menschen sie mit zu sich nach Hause nehmen. Die Steine besäßen die zusätzliche nützliche Eigenschaft, beständig Feuchtigkeit abzusondern, und seien daher auch als Tuschsteine geeignet. Allerdings hätten sie einen gefährlichen Nachteil: Am Ende der dreitausend Jahre werde der Stein aufbrechen und die Schlange könne herauskriechen. Sofort begänne sie in einem alarmierenden Ausmaß zu wachsen, bis sie schließlich durch das Dach des Hauses bräche und unter Donner und Blitz als ein gewaltiger Drache gen Himmel flöge. In manchen Fällen sei der Stein intakt geblieben bis auf ein kleines Loch, das sich die Schlange gebohrt habe. Wie bei den meisten japanischen Legenden gibt es auch von der Geschichte der Dracheneier hochdramatisch ausgeführte Erzählfassungen. Diese bezeugen nicht bloß die Assoziation der Drachen mit der See und den Gewittern, sondern zeigen auch die japanische Vorliebe für besonders bildkräftige Legenden, die den Drachen in all seinen Erscheinungen vorführen.

Islam

Mit der Entstehung des Islam im frühen 7. Jahrhundert und den muslimischen Eroberungen, die Mitte des 8. Jahrhunderts ein Gebiet umfaßten, welches von Spanien bis nach Innerasien reichte, kamen ganz unterschiedliche Kulturen unter die nominelle Herrschaft einer Führung, die zunächst in Damaskus und später in Bagdad residierte. Die neue Festigung der Grenzen, die erfolgte, nachdem die Muslime die christlichen Byzantiner aus Ägypten und der Levante und die zoroastrischen Sassaniden aus Persien vertrieben hatten, führte zu einem Ost-West-Austausch von Gütern und Ideen, aus dem unter anderem auch neue künstlerische Stile erwuchsen. Die Drachen lebten in dieser Umwelt weiter. Zunächst verkörperten sie eine aus vorislamisch-persischen, indischen und griechischen Traditionen gespeiste Symbolik, später zeigte sich ein starker chinesischer Einfluß. In der arabischen Lite-

Diese 1202 oder 1203 geprägte Münze, die einen drachenschwänzigen Schützen zeigt, stammt aus der Münze von Mardin, der Hauptstadt einer turkstämmigen Dynastie, der Ortokiden, die vom 12. bis ins 15. Jh. in Nordirak, Syrien und der südlichen Türkei herrschten. Während die Mehrzahl der Münzen aus dem islamischen Bereich ausschließlich Schriftzeichen enthalten, zeigen die Kupfermünzen der Ortokiden eine ganze Palette astrologischer, mythologischer und herrschaftlicher Symbole, die zeitgenössischen und antiken Vorlagen entnommen sind.

ratur hatten Drachen ausgeprägt astronomische und astrologische Konnotationen, während sie in der persischen Literatur in naturwissenschaftlichen Traktaten und in den zahllosen Erzählungen, worin Helden das Böse besiegen, auftraten.

In der islamischen Welt wurden Astronomie und Astrologie als eng miteinander verwandte Wissenschaften angesehen. Jedoch bestimmte die Kette der textlichen Überlieferung von den vorislamischen bis zu den islamischen Autoren die Ikonographie der Symbole, die zur Illustration eines bestimmten Typus von Texten herangezogen wurden. Drachen treten in astronomischen und in astrologischen Texten auf, doch unterscheiden sie sich voneinander, je nachdem, auf welchen Prototyp sie sich beziehen und welche spezielle Funktion sie im Text erfüllen.

Eine der häufigsten Drachendarstellungen der islamischen Kunst betrifft das gleichnamige Sternbild. Sie erscheint bereits in dem frühesten erhaltenen islamischen Manuskript des *Suwar al-Kawakib al-Thabitah*, des ›Buchs von der Gestalt der Fixsterne‹ des ʻAbd al-Rahman ibn ʻUmar al-Sufi (903–986). Das jetzt in der Oxford Bodleian Library befindliche Manuskript ist eine Abschrift, die im Jahr 400 der Hidschra, das heißt 1009/1010 christlicher Zeitrechnung, von al-Husain ibn ʻAbd al-Rahman ibn ʻUmar ibn Muhammad, wahrscheinlich einem Sohn des Verfassers, angefertigt und illustriert wurde. Während der Text des Traktats auf dem *Almagest* des Ptolemaios und auf arabischen astronomischen Schriften beruht, sind die Illustrationen wahrscheinlich von einem Himmelsglobus kopiert. Kostüme, Draperie, Juwelen und Haartracht der menschlichen Figuren entsprechen dem vorherrschenden Stil der arabischen Malerei dieser Zeit, die Tiergestalten hingegen sind stärker spätantiken Vorbildern verpflichtet. Die Darstellung des Sternbildes des Drachen folgt also der klassischen Norm, den Drachen als Schlange abzubilden. Wie in dem Sternbild des Schlangenträgers wird sie mit weit aufgerissenem Maul gezeigt, vier bzw. fünf Fangzähne klaffen an Ober- und Unterkiefer, zwischen denen die lange, gespaltene Zunge sitzt. Der schuppenbesetzte Körper windet sich zweimal, steigt dann wieder auf, bevor er, sich zur Schwanzspitze verjüngend, abwärts fällt. Die einzige Konzession an die Drachennatur des Wesens besteht in einer langen Ringellocke, die sich vom Auge bis zum Unterkiefer hinzieht. Diese mag sich auf orientalischen, das heißt persischen, Einfluß zurückführen lassen.

Unter den Drachen der islamischen Frühzeit und des Mittelalters viel weiter verbreitet war Jawzahr, ein sogenannter Pseudoplanet, der für Sonnen- und Mondfinsternisse sowie für Kometen verantwortlich gemacht wurde. Jawzahr kommt in dem astrologischen Kalender vor, der die größte Gewalt jedes Planeten dem Moment zuschreibt, an dem er in einem bestimmten Zeichen des Tierkreises steht. Wenn er durch das entgegengesetzte Zeichen zieht, ist sein Einfluß am geringsten. Das Wort »jawzahr« bezeichnet den Kopf und den Schwanz des Drachen, die als Symbole für die beiden Schnitt- oder Knotenpunkte dienten, an denen die Mondbahn die Ekliptik, die scheinbare Sonnenbahn, schneidet. Diese beiden Punkte bewegen sich einige Jahre durch die Tierkreiszeichen und sorgen dafür, daß zu verschiedenen Zeiten des Jahres Eklipsen auftreten.

Da man in vielen antiken Kulturen glaubte, diese Verfinsterungen entstünden durch eine riesige Schlange beziehungsweise einen riesigen Drachen, der die Sonne oder den Mond verschlinge, war das Symbol für die Ursache solcher Verfinsterungen der Drache. Nach einem indischen Mythos, der mit Gewißheit die islamische Astrologie beeinflußte, schnitt Vishnu den Drachen Rahu in zwei Teile, aber beide Hälften lebten weiter und waren die ewigen Feinde von Sonne und Mond. Die beiden Hälften verursachten die Eklipsen, der Schwanz noch zusätzlich das Auftreten von Kometen. In der hinduistischen und islamischen Astrologie bezeichnen Kopf und Schwanz des Drachen den oberen und unteren Knotenpunkt des Mondes. Der Knotenpunkt des Kopfes befand sich im Sternbild der Zwillinge, der des Schwanzes in dem des Schützen. Zahlreiche Darstellungen des Schützen mit einem drachenköpfigen Schwanz belegen, daß diese Symbolik allgemein verbreitet war. Außerdem besitzt der Drachenschwanz vielfach einen Knoten, der den Knotenpunkt des Mondes anzeigt. Textliche Hinweise gibt es spätestens seit dem 9. Jahrhundert, künstlerische Darstellungen seit dem 11. und 12. Jahrhundert.

Neben Drachen, die die Höhe- und Tiefpunkte des Mondknotens in den Zwillingen und dem Schützen bezeichnen, sieht man sie auch Sonne und Mond bedrohen, wenn diese Planeten mit Löwe und Krebs auftreten. Eine solche Art der Darstellung hatte nichts mit der Funktion des Pseudoplaneten Jawzahr zu tun. Sie zeigt jedoch, wie stark die Überzeugung war, daß der Drache Sonne und Mond verschlingen könnte. Vom 12. Jahrhundert an werden Darstellungen von Drachen, die Sonne und Mond verschlingen, in der islamischen Kunst zahlreich. Ein berühmtes, heute leider zerstörtes Beispiel war das Talismantor in Bagdad. Hier waren auf der Spandrille oberhalb des Tors zwei Drachen eingemeißelt, deren Köpfe gegeneinandergerichtet waren. Mit offenem Maul bedrohten sie ein Kind, das zwischen ihnen, genau im Mittelpunkt über dem Tor, mit gekreuzten Beinen saß und ihre Zungen festhielt. Unten am Beginn der Bogenwölbung lagen zwei Löwen einander gegenüber. Die kunstvoll verschlungenen Leiber der Drachen bildeten jeweils zwei Knoten, eine Anspielung auf die Knotenpunkte des Mondes. Die Drachen besaßen deutlich ausgeführte Schuppen, Flügel, Hörner und Beine; sie erinnerten an die zusammengesetzten Gestalten der vorderasiatischen Antike. Das Kind soll den Neumond bedeuten, und die Löwen haben, wie das gleichnamige astrologische Zeichen, einen solaren Charakter. Folglich muß das gesamte Ensemble eine Anspielung auf die Eklipsen sein. Da diese jedoch als böse Vorzeichen galten, legt die Anwesenheit dieses Typus einer symbolischen Gruppe über dem Talismantor und über zahlreichen anderen Türen und Toren die Vermutung nahe, daß sie das Böse fernhalten und die Einwohner innerhalb ihrer Stadtmauern schützen sollten.

Als die Mongolen in der ersten Hälfte des 13. Jahrhunderts Iran und Irak überrannten, verdrängte die Gestalt des chinesischen Drachen die mehr schlangenähnliche Kreatur Vorderasiens. Obwohl Drachen, wie die auf dem Talismantor, einige Merkmale zeigen, die mit chinesischen Drachen in Verbindung zu bringen sind, unterscheiden sich die Form ihrer Flügel und die Windungen ihrer

Körper doch deutlich von denen ihrer chinesischen Vettern. Lebensvoll sich windende Drachen des chinesischen Stils existieren in Nachahmung chinesischer Vorbilder auf weißblauer persischer Keramik des 15. Jahrhunderts, aber das vielfältigste Repertoire chinesisch beeinflußter islamischer Drachen findet sich in Manuskripten des 14. bis 17. Jahrhunderts, die aus Persien, der Türkei und dem Indien der Mogulzeit stammen.

Die persische Epik, vor allem das *Schahnameh*, das ›Buch der Könige‹, quillt geradezu über von Geschichten, in denen Helden Drachen überlisten und erschlagen. Das *Schahnameh*, das um 1010 von dem Dichter Firdausi zusammengestellt wurde, erzählt die legendäre Geschichte Irans bis hinunter in die historisch belegte Epoche der Sassaniden und endet mit der islamischen Zeit. In der Epoche der legendären Könige ragt Rostam hervor als der tapferste, langlebigste und gefeiertste Held Persiens. Zu seinen übermenschlichen Heldentaten im Kampf gegen die Turaner, die ständigen Feinde der Iraner, gegen unzählige Dämonen, Hexen und Untiere gehört auch ein erfolgreicher Kampf gegen einen Drachen. Dies war eine der sieben Prüfungen, die er bestehen mußte, als er Mazandaran durchquerte, um seinen Herrn, den König Kai Kavus zu befreien. Eines Nachts legte sich Rostam, ohne es zu ahnen, an der Lagerstätte eines Drachen zum Schlaf. Als der Drache herankam und den Helden angreifen wollte, wieherte Rachsch, Rostams Zauberpferd, laut auf und rannte herbei, um seinen Herrn zu retten. Als Rostam erwachte, war der Drache wieder verschwunden. Bei der zweiten Annäherung wiederholte sich dies alles: jetzt drohte Rostam seinem Pferd, er werde es bestrafen, wenn es ihn noch einmal im Schlaf stören sollte. Als sich der Drache das dritte Mal näherte, gelang es dem Pferd, Rostam rechtzeitig aufzuwecken. Gemeinsam besiegten sie das Ungeheuer, und Rostam schlug ihm den Kopf ab.

Nicht nur finden Rostams Prüfungen in denen Isfandiars im *Schahnameh* eine Parallele, sondern auch historisch belegte Herrscher wie Alexander der Große und Bahram Gur müssen hier ihren Mut im Kampf gegen Drachen beweisen. Ihre Heldentaten wurden im 12. Jahrhundert von dem Dichter Nizami in seinen

In der osmanischen Türkei dienten Drachen im Blattwerk nicht nur als Schmuck für die Zierränder von Buchseiten, für Einbände und viele andere dekorative Zwecke, sie waren auch ein Lieblingsmotiv von Künstlern, die ein-

fünf großen Epen, den *Chamseh* (›Quintett‹) bzw. *Pandj Gandj* (›Fünf Schätze‹), besungen. Hier repräsentieren die Drachen, wie häufig in der persischen Literatur, das Böse; manchmal hüten sie Schätze, die dann rechtmäßig in die Hände des verkörperten Guten, des Heldenkönigs, übergehen.

Beschriebene und gemalte Drachen treten im *Schahnameh* und dem *Chamseh*, den meistillustrierten Werken der persischen Literatur, in großer Zahl auf; sie bevölkern aber auch andere Werke, so

zelne Blätter anfertigten, etwa dieses Beispiel aus der Mitte des 16. Jh.s. Diese Blätter waren keine Illustrationen zu Texten, und folglich bleibt die spezifische Bedeutung des Drachen, wenn er denn überhaupt eine hatte, unklar.

die Fabelsammlung *Kalila wa Dimma*, oder die Prophetenbiographien, darunter das *Qisas al-Anbiya'*, das das Leben der Propheten von Adam bis auf Mohammed beschreibt, und das *Khavaran-nameh*, die fiktive Biographie des Kalifen 'Ali, des Schwiegersohns Mohammeds, nicht zuletzt aber auch Bücher über die Wunder der Welt wie Qazvinis *Aja'ib al-Makhluqat*, das Buch ›über die Wunder der Schöpfung‹. Ganz gelegentlich verirrt sich auch einmal ein ›guter‹ Drache, etwa der verkleidete iranische Schah Faridun, in die persische Literatur; selten treten auch vielköpfige Drachen auf, oder der Teufel selbst verkleidet sich als Drache. Im allgemeinen sind die persischen Drachen Landbewohner, oft hausen sie in Höhlen, aus denen sie zum Kampf herauskommen.

Die persischen und türkischen Künstler verbanden in ihren Darstellungen von Drachen ab dem 14. Jahrhundert verschiedene Einzelzüge. Der Einfluß des chinesischen Vorbilds wird deutlich,

Auf dieser Kamee ist der heilige Michael dargestellt, der den Satan in Gestalt eines Drachen durchbohrt. Der Besitzer dieses Schmuckstücks mag es als Talisman getragen haben, weil es den Sieg des Guten über das Böse repräsentierte.
Blaue Glasmasse, Venedig, 14. Jh.

hinzu kommen stilistische Abweichungen, wie man sie von einem anderen Ort und einer anderen Zeit erwarten kann. Die Schnecke ohne Fühler oder die einfache Schlange, die sich vom klassischen Vorbild ableitete, verschwand zugunsten einer langen, wellenförmigen Kreatur mit Fühlern und einem Backenbart an der langen Schnauze. Die üblicherweise vierfüßigen Drachen aus dem islamischen Bereich speien Feuer von ihren Schultern nach vorn und hinten; häufig auch aus dem Maul. Ihr Rücken trägt flammenförmige Zacken oder ist mit einem dicken

Wulst versehen. Schuppen bedecken die Körper, häufig ist ihre Haut in einer leuchtenden Farbe gemalt, von der sich anders gefärbte Flecken abheben, die die Schuppen andeuten sollen. Wenn auch die Anzahl der Zähne und der Klauen, die Form der Zunge und andere Details stark variieren, sind Drachen aus dem islamischen Kulturbereich doch sofort erkennbar. Obwohl sie mit dem Bösen in Zusammenhang stehen, verzieren sie trotzdem ganz verschiedene Dinge, von persischen Bechergriffen aus Jade und türkischen Schwertgriffen bis hin zu Bucheinbänden und Teppichen. Drachen tändeln in Blattwerk herum und fauchen den phönixartigen Vogel Simurgh an; den Helden tun sie stets den Gefallen, nie einen Kampf zu gewinnen; und in ihrer gewundenen rhythmischen Bewegtheit sind sie so dauerhaft lebendig wie die islamischen Arabesken.

Christentum

Der Ausgangspunkt für jedes Drachen-Studium im christlichen Kontext ist die Bibel. Im Alten und Neuen Testament repräsentieren Drachen stets das Böse, manchmal symbolisieren sie den Teufel selbst, den alten Feind, den Gott am Ende vernichten wird. Wie schon oben erwähnt, wurde die Schlange des Paradieses gelegentlich als Drache abgebildet, doch bewohnen die Drachen des Alten Testaments in der Regel das Meer. Von einem anderen Ungeheuer, dem Leviathan – den Luther als ›Walfisch‹ übersetzt –, werden sie unterschieden, etwa in Ps. 74,13–14:

> Du zertrennst das Meer durch deine Kraft und zerbrichst die Köpfe der Drachen im Wasser.
> Du zerschlägst die Köpfe der Walfische und gibst sie zur Speise dem Volk in der Einöde.

Obwohl Drachen in den alttestamentarischen Büchern *Psalmen* (74,13–14; 91,13), *Jesaja* (27,1; 51,9) und *Hiob* (7,12; 26,12–13) erwähnt werden, findet sich nirgendwo eine Beschreibung. Die neutestamentliche *Offenbarung des Johannes* malt im 12. Kapitel (Offb. 12,1–15) hingegen den Drachen und sein Handeln aus:

> Und es erschien ein großes Zeichen im Himmel: ein Weib, mit der Sonne bekleidet und der Mond unter ihren Füßen und auf ihrem Haupt eine Krone von zwölf Sternen.
> Und sie war schwanger und schrie in Kindsnöten und hatte große Qual zur Geburt.
> Und es erschien ein anderes Zeichen im Himmel, und siehe, ein großer roter Drache, der hatte sieben Häupter und zehn Hörner und auf seinen Häuptern sieben Kronen;
> Und sein Schwanz zog den dritten Teil der Sterne des Himmels hinweg und warf sie auf die Erde. Und der Drache trat vor das Weib, die gebären sollte, auf daß, wenn sie geboren hätte, er ihr Kind fräße.

Die Frau gebar einen Sohn, den Gott unter seinen Schutz nahm, und floh in die Wildnis.

> Und es erhob sich ein Streit im Himmel: Michael und seine Engel stritten mit dem Drachen; und der Drache stritt und seine Engel.
> Und sie siegten nicht, auch ward ihre Stätte nicht mehr gefunden im Himmel.
> Und es ward ausgeworfen der große Drache, die alte Schlange, die da heißt der Teufel und Satanas, der die ganze Welt verführt, und ward geworfen auf die Erde, und seine Engel wurden auch dahin geworfen.

Während die Bewohner des Himmels nun frohlocken konnten, mußten »die auf Erden wohnen und auf dem Meer« jetzt den Teufel fürchten.

Und da der Drache sah, daß er verworfen war auf die Erde, verfolgte er das Weib, die das Knäblein geboren hatte.
Und es wurden dem Weibe zwei Flügel gegeben wie eines großen Adlers, daß sie in die Wüste flöge an ihren Ort, da sie ernährt würde eine Zeit und zwei Zeiten und eine halbe Zeit vor dem Angesicht der Schlange.
Und die Schlange schoß nach dem Weibe aus ihrem Munde ein Wasser wie einen Strom, daß er sie ersäufte.

Die Erde verschlang die Flut, und der Drache »ging hin zu streiten mit den übrigen von ihrem Samen«. Danach entstieg ein Ungeheuer mit mehreren Köpfen, zehn Hörnern, die Kronen glichen, und mit »Namen der Lästerung« auf seinen Köpfen dem Meer. Sein Leib glich dem des Leoparden, es hatte Bärentatzen und das Maul eines Löwen. Das Untier vermochte sich selbst zu heilen und bezog seine Kraft von dem Drachen. Dieses Tier und noch ein weiteres, das »zwei Hörner hatte und sprach wie ein Drache«, wurden ob ihrer Heil- und Wunderkräfte verehrt. Im wesentlichen symbolisieren diese Tiere falsche Propheten und Ungläubige, die die Menschen vom wahren Glauben abbringen. Sie sind die Sprachrohre Satans, der durch den Drachen repräsentiert wird. Später (Offb. 16, 13–14) werden die falschen Propheten als »unreine Geister, gleich den Fröschen« beschrieben, die aus dem Maul des Drachen ausfahren.

Es mußte reizen, solch farbige Allegorien auch bildlich darzustellen, und deshalb finden sich im mittelalterlichen Europa viele Wiedergaben dieser scheußlichen Drachen. Sobald der Drache aus dem Himmel vertrieben ist, nimmt er seinen natürlichen Wohnsitz im Meer; von dort taucht er auf, um zu kämpfen. Daß der Frau Flügel wachsen, mit deren Hilfe sie vor dem Drachen fliehen kann, läßt sich ursprünglich vielleicht auf die indische Vorstellung vom Kampf der nāga mit dem sagenhaften Vogel Garuda zurückführen. Obwohl der biblische Text dem Drachen ausdrücklich mehrere Köpfe zuschreibt, zeigen bildliche Darstellungen, auf denen Michael und die Engelschar den Drachen aus dem Himmel verjagen, ihn ebenso häufig auch nur einköpfig. Diese ikonogra-

Der heilige Georg tötet den Drachen, Gemälde von Lukas Cranach d. Ä., um 1510. Waren die Künstler des 16. Jahrhunderts in der Darstellung des heiligen Georg – mit oder ohne Pferd – weitgehend festgelegt, so konnten sie ihrer Phantasie bei der Gestaltung des Drachens freien Lauf lassen. Lukas Cranach verwendete seit 1508 auch einen geflügelten Drachen als Monogramm.

phische Variation mag ihre Ursache darin haben, daß zwei Darstellungskonventionen sich überlagerten, einerseits die des Drachenkampfs und andererseits die der Abbildung des Heiligen mit seinen feststehenden Attributen.

In der christlichen Literatur des mittelalterlichen Europa blühten Heiligenviten und -legenden auf. Die Apokryphen schilderten die wunderbaren Taten und grausigen Martyrien der Heiligen, und vor allem machte die *Legenda aurea*, eine aus dem 13. Jahrhundert stammende Legendensammlung des Jacobus de Voragine, die Biographien der Heiligen sehr populär. Obwohl schon im späten 5. Jahrhundert Papst Gelasius große Anstrengungen unternommen hatte, den Heiligenstatus vieler gut bekannter Gestalten zurückzuweisen, blieben die Legenden, die sich um diese Personen rankten, am Leben. Gerade während der Kreuzzüge wurden viele umstrittene Heiligengestalten rehabilitiert, vor allem solche, die Drachenkämpfe zu bestehen hatten. Die Drachen wurden hier mehr und mehr zu einem Symbol für das Heidentum, das von den Streitmächten Christi besiegt wurde.

Der vielleicht berühmteste dieser legendären, vielverehrten Heiligen ist Georg, der Schutzpatron Englands. Auch wenn seine Identität mit einem kappadozischen Bischof des 4. Jahrhunderts unwahrscheinlich ist, kam die Figur jedenfalls aus Vorderasien, vielleicht aus Syrien. Meistens wird die Szene seines folgenreichen Drachenkampfs nach Selene in Libyen verlegt. In der Nähe dieser Stadt hauste in einem See oder Sumpf ein Drache, der sich an den Viehherden, die den Stadtbewohnern gehörten, gütlich tat. Um den Drachen im Zaum zu halten, beschlossen die Einwohner, ihm täglich zwei Schafe zu opfern. Bald waren die Schafe aufgebraucht; nun waren die Einwohner gezwungen, täglich zwei Kinder zu opfern, die durch das Los bestimmt wurden. Schließlich traf dieses traurige Los auch Cleolinda, die Tochter des Königs. Dieser weigerte sich zwar anfangs, seine Tochter auszuliefern, wurde aber schließlich gezwungen, sie ihrem Schicksal zu überlassen. Als Cleolinda zur Lagerstätte des Drachen gebracht wurde, ritt gerade der heilige Georg vorbei, bemerkte sie und fragte, warum sie weine. Sie erzählte ihm die Ursache, und er bestand darauf, sie zu retten und es mit dem Untier aufzunehmen. Ein fürchterlicher Kampf entspann sich.

Häufig wird Georg mit zerbrochener Lanze dargestellt, gerade dabei, dem Drachen den letzten Schwerthieb zu versetzen. Statt den Drachen an Ort und Stelle zu töten, fesselte ihn Georg mit Cleolindas Gürtel. Sie brachten ihn in die Stadt, wo Georg den eingeschüchterten Bürgern erklärte, sie sollten ohne Furcht sein, denn der Glaube an Gott habe ihm den Sieg über das Untier verliehen. Daraufhin nahmen die Einwohner das Christentum an und ließen sich alle an einem Tag taufen. Erst nach dieser Massenbekehrung erschlug Georg den Drachen und schnitt ihm den Kopf ab. Zwar scheint es, als habe er nie wieder mit einem Drachen kämpfen müssen, doch stritt er weiter für den Glauben und starb schließlich im palästinensischen Lydda den Märtyrertod.

Während des Dritten Kreuzzugs stellte der englische König Richard Löwenherz seine Armee in Palästina unter den besonderen Schutz des heiligen Georg. 1222 wurde dieser zum Schutzpatron Englands ernannt und später auch zum Schutzheiligen des 1348 gestifteten Hosenbandordens. Bilder zeigen ihn entweder stehend, die Lanze in der Hand, den Drachen zu seinen Füßen, oder aber im Kampf mit dem Tier. In mittelalterlichen und späteren Darstellungen entspricht der Drache dabei nicht immer einem einheitlichen Typus. Manche Künstler porträtieren ihn als zweifüßige, flügellose Eidechse mit kleinen runden Ohren anstelle der Hörner. Die meisten europäischen Beispiele jedoch zeigen nackte, knochige Flügel wie die einer Fledermaus und starre, spitze Ohren oder Hörner. Die Drachen besitzen zwei oder auch vier Beine, klauenbewehrte Füße und einen Schlangenschwanz. Anders als in China oder Korea ist jedoch die Spannbreite der Form sehr groß. Neben den eben geschilderten gibt es auch Drachen, die mehr an Löwen erinnern, solche mit Vogelflügeln und gegliedertem Schlangenschwanz und schließlich solche, deren Kopf an den chinesischen Hund *fu* denken läßt. Solange nur der Heilige seine festgelegten Attribute bekam, konnte der Künstler seine Phantasie frei walten lassen, um einen möglichst scheußlichen Drachen zu malen.

Neben dem heiligen Georg mußten aber auch viele andere Heilige Drachenkämpfe bestehen. Der Apostel Philippus bemerkte, daß die Einwohner der phrygischen Stadt Hierapolis Mars in Gestalt eines Drachen verehrten. Er hielt dem Drachen das Kreuz vor und befahl ihm, den Tempel des Mars zu verlassen; das Untier gehorchte. Leider jedoch tötete sein giftiger Atem viele Menschen, und die Priester des Tempels waren über Philippus dermaßen erbost, daß sie ihn kreuzigen ließen. Historisch mag diesem Exorzismus der Versuch zugrunde liegen, eine Sekte von Schlangenanbetern zu bekehren. Obwohl Philippus einer der Jünger Christi war, sind Lebensbeschreibungen von ihm selten.

Wenigstens zwei Frauen, die heilige Margareta von Antiochien und die heilige Martha, besiegten Drachen. Margareta hatte sich geweigert, einen Heiden zum Mann zu nehmen und war daraufhin ins Gefängnis geworfen worden. Ein Drache erschien und verschlang sie, doch mit Hilfe des Kreuzes zerbarst der Leib des Ungetüms, und sie kam unverletzt wieder heraus. Aus naheliegenden Gründen wurde Margareta zur Schutzheiligen der Geburt. Die heilige Martha, Schutzpatronin der Hausfrauen, reiste nach Frankreich und besiegte bei Tarascon einen Drachen, indem sie ihn mit Weihwasser besprengte. Beide heilige Frauen werden mit dem Drachen zu ihren Füßen dargestellt, Margareta führt ihn zuweilen am Strick und Martha hält ein Gefäß mit Weihwasser. Selten einmal zähmte ein Heiliger der westlichen Kirche, beispielsweise Clemens von Metz, einen Drachen; in der Regel wurden die Tiere besiegt und getötet.

Die Verwendung von Drachenlegenden ging weit über die Grenzen der christlichen Unterweisung hinaus. Als Symbol des Bösen waren Drachen sehr gut geeignet, um lokale Probleme und die Anstrengungen zu ihrer Beseitigung allegorisch zu umschreiben, statt sie direkt beim Namen zu nennen. Nach Janet Hoult dürfte sich der Bericht, Sir Richard de Waldegrave und seine Freunde hätten 1405 einen Drachen bei Bures in Suffolk in einen Sumpf getrieben, wohl eher auf einen mißliebigen Menschen als auf ein Tier beziehen. Noch im 17. Jahrhundert befreiten englische Helden ihre Landsleute von gefährlichen Drachen, beispielsweise

More of More Hall, der den feuerspeienden, kinderfressenden Drachen von Wantley erschlug, aber auch diese Erzählung spielt vielleicht auf die Überlistung eines Bösewichts an.

Neben die biblischen und legendarischen Berichte von Drachen traten im Mittelalter die ›wissenschaftlichen‹ Beschreibungen in den Bestiarien. Diese populären Kompendien beschrieben viele Tiere und Pflanzen, die damals tatsächlich verbreitet waren, daneben aber auch Phantasiegeschöpfe. Die Tiere wurden im Sinne der christlichen Allegorese moralisch gedeutet, einige wurden als Symbole des Guten, andere als Inkarnation des Bösen aufgefaßt. Den lateinischen, ursprünglich griechischen Vorbildern fügten die Verfasser mittelalterlicher Bestiarien eine christliche Interpretation hinzu; sie legten mehr Wert auf die symbolische Bedeutung, als auf die empirische Beobachtung. Daß die Drachen und ihre zahllosen Verwandten aus dem Gezücht der Schlangen Verkörperungen des Bösen und der Sünde waren, bedarf wohl keiner besonderen Erwähnung.

Gewöhnlich wird der Drache in den Bestiarien abgebildet, wie er einen Elefanten erdrosselt. Drachen galten als die größten aller Schlangen; in Bestiarien des romanischen Stils besitzen sie zwei Füße und die Flügel eines Vogels. Der Basilisk hingegen, der König der Schlangen, hatte zwei oder vier Füße, den Kopf eines Hahns, die Flügel eines Schwans und tötete entweder mit seinem Blick oder seinem Atem. Wenn die Geschichten über Vipern, Nattern und Wasserschlangen auch variieren, ist die Typologie ihres Körperbaus doch bemerkenswert einheitlich. Oft sind sie geflügelt, haben zwei oder vier Beine und spitze Ohren. Merkwürdigerweise besteht die einzige Ähnlichkeit mit wirklichen Schlangen nur in dem langen, eingerollten und schuppenbewehrten Leib. Vermutlich fühlten sich die Illustratoren der mittelalterlichen Bestiarien zur genauen Nachahmung ihrer Vorbilder, die letztlich alle auf eine spätantike Quelle zurückgehen, verpflichtet und nicht zur naturgetreuen Wiedergabe tatsächlicher Schlangen.

Aufgrund seines symbolischen Charakters eignete sich der Drache gut für die Alchimie, jene Pseudowissenschaft von der Verwandlung unedler Metalle in Gold. Die mittelalterlichen Alchimisten waren sehr auf Geheimhaltung bedacht, teilweise auch deshalb, weil man ihnen mißtraute und sie als Scharlatane verfolgte. Deshalb entwickelten sie irreführende Terminologien, mit denen sie Neugierige verwirren und uneingeweihte, doch notwendige Hilfskräfte im Dunkeln tappen lassen wollten. Einfach gesagt, bedeutete der Drache das ›Material in seinem unvollkommenen, nicht veredelten Zustand‹. Den Drachen erschlagen bedeutete, Metalle in einen nichtmetallischen Zustand herabzusetzen. Hochgradig komplizierte Rezepte, abgefaßt in der Geheimsprache alchimistischer Texte, schrieben verschiedenen Typen von Drachen unterschiedliche Eigenschaften zu. Ein Drache, der seinen eigenen Schwanz frißt, symbolisierte eine Verbindung aus Kupfer und Silber, die drei Wochen lang mit Quecksilber erhitzt wurde, bis alle Spuren von Kupfer und Silber unsichtbar geworden waren. Der geflügelte Drache stand für das flüchtige, der flügellose für das feste Element. Die Traktate, die alchimistische Prozesse beschrieben, wurden von Illustrationen begleitet, auf denen die Drachen meistenteils dem oben beschriebenen geflügelten europäischen Typus entsprechen, doch kommen auch flügellose und mehrköpfige Drachen vor. Jedenfalls dauerte im Spätmittelalter (vom 14. bis ins 16. Jahrhundert), der Blütezeit der Alchimie, die symbolische Ausdeutung des Drachen an und erwies sich als nützlich, um die Geheimhaltung alchimistischer Verfahren abzusichern.

Eine letzte Kategorie europäischer Drachen ist der Typus, der in der Heraldik verwendet wurde. Obwohl schon im antiken Griechenland Drachen auf Wappen erschienen – Herakles, beispielsweise, trug dieses Emblem –, entwickelte sich die Kunst der Heraldik und der vererbbaren heraldischen Symbole erst ab dem 13. Jahrhundert. Die Verzierung mit Drachen gehorchte einem Standard; die Absicht war, die Feinde durch ihre Wildheit und Stärke abzuschrecken. Doch erst unter Heinrich VII. von England (1485–1509) erscheint der rote Drache des Cadwaladr als Trägerfigur des Schilds mit den königlichen Waffen. Nach einer walisischen Legende kämpften zwei Drachen miteinander: der rote symbolisierte Wales, der weiße die Angelsachsen. Cadwaladr war

Das Wappen der City of London erhielt im 17. Jh. seine den Schild haltenden Drachen. Dieser zeigt das Kreuz des heiligen Georg und das Schwert des heiligen Paulus; ein Schild und ein Fächer bekrönen es. Bleistift und Wasserfarben auf Papier, 18. Jh.

der letzte einheimische Herrscher Britanniens und stammte von dem im 6. Jahrhundert lebenden König Maeolgwn ab. Die Einfügung des roten Drachen als Träger des königlichen Schilds bezeichnete also die unter den (aus Wales stammenden) Tudors erreichte Einheit Britanniens.

Obwohl die Stuarts 1603 den roten Drachen durch das schottische Einhorn ersetzten, blieb jener auf königlichen Siegeln und Insignien, an Gebäuden und Brücken in königlichen Parks und Besitzungen weiterhin in Gebrauch. Erst im 19. Jahrhundert belebte sich die förmliche Verbindung des roten Drachen mit Wales wieder neu: 1807 wurde er als Amtszeichen des Königs für Wales eingeführt, 1907 fügte König Eduard VII. ihn dem Siegel hinzu, das der Prinz von Wales führte. 1911 ordnete König Georg V. an, daß ein kleiner Schild mit dem roten Drachen auf dem großen Schild des Prinzen von Wales anzubringen sei; er wollte damit mehr Nachdruck auf die Rolle des Landes im britischen Staatsverband legen. Die heutige Gestalt des Wappenschilds des englischen Thronfolgers geht auf eine Anordnung von 1953 zurück. Der rote Drache erhielt eine herausgehobene Stellung, und außerdem wurde an den Rändern des Schilds der walisische Wahlspruch angebracht: *Y ddraig goch ddyry cychwyn* – der rote Drache gibt Stärke.

Verschiedenerlei Drachen

Die Mythen und künstlerischen Darstellungen von Drachen sind keineswegs auf die hier vorgeführten beschränkt. Man braucht nur an den nordgermanischen Sigurd-(Siegfried-)Mythos zu denken, an die Schnitzarbeiten der Kelten und Wikinger, um sich zu erinnern, wie weitverbreitet Drachen in Europa sind. Selbst in Kulturen, die von chinesischen oder europäischen Einflüssen unberührt blieben, standen die Drachen und ihre Verwandten in Blüte. In verschiedenen Schöpfungsmythen der nordamerikanischen Ureinwohner treten sie als Seegeister auf, in Mittel- und Südamerika ist ihre bevorzugte Form die der gefiederten Schlange.

Während Drachen in den meisten europäischen Mythen nur das Böse verkörpern, können sie in denen der präkolumbianischen Amerikaner das Böse wie das Gute umfassen. Das aus Vogel und Schlange zusammengesetzte Wesen, das bei den Azteken in Mexiko Quetzalcoatl hieß, vereinigte in sich die Symbolbedeutung

Diese Brosche zeigt zwei Drachenköpfe an beiden Enden eines Körpers. Merkwürdig ist, daß die Köpfe so betrachtet werden können, als handle es sich um Vogelschnäbel und einen dicken Knoten auf dem Kopf, oder als besäßen die Tiere lange, dicke Amphibienschnauzen und große Ohren. Emaillierte Bronze, britische Arbeit aus römischer Zeit, 2. Jh.

der Erde (Schlange) und des Himmels (Vogel). Dieser Vogelschlange, die bei den Mayas Kukulkan hieß, wurde die Herrschaft über die vier Himmelsrichtungen zugeschrieben. Aus diesem Grunde vielleicht fügten viele aztekische und Maya-Herrscher ihrem Namen den Namen dieses Gottes an, der als göttliche Manifestation des ersten Königs galt. Dieser Gott konnte verschiedene Gestalten annehmen, darunter die der Sonne und des Planeten Venus. Vergleichbar chinesischen oder islamischen Sagen, in denen die Sonne oder der Mond von einem Drachen verschlungen werden, wird auch Quetzalcoatl als Venus gezeigt, wie er von einer Schlange verschlungen wird, dem Symbol der Erde.

Wenn Schlangen ohne Schuppen dargestellt sind, können sie zwei Köpfe an den Enden ihres gewundenen Körpers tragen. Derartige Gebilde symbolisierten offensichtlich die Ewigkeit und zeigen damit eine Verbindung zu der in anderen Kulturen verbreiteten Vorstellung, daß Schlangen unsterblich wären, weil sie ihre alte

Diese bemerkenswerte doppelköpfige Schlange war wahrscheinlich Teil eines bei einer Ritualhandlung getragenen Kopfschmucks. Angefertigt wurde sie von mixtekischen Künstlern, die am Königshof der Azteken arbeiteten, und kann unter den Geschenken gewesen sein, die Montezuma II. 1519 Hernan Cortéz überreichen ließ. Türkismosaik auf Holzuntergrund, besetzt mit roten und weißen Muschelschalen, Mexiko, 1400–1521.

Haut abstreifen könnten. Daß für solche Bilder Türkismosaik verwendet wurde, hatte ebenfalls eine religiöse Bedeutung. Bei den Azteken wurden Türkise nach dem Grad ihrer Feinheit in drei Klassen eingeteilt. Die wertvollste Qualität, die *teoxiuitl* genannt wurde, galt als Eigentum der Götter und war ritueller Verwendung vorbehalten. Es hieß, dieser leuchtende Stein würde Rauch ausströmen, ein passendes Attribut für Xiuhtecuhtli, den größten Gott des aztekischen Pantheons, und eine seiner Manifestationen, die Feuer- oder Türkisschlange Xiuhcoatl. Auch wenn sich die Ikonographie der zweiköpfigen Schlange von der des Xiuhcoatl unterscheidet, kann die Verwendung von Türkis bei beiden doch darauf hindeuten, daß hier eine ähnliche, wenn nicht gar die gleiche symbolische Bedeutung vorlag.

Schluß

Es konnten hier nur einige wenige der am besten bekannten Vertreter aus dem internationalen Universum der Drachen herausgegriffen werden. Für rational denkende Menschen der Moderne handelt es sich bei Drachen um mythische Kreaturen, deren Platz in einer fernen, abergläubischen Vergangenheit liegt. Doch in der modernen Kunst und Dichtung der gesamten Welt leben die Drachen weiter. Ob man sie negativ oder positiv deutet – Drachen bleiben machtvolle Symbole für eine Natur, die sich der Kontrolle des Menschen entzieht.

Einhörner

John Cherry

Wenn man bedenkt, was für ein seltenes mythisches Tier das Einhorn ist, kann es nur verwundern, wieviel Glauben es fand und welche Symbolik es inspirierte. Sein Körper glich manchmal dem eines Pferdes und manchmal dem einer Ziege – das wichtigste unterscheidende Merkmal blieb also nur das Stirnhorn. Dieses war üblicherweise gerade, gelegentlich aber auch gewunden und noch seltener sägezahnförmig; es ermöglichte dem Tier, sich zu verteidigen und seine Feinde zu töten, zugleich aber konnte es alles Gift aus Flüssen oder Teichen ziehen. Unter den mythischen Tieren ist das Einhorn besonders schwer zu fassen, weil es so scheu ist, daß es sich nur von einer Jungfrau fangen läßt.

Von der Seite gesehen wirkt jedes Tier mit zwei Hörnern, als besäße es nur eines; vielleicht war diese Beobachtung der Ausgangspunkt für die Erfindung des Einhorns. Eine andere Quelle war zweifellos das indische Panzernashorn, das einzige wirkliche Tier mit nur einem einzelnen Horn. Was auch immer aber die Ausgangspunkte gewesen sein mochten, der Glaube an Einhörner verbreitete sich – vor allem im mittelalterlichen Europa – sehr stark; seine wunderbaren Eigenschaften fachten die Begierde an, es aufzuspüren. Wenn das Einhorn auch schon in der Literatur des klassischen Altertums als eine Seltsamkeit erwähnt wird, wurde es doch erst im christlichen Zeitalter zu einem festen Bestandteil von Allegorie und Mythos. Ein Einhorn zu fangen, wurde zunächst als friedlicher Vorgang angesehen. Erst später während des Mittelalters findet sich das grausame Erlegen des in die Falle gelockten Tiers. Die Vorstellung, die sich vor allem in Deutschland während des Mittelalters verbreitete, sah den Tod des Einhorns als Symbol für den Opfertod Christi an. Die Jagd auf das Einhorn wurde sogar zu einer Allegorie auf die Verkündigung der Geburt des Heilands durch den Engel Gabriel. Die Reformation lehnte diese

Adam gibt den Tieren ihre Namen. Illustration aus einer niederländischen Bibelhandschrift, um 1440. Adam segnet das Einhorn, während Eva in der Haltung einer Betenden hinter ihm steht.

Symbolik ab, was im Verein mit dem Aufkommen einer neuen, vernunftgeleiteten Gelehrsamkeit und Forschung die Kraft dieses Mythos verminderte. In der Medizin und der Heraldik lebte das Tier jedoch weiter, und Beispiele für den Glauben an die Existenz von Einhörnern lassen sich sogar noch im 19. Jahrhundert finden. Es ist diese lang andauernde Wirksamkeit und die Komplexität dieses Mythos, die heute unser Interesse am Einhorn hervorruft.

Literatur des klassischen Altertums

Die erste Beschreibung des Einhorns in der Literatur findet sich bei Ktesias, einem griechischen Arzt, der um 400 v. Chr. am Hof der Perserkönige Artaxerxes II. und Dareios II. weilte. Seine Indienbeschreibung unter dem Titel *Indika* ist die eigentliche Quelle für viele fabelhafte Berichte über den Osten, darunter auch für solche Seltsamkeiten wie die kopflosen Menschen (die ihre Gesichter zwischen den Schultern tragen), die Schattenfüßler (die nur einen großen Fuß haben, den sie zum Schutz gegen die Sonne verwenden) und die Hundsköpfe (Menschen mit Hundeköpfen, die nicht sprechen, sondern nur bellen können). Unter den Tieren, die Ktesias beschreibt, befinden sich die Manticora, Greif und Einhörner. Letztere beschreibt er als

> [. . .] wilde Esel, die so groß wie Pferde, oder wohl noch größer sind. Ihre Körper sind weiß, ihre Köpfe von dunklem Rot, die Augen von dunklem Blau. In der Mitte der Stirn tragen sie ein Horn von einer Elle Länge [ungefähr 45 Zentimeter]; die Wurzel dieses Horns ist schneeweiß [. . .], der vordere Teil ist spitz und von leuchtend roter Farbe; der Mittelabschnitt ist schwarz. Menschen, die aus diesen Hörnern trinken – denn man macht Trinkgefäße daraus –, sind angeblich gegen Krämpfe oder die Epilepsie gefeit. Ja, sie sind sogar gegen alle Gifte geschützt, wenn sie vor oder

> nach der Einnahme des Giftes Wein, Wasser oder etwas anderes aus diesen Behältnissen trinken. Dieses Tier ist außerordentlich schnell und kräftig, so daß kein anderes, auch nicht das Pferd, es überwinden kann. Sie bei der Jagd zu stellen, gibt es nur ein Mittel: wenn viele Reiter sie umstellen, während sie ihre Jungen zur Weide führen, fliehen sie nicht, weil sie ihre Jungen nicht im Stich lassen wollen. Im Kampf stoßen sie mit ihrem Horn zu; sie treten, beißen und schlagen aus gegen Pferde und Reiter. Schließlich werden sie mittels Pfeil und Speer erlegt, denn es ist unmöglich, sie lebendig zu fangen.

Diese frühe Beschreibung des Einhorns enthält bereits einige seiner wesentlichen charakteristischen Züge – das einzelne Horn; die magische Fähigkeit, Gift aufzulösen; seine Schnelligkeit und Wildheit sowie die Unmöglichkeit, jene Tiere anders als auf listige Weise zu erjagen. Den umfassendsten frühen Bericht über Indien jedoch verdanken wir Megasthenes, der sich um 303 v. Chr. dort als Gesandter aufhielt. Sein Traktat ist in den Texten einer Reihe von Autoren auf uns gekommen, darunter auch in dem während des Mittelalters am weitesten verbreiteten Werk seiner Art, der ungefähr im Jahre 77 abgeschlossenen *Naturgeschichte* des älteren Plinius. In dieser großen, unkritischen Materialsammlung, die sich auf 37 Bücher erstreckt, erscheint Indien als ein Land voller Wunder. Im Anschluß an Ktesias und Megasthenes vermeldet er, die indischen Orsaeaner jagten viele wilde Tiere; das furchtbarste darunter sei »das Monoceros, ein Tier mit dem Körper eines Pferdes, dem Kopf eines Hirsches, den Füßen eines Elefanten und dem Schwanz eines Ebers; sein Gebrüll ist tief. Es besitzt ein einzelnes schwarzes Horn auf der Mitte der Stirn, dessen Länge zwei Ellen [das heißt ungefähr 90 Zentimeter] beträgt. Es heißt, es sei unmöglich, dieses Tier lebend zu fangen.« In der Beschreibung des Plinius ist das Horn also doppelt so lang, wie von Ktesias berichtet.

Es gibt noch andere Hinweise auf Tiere mit einem Horn in der klassischen Literatur. So berichtet Julius Cäsar in seinem *Gallischen Krieg* von der Existenz eines solchen Tiers, das in den germanischen Wäldern hausen solle: »Man weiß, daß dort viele Tierarten leben, die anderswo nicht gefunden werden [...]. Es gibt dort ein Rind, das einem Hirsch ähnelt. Von der Mitte seiner Stirn, zwischen den Ohren, geht ein einzelnes Horn aus, das stärker und gerader ist als die Hörner, die wir sonst kennen.« Aelian (ca. 170–235), ein weiterer Schriftsteller, der über die Natur der Tiere schrieb, gibt weitere Information über das indische Tier mit dem einen Horn: »Das Horn ist nicht glatt, sondern besitzt Spiralen, die ganz natürlich gewachsen sind. Es ist in der Mitte von schwarzer Farbe«. Und weiter: »Man sagt, die Inder tränken aus diesem vielfarbigen Horn. Es heißt, ein Mensch, der daraus getrunken habe, sei vor unheilbaren Krankheiten gefeit; er werde niemals von Krämpfen befallen werden [...] und sei gegen Gift immun.« Besonders interessant ist Aelians Bericht darin, daß er den ersten Hinweis darauf enthält, die Wildheit des Einhorns werde durch weiblichen Einfluß bezähmt. »Es liebt einsame Weidegründe, wo es einzeln für sich herumwandert. In der Paarungszeit jedoch, wenn es sich mit dem Weibchen zusammentut, wird es gesellig und die beiden Tiere grasen miteinander.«

Da es während des gesamten frühen Mittelalters keinen Kontakt zwischen Europa und Indien gab, blieb das Indien-Wissen der Europäer über Jahrhunderte hinweg von den Texten des Ktesias und Megasthenes abhängig. Das Einhorn, von dem diese berichteten, scheint tatsächlich das Panzernashorn gewesen zu sein, denn in Indien und China schreiben die Menschen dem Horn dieses Tiers noch heute die Fähigkeit zu, gegen Gift zu schützen.

In der klassischen Mythologie spielte das Einhorn nur eine sehr geringe Rolle; in der Kunst des klassischen Altertums finden sich Darstellungen kaum. Ein Aquarell, das wahrscheinlich eine verlorene römische Wandmalerei aus Rom abbildet, zeigt die Jagdgöttin Diana, wie sie im großen Artemis-Tempel zu Ephesos an der Westküste Kleinasiens verehrt wurde: der untere Teil ihres Körpers ist gleichsam eine Säule hochspringender Tiere, an deren Spitze sich Einhörner befinden. Im Gegensatz zu dieser Verbindung des Einhorns mit einer eindeutig heidnischen Gottheit verhalfen die frühen Kirchenväter dem Einhorn zu seiner Beliebtheit in der Welt des Mittelalters, indem sie es in der Sprache der religiösen Allegorie deuteten, und diese Allegorie wurde schrittweise erweitert und vertieft.

Die christliche Welt

Die im Lauf der Jahrhunderte angefertigten Übersetzungen des hebräischen Alten Testaments verliehen der christlichen Interpretation des Einhorns Autorität. Während des 3. und 2. Jahrhunderts v. Chr. wurde das hebräische Original in Alexandria ins Griechische übersetzt. Diese Übersetzung wird *Septuaginta* genannt, weil 72 Übersetzer die Arbeit ausgeführt haben sollen. Das Tier, das im Hebräischen *rem* heißt, wurde als *Monoceros*, das heißt Einhorn, ins Griechische übersetzt. In der *Vulgata*, der lateinischen Bibelübersetzung, die der heilige Hieronymus im 4. Jahrhundert aus den Grundsprachen anfertigte, wird *rem* manchmal als *Rhinoceros* und manchmal als *Unicornus* übersetzt. Die Vulgata war die lateinische Version der Bibel, die im Abendland die weiteste Verbreitung fand. Als die Bibel zum Teil aus der Vulgata, zum Teil aus den Grundsprachen in die Volkssprachen übersetzt wurde, wurde der Name des Tiers etwa in Luthers 1534 abgeschlossener Übersetzung als *Einhorn* wiedergegeben. Erwähnt wird es beispielsweise im Buch Hiob (39,9–11) als ein Tier von großer Stärke und Macht:

> Meinst du, das Einhorn werde dir dienen und werde bleiben an deiner Krippe?
> Kannst du ihm dein Joch anknüpfen, die Furchen zu machen, daß es hinter dir broche in Gründen?
> Magst du dich auf es [das Tier] verlassen, daß es so stark ist, und wirst es dir lassen arbeiten?
>
> (Übers. von Martin Luther)

In der englischen Fassung von 1611, der sogenannten *King James Bibel*, weil sie der englische König Jakob I. (reg. 1603–25) als Oberhaupt der englischen Landeskirche autorisierte, heißt das Tier *unicorn*. Da das Einhorn durch seine Erwähnung in der Bibel sanktioniert war, wurde es im 4. Jahrhundert zu einem christlichen Symbol umgedeutet. Eine wichtige Rolle dabei spielte vor allem der heilige Basilius (um 330–379), Bischof von Caesarea und ein hochgelehrter Mann. Mit Bezug auf die angeführte Stelle aus dem Buch Hiob bemerkte er, daß Christus »der Sohn des Einhorns genannt wird, weil das Einhorn, wie wir aus Hiob ersehen, von unwiderstehlicher Macht und dem Menschen nicht unterworfen ist«. Weil das Horn in der Bibel oft für Ruhm und Erlösung steht, erklärt Basilius: »Christus ist die Macht Gottes, darum ist er das Einhorn genannt, aus dem Grunde, daß er ein Horn, das heißt eine gemeinsame Macht mit dem Vater hat«.

Kampf zwischen einem Elefanten und einem Einhorn. Randzeichnung aus dem Psalter der Queen Mary, frühes 14. Jh.

Noch größere Popularität gewann das Einhorn dadurch, daß es in eine Sammlung von Geschichten und Legenden aufgenommen wurde, in der das Verhalten und die charakteristischen Merkmale der Tiere in einer Weise interpretiert wurden, daß sie zur moralischen Unterweisung der Christen dienen konnten. Dieses anonyme Werk entstand zwischen dem 2. und 4. Jahrhundert und wurde gelegentlich als *Physiologus* bezeichnet, weil in jedem Kapitel der ›Physiologus‹ (das heißt Naturforscher) als die Quelle zitiert wird. Ursprünglich wurde der Traktat in griechischer Sprache, wahrscheinlich in Alexandria, zusammengestellt; er enthält auch Beschreibungen von mythischen oder phantastischen Kreaturen. Jede Beschreibung schließt mit der daraus zu ziehenden Moral. Der *Physiologus* wurde im 5. Jahrhundert ins Lateinische übersetzt und war im gesamten Mittelalter immens verbreitet. Auch in viele andere Sprachen wurde der Text übersetzt, viele der Beschreibungen wurden erweitert und neue Tiere hinzugefügt. Im 12. Jahrhundert war dieses Material sowie das weiterer Quellen, etwa aus dem Traktat *De animalibus* des heiligen Isidor von Sevilla, der im 7. Jahrhundert lebte, zu Fassungen kompiliert, die im westlichen Europa als Bestiarien bezeichnet wurden. Diese Handschriften waren in der Regel von Illustrationen begleitet. In diesen Büchern findet sich die christliche Symbolik des Einhorns in voller Entfaltung. Wir zitieren die Beschreibung des Einhorns aus einem Bestiarium, das sich heute in der Universitätsbibliothek von Cambridge befindet:

> Unicornis das Einhorn, das von den Griechen auch Rhinozeros genannt wird, ist von folgender Natur.
> Es ist ein sehr kleines Tier, etwa wie ein Zicklein, außerordentlich flink, mit einem Horn auf der Mitte seiner Stirn, und kein Jäger kann es fangen. Es läßt sich jedoch mit folgendem Verfahren in die Falle locken.
> Eine Jungfrau wird dorthin gebracht, wo es lebt, und dort alleine in den Wald geschickt. Sobald das Tier sie erblickt, springt es ihr in den Schoß und umarmt sie und kann also gefangen werden.
> Unser Herr Jesus Christus ist ebenfalls ein Einhorn im geistlichen Verstande, denn von ihm steht geschrieben: »Er wurde geliebt wie der Sohn der Einhörner«. Und so heißt es

in einem anderen Psalm: »Er hat das Horn der Rettung für uns aufgerichtet im Hause [...] Davids«.
Daß es nur ein Horn auf seiner Stirn trägt, bedeutet, wie er selbst es sagte: »Ich und der Vater sind eins« (Joh. 10,30). Und ebenso nach den Worten des Apostels: »Das Haupt Christi ist der Herr«.
Es heißt, daß es sehr schnell ist, weil keine der Hierarchien der Engel mit ihm Schritt halten kann, auch kann die Hölle es nicht halten und der gewitzigste Teufel es nicht fangen oder fassen; nur durch den einzigen Willen des Vaters ging es in den Leib einer Jungfrau ein, um unserer Erlösung willen.
Es ist ein so kleines Tier wegen der Niedrigkeit seiner Fleischwerdung, wie er selbst es gesagt hat: »Lernet von mir, denn ich bin milde und demütigen Herzens«.
Es ist gleich einem Zicklein oder Sündenbock, weil der Heiland selbst in der Gestalt des sündigen Fleisches erschien, und die Sünde aus der Sünde verdammte.

Hier finden sich die Grundelemente für die mittelalterliche Interpretation des Einhorns. Das Einhorn wird mit der Ziege verglichen, einem wesentlich kleineren Tier als Pferd oder Esel bei Ktesias und Plinius. Seine geringe Größe wird durch die Schnelligkeit wettgemacht, aufgrund derer es nicht gefangen werden kann. Christus konnte nicht besiegt werden, ließ sich aber von einer Jungfrau dergestalt zähmen, daß er seine göttliche Natur aufgab und zur Erlösung der Menschheit in der Jungfrau Maria menschliche Gestalt annahm. In einer Brüsseler *Physiologus*-Handschrift des 10. Jahrhunderts ist die Szene der Zähmung eines Einhorns durch eine Jungfrau dargestellt neben einem Christus, der zwei Jünger unterweist. Seine Worte, die im *Physiologus* häufig zitiert werden, stehen dabei: »Lernet von mir, denn ich bin sanftmütig und von Herzen demütig« (Mt. 11,29). Das ist eine der sehr wenigen Darstellungen, wo das Einhorn mit Christus bildlich identifiziert wird.

Ein Einhorn in Silber vor einem emaillierten Hintergrund. Teil des unteren emaillierten Bandes auf dem Horn von Savernake. Dieses Elfenbeinhorn, lange mit dem Grundbesitz am Wald von Savernake in Wiltshire verbunden, trägt zwei emaillierte Schmuckbänder, die in der Mitte des 14. Jh.s hinzugefügt wurden und Tiere des Waldes darstellen.

Nur im *Physiologus* heißt es, daß das Einhorn stirbt, während es seinen Kopf in den Schoß der Jungfrau birgt. Diese Aussage wurde zur Grundlage für viele mittelalterliche Einhorn-Illustrationen. In einigen mittelalterlichen Versionen bedient sich die Jungfrau eines Spiegels, der vielleicht Stolz und Eitelkeit bedeutet, um das Tier zu berücken. Ein sehr schönes Beispiel für diesen Gebrauch des Spiegels findet sich auf einem emaillierten Medaillon aus dem rheinhessischen Kloster Sauerschwabenheim, jetzt im Bayerischen Nationalmuseum in München, das wahrscheinlich im dritten Viertel des 14. Jahrhunderts in Paris entstand.

Auf anderen Darstellungen saugt das Einhorn vor seinem Tod an der Brust der Jungfrau. Die Symbolik der Jungfrau, die das Einhorn in die Falle lockt, wurde manchmal zu einer Parallele mit der Milch der Jungfrau Maria ausgeweitet. So wie die Milch der Jungfrau Maria mit ihrem Recht, Fürbitte einzulegen, assoziiert wurde, so konnte sie auch dazu dienen, das Einhorn zu bezähmen und zu stillen. Diese Verbindung zeigt sich deutlich in einem mittelenglischen Gedicht des frühen 14. Jahrhunderts, das vielleicht von dem Franziskanermönch William von Shoreham verfaßt wurde. In diesem Gedicht wird Maria unter ihren verschiedenen Titeln angerufen; ein Vers bezieht sich auf das Einhorn:

[. . .]
that unicorn that was so wild
aleyd is of a cheaste;
thou has it itamed and istild
with milke of thy breste.

(Das Einhorn, welches war so wild, / sanftmütig wirds durch eine Keusche; / du hast gezähmt es und gestillt / mit deiner Brüste Milch.) Die Gefangennahme des Einhorns durch das Zutun einer Jungfrau wurde im 12. Jahrhundert mit der Geburt Christi symbolisch verbunden und diente dazu, die Tugend der Reinheit zu illustrieren. In der heute in der British Library in London befindlichen Floreffe Bible aus dem 12. Jahrhundert ist die Szene der Gefangennahme des Einhorns auf der gleichen Seite dargestellt wie die Geburt Christi (fol. 168). Dieses Thema wurde auch von Priestern in ihren Predigten verwendet, besonders von Honorius von Autun, einem populären Theologen des frühen 12. Jahrhunderts aus Süddeutschland. Seine vielgelesenen Schriften hatten einen bemerkenswerten Einfluß auf die mittelalterliche Kunst. Obwohl er kein origineller Denker war, schrieb er doch einfach und klar und legte großen Nachdruck nicht nur auf die wörtliche und historische, sondern auch auf die symbolische und metaphorische Methode bei der Interpretation der Bibel. Die Bestiarien mit ihren

Die Jagd auf das Einhorn. Von einem gewebten Altarvorhang aus der Marienkirche von Gelnhausen. Der Jäger ist hier der Engel Gabriel, der Maria im Spruchband mit den Worten begrüßt: *Ave gratia plena dominus vobiscum* (»Gegrüßet seist du, Gnadenreiche, der Herr sei mit dir«). Die Jungfrau sitzt mit dem Einhorn in einem *hortus conclusus*. Mittelrheinische Arbeit, um 1500.

phantastischen Tieren dienten ihm als Typologien für die Welt, das Fleisch und den Teufel. In seiner *Scala Coeli* (Himmelsleiter) schuf er eine Theorie des Wissens, die darauf basierte, wie die Dinge gesehen werden. Nachdem er das normale Sehen diskutiert hat, erklärt er, wie der Mensch vermittels geistiger Schau aufgrund von Gedächtnis oder Imagination Dinge zu sehen vermag, die existierenden Formen ähneln, oder aber auch unbekannte, die als real akzeptiert werden, wie Einhörner oder Greifen, oder gar Fabelwesen wie die Chimäre.

Im 13. Jahrhundert wurde die Vorstellung, daß die Gefangennahme des Einhorns die Fleischwerdung bedeute, zu einer detaillierten Allegorie auf die Verkündigung der Geburt Christi an Maria ausgearbeitet. Bekannt unter dem Namen der Jagd auf das Einhorn oder der mystischen Jagd, wurde diese Allegorie vor allem in Deutschland und im nordöstlichen Europa sehr populär. Auf Holzschnitten und Kupferstichen des 15. Jahrhunderts wird die Jungfrau Maria häufig innerhalb eines abgeschlossenen Gartens, des *hortus conclusus*, dargestellt, umgeben von Symbolen ihrer unverletzten Jungfräulichkeit. Manchmal liegt das Einhorn im Schoß der Jungfrau, manchmal bricht es gerade in den Garten ein. Auf einigen Darstellungen sieht man den Jäger, den Engel Gabriel, wie er sein Horn außerhalb des Gartens bläst, auf anderen gelangt er bei der Verfolgung des Einhorns in den Garten. Oft wird er dabei in der Regel von vier Hunden begleitet, die häufig Symbole der vier Tugenden Gnade, Wahrheit, Frieden und Gerechtigkeit sind.

Am Ende des Mittelalters erreichte die Popularität des Einhorns als religiöses und weltliches Symbol ihren Höhepunkt. 1563 jedoch verbot das Tridentinische Konzil, das angesichts der Verbreitung des Protestantismus die katholischen Glaubenslehren und die Kirchenorganisation reformieren sollte, die Verwendung des Einhorns als einer Allegorie der Verkündigung der Geburt Christi in der christlichen Kunst. Von diesem Zeitpunkt an verschwand das Einhorn aus der christlichen Symbolik; seine Beliebtheit in der Literatur, den Künsten, der Heraldik und der Medizin hielt jedoch an.

Die weltliche Interpretation im Mittelalter

Die weltliche Interpretation des Einhorn-Mythos war im Mittelalter genauso stark vertreten wie die religiöse. Wenn auf spätmittelalterlichen Darstellungen eine Dame zu sehen ist, die den Kopf eines Einhorns krault, das in ihrem Schoß liegt, kann man nie sicher sein, ob der Triumph der geistlichen oder der weltlichen Liebe gefeiert werden soll. Gerade diese Doppeldeutigkeit verleiht dem Einhorn unter allen mythischen Tieren seine besondere Faszination. Oft verrät nur der Kontext, ob die dargestellte Szene weltlich oder geistlich interpretiert werden soll. Die Gefangennahme des Einhorns im Schoß der Jungfrau wurde in den Bestiarien sehr häufig als weltliches Thema dargestellt. Manchmal ver-

Auf diesem Florentiner Kupferstich ist eine junge Italienerin, deren Name gemäß der Inschrift auf ihrem Umhang Marietta heißt, gerade dabei, dem Einhorn ein an den Baum gekettetes Halsband anzulegen. Entstanden zwischen 1465 und 1480.

folgen grimmige, gut bewaffnete Jäger das Tier. Manchmal erscheint die Dame entgegenkommend und freundlich, manchmal streng und hartherzig. Gewöhnlich ist sie bekleidet, doch zuweilen tritt sie auch nackt auf, etwa in der Illustration eines Bestiariums aus der British Library, wo sie den Jäger (im Kettenpanzer und mit einem Speer bewaffnet) mit einer Handbewegung zum Näherkommen einlädt. Das Einhorn mit einem langen geraden Horn liegt ruhig, den Kopf auf dem nackten Körper der Jungfrau, und ist sich der drohenden Gefahr nicht bewußt. Im 13. Jahrhundert verfaßte der französische Autor Richard de Fournival ein Bestiarium, das eine weltliche statt einer geistlichen Interpretation der Tiere bot. In diesem Werk, dem *Bestiaire d'Amour*, symbolisiert das Einhorn den Liebhaber, der von der Jungfrau, seiner Ge-

Ein Ritter im Kettenpanzer, der einen runden Schild trägt, tötet das im Schoß der nackten Jungfrau liegende Einhorn. Das Horn ist der typische Stoßzahn des Narwals: spitz, gerade und mit Spiralwindungen versehen. Illustration aus einem englischen Bestiarium des 12. Jh.s.

liebten, betört wird. Der Jäger, der das Einhorn erlegt, ist niemand anderes als die Liebe selbst. In seinem Buch beschreibt Richard, wie ihn der Geruch seiner Geliebten anzog:

> [...] so wie das Einhorn unter der Einwirkung des Dufts einer Jungfrau in Schlaf fällt. Denn dies ist die Natur des Einhorns, daß kein anderes Tier gleich schwer zu fangen ist [...], daß niemand gegen es zu Felde zieht als einzig eine Jungfrau. Und sobald es ihrer Gegenwart durch ihren Geruch gewahr wird, kniet es demütig vor ihr nieder und erniedrigt sich, als wolle es ihr seine Dienste antragen. Darum setzen ihm gewitzte Jäger, die seine Natur kennen, eine Jungfrau in den Weg; es schläft in ihrem Schoß ein; und während es schläft, kommen die Jäger, die sich ihm nicht zu nähern wagen, während es wacht, und töten es. Ebenso grausam hat die Liebe an mir gehandelt; in meinem Stolz dachte ich, niemals würde ich eine Frau finden, um deren Besitz ich Sorge tragen würde [...]. Doch Liebe, der listenreiche Jäger, hat mir eine Jungfrau in den Weg geführt, in deren süßem Duft ich in Schlaf sank, und nun sterbe ich den mir bestimmten Tod.

Diese sehr weltliche Deutung der Symbolik von der Jungfrau und dem Einhorn findet ihren Niederschlag in der Weise, in der die Szene auf spätmittelalterlichen Emaille- und Elfenbeinarbeiten dargestellt ist. Die Bedeutung der Szene wird häufig durch die Ereignisse verständlich, die sich in ihrer Umgebung abspielen. Ein Beispiel dafür sieht man auf einem Elfenbeinkästchen, welches in der Mitte des 14. Jahrhunderts in Paris entstand und sich heute im Britischen Museum in London befindet. Auf dem Deckel ist die Belagerung der Liebesburg dargestellt, die ein geflügelter Liebesgott und mit Rosen bewaffnete Damen verteidigen. Im Zentrum des Deckels sehen wir Damen, die ein Turnier beobachten, während rechts davon eine Dame dem vor ihr knienden Ritter den Schlüssel der Burg übergibt. Auf der Vorderseite des Kästchens schließlich liegt das Einhorn im Schoß der Jungfrau, die den Spie-

Der Jäger durchbohrt mit seinem Speer das im Schoß der Jungfrau liegende Einhorn. Seite eines Pariser Elfenbeinkästchens aus dem zweiten Viertel des 14. Jh.s mit Liebesszenen, die zum Teil aus Romanen stammen.

gel hochhält, während der Jäger, dessen Augen auf die Jungfrau fixiert sind, das Tier mit seinem Speer tötet. Direkt daneben sitzen Tristan und Isolde, ins Liebesgespräch vertieft. König Marke, Isoldes Ehemann, beobachtet das Gespräch aus seinem Versteck im Wipfel eines Baums; sein Gesicht spiegelt sich unten im Teich. Auf beiden Szenen spielen Spiegel eine Rolle, vielleicht aber zeigen sie auch den Gegensatz zwischen der reinen Liebe des Jägers, der das Einhorn tötet, zu seiner Jungfrau und der leidenschaftlichen und lüsternen Liebe Tristans und Isoldes. Ironie mag darin liegen, daß König Marke Zeuge der Untreue seiner Frau wird, genauso wie der Jäger Zeuge der Treulosigkeit der Jungfrau gegenüber dem Einhorn wird. Das Elfenbeinkästchen war gewiß als ein Geschenk unter Liebenden gedacht, vielleicht war es sogar ein Hochzeitspräsent. Das Einhorn findet sich häufig auf Tafelbildern, Drucken und Gobelins und wurde so zu einem vielverbreiteten Symbol für Verlobung und Heirat.

Ein Symbol der Keuschheit

Einer der Widersprüche des Mythos liegt darin, daß das Einhorn sowohl als Symbol der Keuschheit, wie als Symbol der Ehe diente. Da das Einhorn nur von einer Jungfrau gefangen werden konnte, wurde es niemals zusammen mit einer Frau, die sexuelle Erfahrungen besaß, dargestellt. Das kann erklären, warum das Einhorn selbst am Ende des Mittelalters zum Symbol eines keuschen und enthaltsamen Lebens wurde. Eines der schönsten Beispiele dafür ist die Einhorndarstellung auf der Medaille, die Pisanello 1447 für Cecilia Gonzaga, die Tochter Gianfrancescos I., des Markgrafen

Die Medaille für Cecilia Gonzaga von Mantua des Pisanello (um 1395–1455) wurde 1447 geschlagen.

von Mantua, anfertigte. Diese Medaille war Cecilia sehr angemessen, denn sie beschloß ihr Leben in einem Kloster. Auf der Rückseite der Medaille sehen wir eine felsige Landschaft, die vom zunehmenden Mond beschienen wird. Links befindet sich die halbnackte, sitzende Figur einer Frau, deren linke Hand auf dem Kopf eines ziegenartigen Einhorns ruht. Zuweilen wurde die Tugend der Keuschheit in Form einer stehenden weiblichen Figur dargestellt, die eine Fahne hält, auf der die Szene des im Schoß der Jungfrau ruhenden Einhorns abgebildet ist.

Auf diesem Gemälde *Der Triumph der Herzogin von Urbino* des Piero della Francesca (1410/20–92) in den Florentiner Uffizien ziehen Einhörner einen Triumphwagen.

Zu den schönsten Darstellungen des Einhorns als Symbol der Keuschheit gehören die Illustrationen zu den *Trionfi*, Gedichten des Francesco Petrarca aus dem 14. Jahrhundert. Petrarca schrieb sechs Gedichte, die eine Folge von Triumphen bilden. Zunächst triumphiert die Liebe, wird dann aber von der Keuschheit besiegt, die wiederum dem Tod unterliegt. Der Ruhm triumphiert über den Tod, die Zeit über den Ruhm; diese unterliegt schließlich der Ewigkeit – dem endgültigen Triumphator. Diese Gedichte hatten einen weitverbreiteten Einfluß auf die bildende Kunst. Alle sechs wurden immer wieder mit Szenen illustriert, bei denen das Hauptelement stets der Triumphwagen war, obwohl Petrarca ihn nur im Triumph der Liebe beschrieben hatte. Man hat vermutet, daß sich diese Darstellungsweise von einem großen Festspiel herleitete, welches wahrscheinlich Mitte des 15. Jahrhunderts in Florenz stattfand und bei dem die sechs Triumphe vorgeführt wurden. Von dort hätte sich die Darstellung der Triumphe mit von verschiedenen Tieren gezogenen Wagen ausgebreitet. Der Wagen der Keuschheit wurde dabei häufig von Einhörnern gezogen, so beispielsweise auf einem Gemälde des Jacopo del Sellaio. Hier zieht ein von Jungfrauen geführtes Paar weißer Einhörner den Streitwagen der Keuschheit, auf dem diese steht und über Cupido triumphiert.

Wegen ihres wilden und schwer zu zähmenden Wesens wurden Einhörner selten gesattelt und geritten. In einem Münchener heraldischen Manuskript des 15. Jahrhunderts findet sich jedoch eine Personifikation der Keuschheit in Gestalt eines voll gewappneten Ritters, dessen Reittier ein Einhorn ist.

Das Einhorn in der Medizin

Seit den Zeiten des Ktesias herrschte der Glaube, das Horn des Einhorns besäße besondere medizinische und talismanartige Eigenschaften. Die Fähigkeit, Wasser zu reinigen, ist erstmals im *Physiologus* erwähnt; das Einhorn wird deshalb oft dargestellt, wie es sein Horn in ein Gewässer taucht. Ja, es wurde sogar behauptet, die anderen Tiere des Waldes würden erst aus einem Teich trinken, wenn das Einhorn sein Horn hineingetaucht und damit die Reinheit des Wassers bestätigt hätte. Diese Verbindung des Einhorns mit reinem Wasser wurde im Mittelalter weiter ausgeführt, wie etwa eine gegen 1470 entstandene französische Handschrift, das sogenannte *Stundenbuch von Wharncliffe*, belegt. Hier kniet ein Einhorn im Schoß der Jungfrau und blickt in einen Spiegel, während neben diesem Paar eine Quelle Wasser in einen Strom ergießt, der um die Insel fließt, auf der die beiden sich befinden. Die Quelle wurde wegen der Reinheit ihres Wassers ebenfalls mit der Jungfrau Maria assoziiert. Manchmal wurde sie auch der Spiegel ohne Fehl, das Gärtenbrünnlein oder der Springquell des lebendigen Wassers genannt.

Aber nicht nur das Horn wurde im Mittelalter hoch geschätzt. Die im 12. Jahrhundert lebende Nonne Hildegard von Bingen glaubte, eine Salbe, gemischt aus Eidotter und der Leber des Einhorns, könnte die Lepra heilen, ein Gürtel aus Einhornleder würde vor Pest und Fieber schützen und Schuhe aus diesem Material hielten die Füße gesund. In Wolfram von Eschenbachs *Parzival*, einem Versroman aus dem Beginn des 13. Jahrhunderts, gehören das Herz eines Einhorns und der Karfunkel, der unter dessen Horn wächst, zu den verschiedenen Mitteln, die die Wunden des Gralskönigs Anfortas heilen sollen. Das war jedoch eine Dichtung, und selbst im Mittelalter gab es Autoren, die mit ihren Vermutungen vorsichtiger waren. Albertus Magnus (1193–1280) schrieb zwar vieles über die Eigenschaften von Metallen und Steinen, über die magischen Qualitäten des Horns aber sagte er wenig; er beschränkte sich im Grunde auf die Bemerkung, diese müßten näher untersucht werden.

Da das Horn des Einhorns Gift kenntlich machen konnte, war es sehr nützlich, um vor Festmählern Speisen und Getränke zu prüfen. Nur Könige und Fürsten besaßen ein vollständiges Horn dieses Tiers. Manchmal wurde dieses einfach vor den Gästen auf die Tafel gesetzt, damit jede Veränderung sofort sichtbar würde. Üblicher war es jedoch, vor dem Beginn des Mahls die Speisen und Getränke mit einem Splitter des Horns zu berühren. König Heinrich VI. von England (1421–71) besaß einen in einen Anhänger gefaßten Einhornsplitter, den er in seinen Becher tauchen konnte. Von Jakob I. von England (1566–1625) geht die Sage, er habe, um die Wirksamkeit eines Horns zu prüfen, einem seiner Diener Gift, vermischt mit dem Pulver jenes Horns, verabreicht; als der Diener tot umfiel, erklärte der König, man hätte ihn getäuscht, denn dies sei wahrlich nicht das Horn eines wirklichen Einhorns. Die Praxis, das Horn zum Nachweis von Gift zu verwenden, lebte am Hofe der französischen Könige bis zur Revolution von 1789 weiter.

Der Glaube an die reinigenden Eigenschaften des Horns führte zu einem vermehrten Einsatz dieses Materials bei Trinkbechern und anderen Gefäßen. Da es nicht leicht war, Becher aus einem

Das Einhorn taucht sein Horn in einen Fluß, um diesen von Gift zu reinigen. Blatt aus der die Einhornjagd darstellenden Stichfolge des französischen Kupferstechers Jean Duvet, entstanden um 1562. Die Stiche sollten die Liebe des französischen Königs Heinrichs II. zu seiner Mätresse Diana von Poitiers verherrlichen.

Horn von so schmalem Durchmesser zu fertigen, wurden Gefäße hergestellt, die nur ein Stück dieses Horns enthielten. Unter den Gegenständen aus dem Besitz der englischen Königin Elisabeth I., die ihr Nachfolger Jakob I. seiner Gemahlin schenkte, befand sich »ein kleiner Becher aus Einhornhorn mit Goldauflage, besetzt mit zwei geschliffenen Diamanten und drei herabhängenden Perlen«. Es gibt viele Hinweise auf ähnliche Becher, die jeweils zum Schutz gegen Gift ein Stück vom Horn eines Einhorns enthielten. Fast alle gehörten reichen und adligen Personen, was zeigt, wie sehr das Einhorn mit der Aristokratie verbunden wurde; das Horn war sehr teuer, und die Mächtigen hatten mehr als alle anderen gute Gründe, sich vor Giftanschlägen zu fürchten.

Manchmal wurden Splitter vom Horn des Einhorns auch als Schmuck getragen, entweder als juwelenbesetzte Anhänger oder als Fingerringe. Im Jahre 1488 besaß Margareta von Dänemark, die Gemahlin des schottischen Königs Jakob III., zum Beispiel »die Zunge einer Schlange und das Horn eines Einhorns, in Gold gefaßt«, und 1410 hieß es von König Martin von Aragonien, er habe »die rote Spitze vom Horn eines Einhorns, eingefaßt in einen Ringkasten aus Gold« besessen.

Das Einhorn als Apothekenzeichen, aus Gelnhausen.

Der Glaube an die Heilkräfte des Horns war es auch, der dazu führte, daß das Einhorn zu einem Symbol der Apotheken wurde. Die Londoner Apothekergilde wählte sich 1617 zwei Einhörner zu Trägerfiguren ihres Schildes; das Einhorn, oder zumindest sein gehörnter Kopf, war im 17. Jahrhundert das verbreitetste Ladenschild für eine Apotheke. Und auch heute noch betreiben, vor allem in Deutschland, viele Apotheken unter seinem Zeichen ihre Geschäfte.

Das Horn in Schatzkammern und Sammlungen

Viele ›Einhornhörner‹ wurden in Schatzsammlungen oder Kirchen verwahrt und erscheinen dort in Inventaren des späten 14. und des 15. Jahrhunderts. In England besaßen beispielsweise sowohl die Abtei von Westminster wie die Londoner St. Paul's Cathedral jeweils ein solches Horn, das in der Mitte des 16. Jahrhunderts dann wahrscheinlich verkauft wurde. Eines der bekanntesten dieser Hörner wurde in St. Denis bei Paris aufbewahrt. Der Engländer John Evelyn beschrieb es im 17. Jahrhundert als »ein schönes Horn vom Einhorn, Geschenk eines persischen Königs, mehr als zwei Meter lang«. Die Markuskirche in Venedig besitzt heute drei solcher Hörner, bei einem sind die Spiralrillen weggefeilt, um daraus Pulver zur Heilung von Krankheiten zu gewinnen. Der Rat der Zehn in Venedig ordnete daraufhin an, daß »die Hörner von den Spitzen bis zu den vergoldeten Handgriffen mit Silber überzogen« werden sollten, »damit die Spuren der früheren Kratzer verdeckt und alle weiteren Kratzer verhindert werden, außer wenn der Rat der Zehn solche einstimmig gestattet«. Die meisten dieser Hörner, wie auch diejenigen, die jetzt im Cluny-Museum in Paris und in der französischen Kirche St. Bernard de Comminges verwahrt werden, stammen in Wirklichkeit vom Narwal, der einen langen, geraden, häufig mit Spiralwindungen versehenen Stoßzahn besitzt. Ein Beispiel eines solchen Narwalhorns, dessen Spiralwindungen mit romanischen Schnitzereien verziert wurden, besitzt das Victoria and Albert Museum in London. Ein ganz ähnliches Exemplar wurde 1994 bei Christie's versteigert; man vermutet, daß beide Stücke ursprünglich für die Kathedrale von Lincoln dergestalt bearbeitet wurden.

Einhornhörner wurden als wertvolle Bestandteile königlicher Schatzkammern angesehen. Ein Horn des englischen Königsschatzes wurde in der Zeit König Eduards I. unter dem Domkapitel der Westminster Abbey verwahrt. 1303, als der König in Schottland Krieg führte, kam es dort zu einem größeren Raub; das Horn wurde schließlich unter dem Bett eines der Hauptbeteiligten an dem Verbrechen entdeckt. In den Inventaren der französischen Könige findet sich der erste Hinweis auf ein Horn 1388, in der Zeit Karls VI. Der Herzog von Berry, Bruder König Karls V., besaß ein ganzes Horn. Solche Hörner galten als große Seltenheit und wurden manchmal eingefaßt, so daß man sie auf die Tafel stellen konnte. Viele Hörner kamen in die Sammlungen von Fürsten. Das Horn des burgundischen Herzogs Philipps des Guten (gest. 1467) gelangte schließlich in die Kaiserliche Schatzkammer zu Wien.

Die Suche nach dem Einhorn war eines der Themen bei der Erforschung der Neuen Welt im 16. und 17. Jahrhundert. Es wurden so viele unbekannte Tier- und Pflanzenarten entdeckt, daß es durchaus möglich scheinen mußte, daß eines Tages auch das Einhorn darunter sein würde. Diese Tatsache belegt das »große Horn von Windsor«, welches der deutsche Reisende Hentzner 1598 dort sah und dessen Wert er auf 10 000 Pfund schätzte. Dieses Horn wurde am 22. Juli 1577 auf einer Insel in der Frobisher-Straße gefunden; als es nach England kam, wurde es »auf Befehl Ihrer Königlichen Majestät der Königlichen Kleiderkammer als Kostbarkeit überwiesen«. Es handelte sich natürlich um den Stoßzahn eines Narwals.

1638 verlas der dänische Zoologe und Altertumskenner Ole Worm öffentlich seine

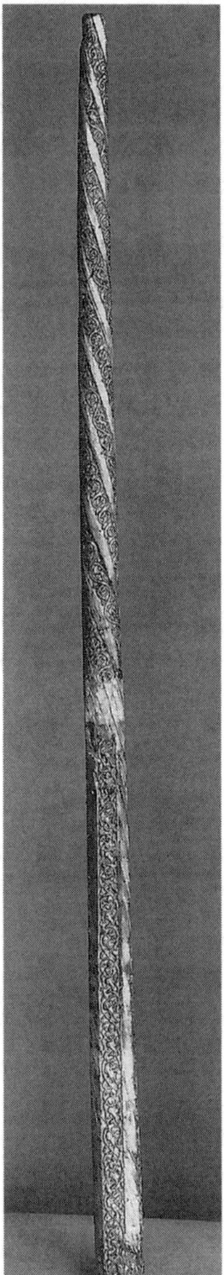

Auf diesem Narwalstoßzahn wechseln glatte und geschnitzte Bänder miteinander ab; es diente wahrscheinlich als Zeremonialstab.
England, zweite Hälfte des 12. Jh.s.

Dissertation über den Ursprung der Einhornhörner, in der er nachwies, daß es sich dabei in Wahrheit um die Stoßzähne des Narwals handelte. Doch das ganze 17. Jahrhundert hindurch glaubten einige Gelehrte noch an die Existenz von Einhörnern, darunter Edward Topsell, der in seiner *Historie of Foure-Footed Beastes* schrieb, »Gott selbst muß getadelt werden, falls es keine Einhörner gibt«.

Andere englische Gelehrte hatten ihre Zweifel an der Existenz des Einhorns. Thomas Browne, der Arzt aus Norwich, bemerkt in seinem Buch *Pseudodoxia Epidemica* (›Von verbreiteten Irrtümern‹), daß es unter den vorhandenen Beschreibungen wenig Übereinstimmungen hinsichtlich der Größe und Art des Tieres gebe. Das Horn werde verschieden beschrieben, und die vorhandenen seien von verschiedener Art. Browne schließt:

> Da es also vielerlei Einhörner geben mag, denn das, dem wir ein Horn eigentümlich beilegen, wird so verschieden beschrieben, daß es entweder niemals von zwei Personen gesehen wurde oder aber nicht ein und dasselbe Tier ist; da die Alten zwar in der Beschreibung des Tiers übereinstimmen, das Horn, welches wir so loben, aber nicht das der Alten ist; da die Hörner, so unter uns im Umlauf sind, nicht einem, sondern verschiedenen Tieren angehören; da viele, die gebraucht werden und in hohem Ansehen stehen, überhaupt keine Hörner sind; da, wenn es sich auch um wirkliche Hörner handelt, ihre Tugenden doch in Frage gestellt werden können; da, wenn wir einige Tugenden anerkennen, wir doch andere verwerfen – mit welcher Sicherheit sich ein Mensch auf solch ein Heilmittel verlassen mag, das hat die Herrin der Narren bereits einige gelehrt, und der Weisheit (die niemals zu weise zum Lernen ist) ist es nicht zu spät, dies zu erwägen.

Einige Einhornhörner endeten in den Kunst- und Wunderkammern, aus denen sich die Museen entwickeln sollten. Eines war beispielsweise in der Sloane-Sammlung vorhanden, die zum Grundstock des Britischen Museums werden sollte. Es wurde beschrieben als »der Kopf eines Stabs aus dem Horn des Einhorns«.

Heraldik

Im Vergleich zum Greifen erweist sich das Einhorn, trotz seiner Wildheit und seines Mutes, als vergleichsweise scheues Tier in der Heraldik. In England ist es wenig verbreitet, im mittelalterlichen Deutschland findet es sich häufiger. Hier erscheint es das erste Mal im 13. Jahrhundert auf dem Stadtsiegel von Schwäbisch Gmünd. Häufiger ist es bei Familienwappen. In der *Manessischen Liederhandschrift* aus dem ersten Drittel des 14. Jahrhunderts wird dem Minnesänger Dietmar von Aist ein Wappenschild zugeordnet, auf dem auf blauem Untergrund ein silbergraues Einhorn hochaufgerichtet steht. Der Dichter stammte aus Thurgau, wo viele Familien dieses Wappenbild führten. Ein anderer deutscher Dichter, der das Einhorn im Wappen trug, war Friedrich Schiller (1759 – 1805) – nicht, weil er den Arztberuf erlernt hatte und auch nicht wegen des poetischen Charakters des Einhorns, sondern schlicht, weil es in seiner Familie seit langem so gebräuchlich war.

Das Einhorn findet sich häufiger als Trägerfigur des Schilds oder auf dessen Bekrönung als auf dem Schild selbst. Die Trägerrolle ist klar ersichtlich aus den berühmtesten Einhorn-Darstellungen der Kunst, der *Dame mit dem Einhorn*, einer Serie von sechs Gobelins im Cluny-Museum in Paris. Die im späten 15. Jahrhundert entstandenen Gobelins stellen die fünf Sinne Geschmack, Gehör, Geruch, Tastsinn und Gesicht dar. Der sechste Teppich zeigt ein Zelt, vor dem eine Dame eine Halskette in ein Kästchen legt. Die Funktion des Einhorns, dessen Darstellung zu den entzückendsten Zügen dieser Gobelins gehört, besteht darin, das Wappen der Familie Le Viste zur Schau zu tragen. Auf fünf dieser Webarbeiten hält es die Standarte der Familie, auf zweien trägt es einen Schild um den Hals, auf einem trägt es einen Umhang mit dem Wappen. Nur auf dem Teppich, der dem Gesichtssinn gewidmet ist, ist es von dieser Bürde befreit, denn hier schaut das Einhorn in den Spiegel, den die Dame ihm vorhält. Auf dem letzten Gobelin tragen Löwe und Einhorn nicht nur das Wappen der Le Viste, sondern stützen auch das Zelt, das der Dame gehört.

Ausschnitt aus dem den Gesichtssinn darstellenden Gobelin im Cluny Museum in Paris. Das Einhorn kniet im Schoß der Jungfrau und bewundert sich im Spiegel. Dieser Gobelin gehört zu einer Serie von Gobelins, die die Dame mit den Einhorn darstellen, und wurde im späten 15. Jh. für die Familie Le Viste angefertigt.

Das Zelt trägt oben die Aufschrift »A . *Mon Seul Desir* . I« (»Mein einziges Verlangen«; dazu die Initialen ›A‹ und ›I‹); es wurde behauptet, die Dame wolle damit, daß sie die Kette des Verlangens in das Kästchen zurücklegt, deutlich machen, daß ihr einziger Wunsch sich erfüllt habe. Diese Szenen beruhen auf dem altfranzösischen *Romans de la Dame a la Lycorne et du Biau Chevalier au Lyon* (›Roman von der Dame mit dem Einhorn und dem schönen Löwenritter‹). Der Bräutigam ist auf den Gobelins möglicherweise durch das Wappen der Familie Le Viste vertreten, die das Einhorn so fleißig zur Schau trägt. Wahrscheinlich wurden die Gobelins anläßlich der Hochzeit von Albert Le Viste mit Jeanne Baillet 1470 angefertigt.

In der heraldischen Funktion des Wappenträgers werden Einhörner seit dem frühen 15. Jahrhundert mit Schottland in Verbindung gebracht. König Jakob I. (reg. 1406 – 37) hatte 1426 einen Herold, der ›Unicorn Pursuivant‹ genannt wurde; das Einhorn als

Diese Goldmünze des schottischen Königs Jakob III. wurde als ›Einhorn‹ bekannt. Diese Münzen wurden erstmals 1486 geprägt und zeigen ein Einhorn, das eine mit einer Kette befestigte Krone um den Hals trägt.

Träger des königlichen Wappenschildes erscheint während der Regierung Jakob III. (1460–88). Dieser besaß das in Gold gefaßte Horn eines Einhorns sowie Textilien, die mit Disteln und Einhörnern geschmückt waren. Die als ›Einhörner‹ bekannten Goldmünzen wurden erstmals 1486 in Schottland geprägt; sie trugen diesen

Namen, weil auf ihnen ein Einhorn dargestellt war, das zwischen seinen Vorderläufen das königliche Wappen hielt. Eine der schönsten frühen Darstellungen von Einhörnern als Wappenträgern findet sich in einem farbenprächtigen Stundenbuch König Jakobs IV. (1488–1513). In diesem Buch, das gegen 1505 entstand und heute in Wien liegt, ist der König im Gebet vor einem Altar dargestellt. Auf den Altarvorhang ist das schottische Wappen gestickt, auf beiden Seiten stehen zwei weiße Einhörner (ohne Ketten). Über ihren Köpfen steht das Motto: »Zu meiner Verteidigung«. Ungewöhnlich ist es, daß das schottische heraldische Einhorn sich auch als Anhänger einer Halskette auf einem Glasfenster in der Jerusalemkerk im belgischen Brügge vorfindet. Die Kette umschlingt dort das Wappen von Anselme Adornes, einem führenden Bürger der Stadt, der als Gesandter zwischen Jakob III. - von Schottland und Herzog Karl dem Kühnen von Burgund fungierte. Die Kette war wahrscheinlich ein Geschenk des schottischen Königs an den Brügger Bürger. Die Verhandlungen, die dieser 1468 führte, müssen Jakob III. so beeindruckt haben, daß er Anselme zum Ritter schlug und ihn zum königlichen Rat ernannte. Der Gebrauch des Einhorns als Wappenträger setzte sich in Schottland das gesamte 16. Jahrhundert hindurch fort; das große Siegel der Königin Maria Stuart (1542–87) zierten zwei schildtragende Einhörner.

Es gibt einige Hinweise, daß in England der heraldische Gebrauch des Einhorns innerhalb der königlichen Familie schon in der ersten Hälfte des 16. Jahrhunderts einsetzte. Es figuriert nämlich in der Serie der königlichen Tiere, die 1536 anläßlich der Hochzeit Heinrichs VIII. mit Jane Seymour für die Brücken von Rochester und Hampton Court gemeißelt wurden. Da das Einhorn das Wappen der Königin hält, handelt es sich vielleicht um eines ihrer Tiere. Vielleicht geht der Gebrauch des Einhorns als heraldisches Tier in England sogar bis auf die Zeit Eduards III. (reg. 1327 – 77) zurück. Daß das Einhorn zusammen mit dem Löwen als Schildträger des königlichen Wappens von England fungiert, ist aber ein Gebrauch, der erst 1603 aufkam, als Jakob VI. von Schottland als Jakob I. den englischen Thron bestieg, weil nun

Jakob IV. von Schottland im Gebet. Auf dem Altartuch halten Einhörner das schottische Wappen. Die Aufschrift lautet: »In my defens« (»Zu meiner Verteidigung«). Miniatur aus dem *Stundenbuch Jakobs IV.*, flämisch, entstanden um 1501.

das schottische Wappen mit dem von England und Irland zu einem vereinigt wurde. Auf das derartige Zusammenkommen des Löwen mit dem Einhorn bezieht sich vielleicht auch das alte englische Kinderlied:

> The Lion and the Unicorn
> Were fighting for the Crown
> The Lion chased the Unicorn
> All around the town.
> Some gave them white bread
> Some gave them brown;
> Some gave them plum cake,
> And drummed them out of town.

Nach 1603 wurde das Einhorn häufig mit einer Krone auf dem Kopf dargestellt, doch fiel diese wieder weg, als 1714 die Hannoveraner Dynastie den englischen Thron bestieg. Damals erneuerte sich der Streit zwischen England und Schottland, und es kann sein, daß das Gedicht, das 1709 erstmals aufgezeichnet wurde, damals erst entstand. Eine interessante Darstellung findet sich in der Täfelung der Halle von Ightham Mote in Kent: Hier steht auf der einen Seite des Wappenschildes ein hoch aufgerichteter Löwe, während auf der anderen ein Einhorn kopfüber flüchtend davonstürzt. Oberhalb des Schildes neigt sich die Krone der Seite des Löwen zu.

Der Gegensatz zwischen Löwe und Einhorn reicht aber viel weiter zurück. Man findet ihn schon auf einem satirischen Papyrus, der aus Ägypten stammt und gegen 1200 v. Chr., in der Zeit Ramses III., entstand. Hier sitzen ein gut gezeichneter Löwe und ein Einhorn einander auf niedrigen Stühlen gegenüber; zwischen ihnen befindet sich ein Spielbrett mit schachspielartigen Figuren. Diese Gegenüberstellung des wirklichen und des mythischen Tieres hielt sich lange Zeit. Sie erscheint zum Beispiel in der Dichtung des 16. Jahrhunderts in Edmund Spensers Versepos *The Faerie Queene*, worin »ein stolzes, rebellisches Einhorn« sich der kaiserlichen Macht des Löwen widersetzt. Der listige Löwe nimmt hinter einem Baum Deckung und weicht dann nach einer Seite aus, während das Einhorn gegen den Baum anrennt. Es spießt sein Horn in den Baumstamm und kann sich nun nicht mehr selber befreien. Dies erklärt auch das Bild, mit dem Shakespeare in *Julius Cäsar* (II,1) – im Anschluß an der Diktators eigene Schilderung im *Bellum Gallicum* – den Glauben an Einhörner als ein Zeichen von Leichtgläubigkeit anführt, wenn Decius Brutus von Cäsar sagt:

> Er hört es gern,
> Das Einhorn lasse sich mit Bäumen fangen.
> (Übers. von A. W. Schlegel)

Daß das Einhorn bis zum heutigen Tag als Symbol überlebte, hing von seiner Verwendbarkeit als Sinnbild der Reinheit ab. Vor allem wurde es für Wasserzeichen von Papieren verwendet, denn da das Horn Gift im Wasser aufspüren konnte, sollte dieses Zeichen besagen, das Papier sei in reinem Wasser geschöpft worden. Das Ein-

Signet des deutschen Buchdruckers Thielman Kerver aus seinem 1504 gedruckten *Stundenbuch*.

horn war unter allen für Wasserzeichen verwendeten Tieren das beliebteste; etwa 540 verschiedene Einhorn-Darstellungen finden sich zwischen dem Ende des 14. und dem Ende des 16. Jahrhunderts als Markenzeichen für Papiere.

Von dieser Verwendung aus verbreitete es sich vor allem in Deutschland als Druckerzeichen. So verwendete es etwa der Drucker Thielman Kerver im 16. Jahrhundert, und noch 1908 ließ sich Melchior Lechter vom Einhorn zum Entwurf eines Verlagssignets inspirieren. In der modernen Welt macht sich das Einhorn vor allem als Symbol für Sicherheit bemerkbar. Deshalb wird es häufig von Banken und Sparkassen verwendet, wenn hier auch zu befürchten steht, daß sich die Flüchtigkeit des Tiers negativ auswirken könnte.

Der Orient

Das chinesische Einhorn, das sogenannte *Qilin*, hat einige Züge mit seinem westlichen Vetter gemeinsam. (Das ›*Qi*‹ des Namens bezieht sich auf das männliche, das ›*lin*‹ auf das weibliche Tier.) Dieses Einhorn besitzt den Körper eines Hirschs, die Hufe eines Pferds und ein einzelnes, 3,60 Meter langes Horn, das in der Mitte der Stirn sitzt. Während westliche Einhörner in der Regel weiß und rein sind, ist das Qilin vielfarbig. Dieses Einhorn ist ein Einzelgänger und kann nicht gefangen werden; sein Erscheinen ist das Vorzeichen eines wichtigen Ereignisses. Eines soll vor der Geburt des Konfuzius erschienen sein; in seinem Maul trug es eine Tafel aus Jade, auf der das Lob des Konfuzius eingraviert war. Kurz vor dem Tode des Weisen wurde es wieder gesehen. Das Einhorn soll aus dem Zentrum der Erde kommen. Da in der chinesischen Mythologie der Phönix das Feuer, der Drache die Luft und die Schildkröte das Wasser repräsentieren, war möglicherweise das Einhorn ursprünglich das Symboltier der Erde. Das Horn des Einhorns weckte bei den Chinesen nicht die gleichen Assoziationen wie im Okzident, denn für sie war das Qilin ein ganz anderes

Tier als das Nashorn. Der prophylaktische Wert des Rhinozeroshorns wurde hoch geschätzt; seit der Tang-Dynastie waren die Gürtel der Mandarine häufig damit geschmückt.

In der islamischen Kunst gibt es ein vierfüßiges Tier mit einem einzelnen, langen Horn, das in schriftlichen Quellen als *karkadann* bezeichnet wird. Es wurde manchmal mit Flügeln dargestellt. Literarische Beschreibungen dieses Karkadann lassen vermuten, daß es vom Nashorn abgeleitet wurde, wenn auch sein Körper zuweilen mit dem des Löwen oder des Hirschs verglichen wird. Sein Horn ist meistens gerade, gelegentlich aber auch geschwungen. Dieses Tier ist sehr wild und sehr stark und besonders dem Elefanten feindlich gesinnt. Interessant ist dies, weil es den Umstand erklärt, warum in westeuropäischen Bestiarien das Einhorn oft im Kampf mit dem Elefanten gezeigt wird, wobei es mit seinem Horn den Elefanten am Bauch verwundet. Ein Held oder eine machtgebietende Persönlichkeit kann das Karkadann zähmen; es gibt aber keinen Hinweis darauf, daß eine Jungfrau zum Fangen dieses Tiers verwendet wird. Diese Variante der Geschichte ist also Westeuropa eigentümlich.

Die Differenz zwischen der westlichen und der orientalischen Version des Einhorns ist deutlich erkennbar im Reisebericht des Marco Polo (1254 – 1324). Darin beschreibt er ein Sumatra-Nashorn, das er auf seinen Orientreisen sah. Das Horn dieses Tiers erweckte bei ihm sofort Assoziationen an das Einhorn. Und mit diesem Namen bezeichnet er das Tier auch, unterläßt aber nicht, ausdrücklich hinzuzufügen, daß dieses häßliche Tier nichts mit demjenigen zu tun habe, das, »wie unsere Geschichten melden«, im Schoß einer Jungfrau gefangen werde.

Das Einhorn in der bildenden Kunst

Dreidimensionale Darstellungen des Einhorns sind im Mittelalter ungewöhnlich. Vielleicht war es die Fähigkeit des Tiers, Wasser zu reinigen, die dazu anregte, bronzenen Aquamaniles, Gefäßen, aus denen an der Tafel Wasser oder Wein ausgeschenkt wurde, die Gestalt eines Einhorns zu geben. Ein schönes, etwa 25 Zentimeter hohes Einhorn-Aquamanile aus Bronze wurde 1983 bei Sotheby's versteigert und befindet sich jetzt in einer amerikanischen Privatsammlung. Wahrscheinlich wurde das Gefäß im 13. Jahrhundert in

Das Einhorn, gefangen von einer Wilden Frau. Teil einer Serie von Gravierungen, die darstellen, wie Männer von Frauen mit Liebeswahnsinn betört werden, auf einem Silberbecher, den der Lübecker Goldschmied Hans Timmermann (tätig in den ersten drei Jahrzehnten des 16. Jh.s) anfertigte.

Lothringen oder Niedersachsen hergestellt; im 19. Jahrhundert wurde es jedenfalls im italienischen Chiavenna verkauft.

Häufiger findet sich das Einhorn als dekoratives Motiv auf Silberarbeiten. Auf einem Silberbecher, den der Lübecker Goldschmied Hans Timmermann im frühen 16. Jahrhundert anfertigte, ist die Darstellung eines Einhorns im Schoß einer Wilden Frau eingraviert. Die Quelle dieser Treibarbeit ist genau bekannt; es handelt sich um die Kopie eines Kupferstichs, den der Meister E. S. um 1461 als Darstellung der Königin der Tiere für einen der frühesten europäischen Kartenspielsätze schuf. Die Wilde Frau war eine stark behaarte Bewohnerin des Waldes. Wie beliebt die Szene mit der Wilden Frau, die ein Einhorn zähmt, damals war, ist daraus ersichtlich, daß die gleiche Quelle auch für die Dekoration einer Ofenkachel benutzt wurde, die sich heute im Landesmuseum Zürich befindet. Auch Wilde Männer konnten offensichtlich Einhörner zähmen, denn in einem anderen, 1463 entstandenen Kartenspiel des Meisters E. S. sitzt ein Wilder Mann auf einem Einhorn und lenkt es, indem er es an Schwanz und Mähne hält.

Auf den Einhorn-Gobelins des Cluny-Museums spielte das Einhorn nur eine ergänzende Rolle, hingegen ist es die Hauptgestalt in einer Serie, die sich heute im Metropolitan Museum New York befindet. Diese bezaubernde Serie stammte ursprünglich aus dem Besitz der Familie La Rochefoucauld und gelangte über die Sammlung Rockefeller an ihren jetzigen Standort. Die sieben Gobelins geben die ausführlichste Darstellung einer Einhornjagd wieder, die auf uns gekommen ist. Sie ist deutlich von mittelalterlichen Darstellungen der Hirschjagd angeregt. Auf dem ersten Gobelin ziehen die Jäger mit ihren Hunden auf die Pirsch, während ein vorausgeschickter Fährtensucher sie auf die Spur weist. Das Einhorn erscheint das erste Mal auf dem zweiten Gobelin. Hier taucht es sein Horn in einen Strom, um ihn zu reinigen. Um es herum stehen die anderen Tiere des Waldes, während die Jäger die Szene aus der Ferne beobachten. Während das Einhorn auf dem dritten Gobelin einen Strom überquert, verteidigt es sich auf dem vierten. Mit seinem Horn verwundet es einen Jagdhund und

Das Einhorn verteidigt sich gegen die Jäger. Französischer Gobelin aus einer Serie, die um 1500 wahrscheinlich für ein Mitglied der Familie La Rochefoucauld angefertigt wurde; heute im New Yorker Metropolitan Museum.

schlägt mit seinen Hinterläufen nach den Jägern aus. In dieser Szene wird der Unterschied zwischen einer Hirsch- und einer Einhornjagd durch den Jäger veranschaulicht, dessen Schwertscheide die Aufschrift *Ave Regina* (»Gegrüßest seist du« – die Anrede des Engels an Maria) trägt, der also den Engel Gabriel repräsentiert. Die Jäger erweisen sich selbstverständlich als unfähig, das Einhorn zu töten. Der fünfte (leider nur fragmentarisch erhaltene) Gobelin zeigt dann die Zähmung des Einhorns durch die Jungfrau. Auf dem sechsten Gobelin wird das Einhorn mit Schwert und Speer erlegt und der Körper zum Schloß des Königs gebracht. Hier wird also die Erlegung des Tiers von der Szene mit der Jungfrau getrennt; die Tötungsszene ist deutlich von konventionellen Darstellungen einer Hirschjagd abgeleitet. Wenn das Einhorn zum Schloß gebracht wird, erinnert dies an die Einbringung des toten Hirschs nach der erfolgreichen Jagd. Der letzte Gobelin zeigt ein Einhorn, das in die Falle gegangen ist: Es steht, an einen Baum gefesselt, in einem Gatter. Es handelt sich um einen Granatapfelbaum, der ein Emblem der Fruchtbarkeit ist.

Wie die Gobelins im Cluny-Museum wurden auch die New Yorker Wandteppiche wahrscheinlich anläßlich einer Hochzeit gewebt. Alle Gobelins dieser Serie zeigen die Buchstaben ›A‹ und ›E‹, die mittels einer Schnur in Form eines verlorenen Knotens verknüpft sind. Die Bedeutung dieses Monogramms ist nicht geklärt. Es wurde früher vermutet, daß die Gobelins für Anna von Bretagne anläßlich ihrer 1499 erfolgten Vermählung mit dem französischen König Ludwig XII. angefertigt wurden, aber diese Interpretation wird heute nicht länger einhellig akzeptiert. Zuerst erscheinen sie jedenfalls im Besitz der Familie La Rochefoucauld, und deshalb ist es wahrscheinlich, daß sie um 1500 für ein Mitglied dieser Familie gewebt wurden.

Eine andere Bildfolge einer Einhornjagd liegt in Form einer Kupferstichserie vor. Der französische Kupferstecher Jean Duvet pries darin zugleich das Einhorn und die Liebe des französischen Königs Heinrich II. (1519–59) zu seiner Mätresse Diana von Poitiers. Wie die Gobelins des Metropolitan Museum verbindet auch diese Serie Szenen der Einhornlegende, etwa das Eintauchen des Horns in einen Fluß, um diesen von Gift zu reinigen, mit Szenen der Jagd. Es ist gut möglich, daß Duvet die New Yorker Gobelins, die sich damals im Besitz der Familie La Rochefoucauld befanden, aus eigener Anschauung kannte. Die letzten Blätter der Stichfolge zeigen das Einhorn auf einem Wagen und das letzte einen Triumphzug, bei dem das Einhorn mit einem Blätterkranz gekrönt wird. Diese Szenen sind kompositorisch von dem Wagen und den Umzügen abgeleitet, mit denen Petrarcas *Trionfi* gewöhnlich illustriert wurden.

Das Fortleben des romantischen Einhorn-Einflusses auf die bildende Kunst auch des 20. Jahrhunderts belegt das volkstümliche Gemälde des amerikanischen Malers Arthur Bowen Davies (1862 bis 1928) im New Yorker Metropolitan Museum. Hier nähert sich eine Herde von drei Einhörnern einem auf einem Vorgebirge knieenden Mädchen vor dem Hintergrund einer tiefen Bucht, während ein anderes Mädchen auf die See hinausblickt. Die Figuren der beiden Mädchen und der drei Einhörner sind winzig, verglichen mit der Gewaltigkeit der Natur.

Das von einem *Amoretto* gerittene Einhorn wird auf einem Wagen eingebracht. Ein weiterer Kupferstich aus der Serie des Jean Duvet (vgl. S. 89), entstanden 1562.

Unicorns, etwa 1906 entstandenes Gemälde des amerikanischen Künstlers Arthur Bowen Davies. Metropolitan Museum, New York.

Das Einhorn in der Literatur

Das Einhorn hatte in der Literatur ein langes Leben, denn schließlich war es ein unverkennbares Symbol der Liebe. Den Gobelins im Cluny-Museum liegt das Auftreten des Tiers in den Versromanen des Mittelalters zugrunde, und häufig erscheint es am Schluß einer Jagdallegorie. In Richard de Fournivals *Bestiaire d'Amour* ist, wie wir gesehen haben, der kundige Jäger niemand anderes als die Liebe, und das Einhorn ist das gejagte Wild und stellt den Liebhaber dar. Die Verbindung von Einhorn und Liebe setzt sich bis in die moderne Literatur hinein fort, man denke beispielsweise an Iris Murdochs bemerkenswerten Roman *The Unicorn*.

In anderen Fällen drückt das Einhorn unermüdliche Stärke aus, so zum Beispiel in dem Gedicht »The Unicorn and the Stars« des irischen Dichters William Butler Yeats, worin Vater John sagt:

»Die Einhörner – was erzählte der französische Mönch? Stärke bedeuteten sie, jungfräuliche Stärke, stürmische, dauernde, unermüdliche Stärke«.

Auf die Eigenschaft der unermüdlichen Stärke bezog sich auch schon Aelian, als er schrieb: »Einhörner sind schneller als jeder Esel, jedes Pferd oder jedes Reh [. . .]. Sie zu verfolgen, heißt in der Sprache der Dichtung, nach dem Unerreichbaren zu streben«. Einhörner symbolisieren das Unerreichbare und sich Entziehende; auch diese Eigenschaft erscheint immer einmal wieder, deutlich etwa in W. H. Audens Gedicht »New Year Letter«, wenn die unter den Zedern verbrachte Kindheit beschrieben wird. Darin wird das Einhorn als ein Tier geschildert, das kein magischer Zauber dem Leser enthüllen kann; und die vergangene Kindheit entzieht sich genauso wie das unschuldige Tier.

Es ist durchaus nicht vernunftwidrig, anzunehmen, das Einhorn könnte, anders als manche anderen Fabeltiere, einstmals existiert haben. Ein ziegenartiges Tier mit nur einem Horn ist an sich nichts Unwahrscheinliches; und während ein Pferd mit einem Horn schon unwahrscheinlicher ist, ist es doch nicht so naturwidrig wie eine Mischung aus Adler und Löwe. Die Möglichkeit, daß das Einhorn existiert haben könnte, verleiht ihm zusammen mit der Tatsache, daß es trotzdem niemals existierte, den Charakter eines Traumes. Zum Beispiel muß Sebastian in Shakespeares *Sturm* erst durch alle Wunder und Schrecken von Prosperos Zauberinsel stolpern, bevor er ausruft: »Nun will ich glauben, daß es Einhörner gibt«. Doch Lewis Carroll dreht in *Through the Looking-Glass* das Ganze um: Alice trifft hier auf das Einhorn, das stets Kinder für Fabelwesen ansah. Jeder ist hier erst von der Existenz der anderen Person überzeugt, als er diese sieht und mit ihr spricht. In eher lustiger Weise sind die Gefahren, die es mit sich bringt, wenn man nicht an Einhörner glaubt, in James Thurbers Kurzgeschichte *The Unicorn in the Garden* behandelt.

Der fortdauernde Einfluß des Einhorns auf die Imagination der Dichter ist am gültigsten von Rainer Maria Rilke (1875 bis 1926) in Worte gefaßt worden. Ein Sonett aus seinen 1923 entstandenen *Sonetten an Orpheus* wurde von der Betrachtung der Gobelins im Cluny-Museum inspiriert und zeigt, wie das Erscheinen des Einhorns in dem einen Kunstwerk ein anderes hervorzaubern kann:

O dieses ist das Tier, das es nicht giebt.
Sie wußtens nicht und habens jeden Falls
– sein Wandeln, seine Haltung, seinen Hals,
bis in des stillen Blickes Licht – geliebt.

Zwar *war* es nicht. Doch weil sie's liebten, ward
ein reines Tier. Sie ließen immer Raum.
Und in dem Raume, klar und ausgespart,
erhob es leicht sein Haupt und brauchte kaum

zu sein. Sie nährten es mit keinem Korn,
nur immer mit der Möglichkeit, es sei.
Und die gab solche Stärke an das Tier,

daß es aus sich ein Stirnhorn trieb. Ein Horn.
Zu einer Jungfrau kam es weiß herbei –
und war im Silber-Spiegel und in ihr.

Greifen

Peter Armour

Altertum

Der Greif ist ein sehr altes Vogelwesen; seine Urahnen treten, soweit wir wissen, um 3000 v. Chr. fast gleichzeitig in Ägypten und in Mesopotamien zum ersten Mal auf. In der ägyptischen Kunst, die eine Vielzahl zusammengesetzter und halbmenschlicher Tiergestalten hervorbrachte, besaßen diese frühen Greifen den Kopf eines Falken, eines Geiers oder eines anderen Raubvogels; der Rest war nach Art eines Löwen gebildet, die einzelnen Partien waren allerdings auf vielfältige Art mit charakteristischen Zügen von Vögeln kombiniert. Manchmal trug der Kopf des Greifen einen Kamm, der die Grundlage für ein besonders charakteristisches Merkmal wurde – die Ohren. Als Bildsymbol repräsentierte der Greif am häufigsten den siegreichen Pharao, der seine Feinde niedertritt, welche durch eine Schlange unter den Klauen des Greifen symbolisiert wurden; später allerdings verdrängten andere Gestalten, etwa die menschenköpfige Sphinx, den Greifen als Symbol für den Pharao.

In Mesopotamien und Elam wurde der Greif zunächst fast wie

ein geflügelter Löwe dargestellt, manchmal mit den Hinterbeinen und dem Schwanz eines Vogels; doch fand sich hier auch der eigentliche Greif mit dem Adlerkopf. Als schreckenerregendes Tier wurde der Greif mit Dämonen und anderen feindlichen Mächten assoziiert, auch mit Nergal, dem Gott der Unterwelt. Um zu zeigen, daß diese Mächte gebändigt und beherrscht werden können, wurde zuweilen ein Gott abgebildet, der über einem Greifen thront, einen Greifen reitet oder in einem von Greifen gezogenen Wagen steht. Der Kampf zwischen menschlichen und tierischen Gewalten, zwischen Gut und Böse, wurde durch einen Mann – manchmal auch eine Frau – symbolisiert, der zwischen zwei Greifen steht: dieser Mensch war des Greifen Herr. In einem Beispiel

Der Abguß eines assyrischen Rollsiegels, das etwa 700 v. Chr. entstand, zeigt zwei Greifen, zwischen denen eine geflügelte, bärtige Figur steht. In der antiken Kunst wurden hybride Tiere wie der Greif (mit Vogelkopf, Vogelschwingen und dem Körper eines Löwen) häufig paarweise dargestellt, wie sie einen heiligen Gegenstand schützen. Hier sind sie zusammen mit ihrem Herrn, einem Gott oder Helden abgebildet, der die Macht besitzt, diese wilden Kreaturen zu bändigen.

dieses Bildmotivs scheinen zwei Greifen, die der Göttin Ischtar aufwarten, symbolisch eine Dattel und damit die Ernte dieser wichtigen Frucht zu bewachen. Manchmal wurden friedlich ruhende Greifen abgebildet, bei anderer Gelegenheit kämpften sie mit einem Helden oder einem Tier, etwa mit einem Löwen, einer Schlange, einer Gazelle oder einem Stier.

Greifen, die einen Wagen ziehen. Greifen sollten angeblich die Wagen verschiedener Götter ziehen; das Motiv erscheint aber auch auf Grabbeigaben, wo es die Funktion der Greifen als Führer und Beschützer der Seele zum Ausdruck bringt. Tongefäß aus Enkomi, Zypern, mykenische Zeit, etwa 1300 bis 1200 v. Chr.

Aus Ägypten und dem Zweistromland breitete sich der Greif nach Syrien, Palästina, Anatolien und dann nach Zypern aus. Gegen 1700 v. Chr. hatte er Kreta erreicht. Auch dort wurde er weiterhin beim Krallen der Beute oder im Kampf mit Stieren oder Löwen dargestellt. Eine Reihe von ruhenden Wächtergreifen mit dekorativen Mähnen, aber farbigen Kringeln anstelle von Flügeln,

Der wilde Kampf um das Gold zwischen Greifen und Arimaspen. Zweitausend Jahre lang, von Herodot bis zu Milton, war diese Legende ein wichtiger Bestandteil des Wissens von den Greifen. Griechische rotfigurige Pelike (Vorratsgefäß); 4. Jh. v. Chr.

schmückte die Wände des Thronsaals des Königs Minos in seinem Palast in Knossos.

Da der Greif eine derart große und wilde Kreatur war, diente er jenen frühen Zivilisationen als Talisman, als ein Abschreckungszeichen dem Bösen gegenüber und als Wächterfigur, die durch ihre furchteinflößenden Eigenschaften sakrale oder symbolische Gegenstände vor Diebstahl oder Profanierung schützen sollte. Von der Antike bis in die neuere Zeit wurden Greifen meist paarweise dargestellt, wie sie einen Baum (den Baum des Lebens), einen Kandelaber, einen Brunnen, ein Weihgefäß, eine Urne, einen Altar oder eine Leier (das Symbol des Apollon) flankieren. Scharfäugige Greifenjäger können sie nicht nur an historischen Stätten der Antike oder des Mittelalters erspähen, sondern auch in klassizistischen Dekorationen des 18. und 19. Jahrhunderts, auf den Fassaden von Gebäuden, auf Friesen und Gesimsen. Heutzutage sind Greifen sogar zu Firmenzeichen geworden und zieren beispielsweise ein Bankhaus, eine Brauerei und eine Automarke. Über der Tür zum Hauptgebäude von British Coal in London befinden sich zwei Greifen, denn Greifen pflegten auch die Schätze des Erdinnern auszugraben und zu bewachen.

Man darf den Greifen nicht mit dem geflügelten Löwen oder mit dem Drachen verwechseln. Leicht erkennbar ist er an seinem Kopf, dem gekrümmten Schnabel und den Schwingen eines Raubvogels, des Adlers, nur daß er zusätzlich spitze Ohren besitzt. Sein übriger Körper ist wie der eines Löwen gebildet, manchmal ist sein Fell gefleckt wie das eines Leoparden. Genau genommen handelt es sich nicht um ein Mischwesen aus Adler und Löwe, sondern um eine eigene Art, einen fliegenden Vierfüßler und Vogel. Der weibliche Greif allerdings besitzt eine Reihe von Zitzen.

Es gibt zwei Haupttypen des Greifen: Der Greif der klassischen Zeit besaß in der Regel vier löwenartige Beine; dieser Typus wird manchmal auch als *opinicus* bezeichnet. Der Greif der moderneren, nachklassischen Tradition hat vorn die klauenbewehrten Beine des Adlers und die Hinterbeine des Löwen. Der Name des Greifen (lat. *grypho*, ahd. *grif*, *-o*) geht auf das indogermanische

Verbum zurück, aus dem sich das neuhochdeutsche Wort ›greifen‹ ableitet; der griechische Name (*gryps*) hängt mit dem Adjektiv *grypos* zusammen, das ›hakig‹ oder ›gekrümmt‹ (wie der Schnabel des Tiers) bedeutet. Nach einer anderen Theorie stammt das Wort von dem vorderasiatischen *kerub* ab, der wie der Greif ein geflügelter Wächter war und den Baum des Lebens schützte. In der Bibel gab er den Cherubim, einer Gattung von Engeln, seinen Namen. Über die Jahrhunderte hinweg war der Greif immer eine zweideutige Gestalt: Weil er teilweise dem Adler, dem König der Vögel, und teilweise dem Löwen, dem König der Tiere, ähnelte, konnte er als Symbol königlicher oder adliger Macht dienen; andererseits jedoch war er ein großer, hakenschnäbliger Vogel, der seine Beute krallte und zerriß, sowie mit seinen Klauen gierig die Erde nach Schätzen durchwühlte.

Die Griechen übernahmen den Greifen im 8. Jahrhundert v. Chr.; seit dieser Zeit erschien er als Verzierung auf vielen verschiedenen Gegenständen: auf Töpferwaren, Keramik, Mosaiken, Elfenbeinschnitzereien, Siegeln, Gemmen, Goldschmuck, Münzen und plastischen Reliefs. Wie in früheren Zeiten agierte der Greif meist als Wächterfigur; die Griechen meißelten ihn auch auf Gräber, so daß er zum Beschützer der Toten wurde.

Zusätzlich zu ihren dekorativen Aufgaben und zu ihrer Rolle als Wächter wurden die Greifen, wie ihre Vorfahren, auch im Kampf mit anderen Tieren, mit Männern und gelegentlich sogar mit Frauen gezeigt – den Amazonen. Herodot, der ›Vater der Geschichte‹, gab im 5. Jahrhundert v. Chr. in einer der frühesten literarischen Erwähnungen des Greifen eine Erklärung für dessen Kampf mit den Menschen. Nach seinem Bericht gebe es im Norden Europas mehr Gold als irgendwo sonst; die dort lebenden Menschen – ein Arimaspen genanntes Volk von Einäugigen – könnten es aber nur dadurch erhalten, daß sie es den Greifen entwendeten. Herodot selbst glaubte diese Geschichte nicht. Mißtrauisch machte ihn jedoch nicht die Erwähnung der Greifen, sondern die Beschreibung der Arimaspen. Er glaubte nicht, »daß es überhaupt einäugige Menschen gibt, die im übrigen ebenso aussehen wie andere Menschen«.

Herodot erzählt auch, wie er an die Geschichte von den Greifen und den einäugigen Menschen kam, die deren Gold stahlen. Auf seinen Reisen erfuhr er von einem gewissen Aristeas:

> Nun berichtet aber Aristeas, der Sohn des Kasystrobios, aus Prokonnesos in einem epischen Gedicht, wie er, von göttlicher Raserei ergriffen, zu den Issedonen gewandert sei. Jenseits der Issedonen, erzählt er, wohnen die Arimaspen, Menschen mit einem Auge, jenseits der Arimaspen wohnen goldhütende Greife und jenseits der Greife die Hyperboreer, die an ein Meer grenzen. [...] Nördlich von den Issedonen, erzählen sie selber, wohnen jene einäugigen Menschen und jene goldhütenden Greife. Die Skythen haben diese Nachricht von den Issedonen übernommen, und durch den Verkehr mit den Skythen wiederum ist sie auch zu uns gedrungen. Der Name Arimasper, den wir ihnen geben, ist skythisch. Arima heißt bei den Skythen ›eins‹ und Spu heißt ›Auge‹. (Übers. von A. Horneffer)

Der ›Vater der Geschichte‹ berichtet von den Greifen also aus dritter Hand: Die Nachricht stammt von den Skythen (einem Volk, welches in einem Gebiet lebte, das ungefähr die heutige Republik Moldawien und die südliche Ukraine umfaßt), die sie ihrerseits von ihren nördlichen Nachbarn, den Issedonen, übernommen haben; Herodot erwähnt einen antiken Reisenden, Aristeas von Prokonnesos (einer Insel im Marmarameer), der die Issedonen besucht und bei ihnen von den Arimaspen und den noch weiter nördlich lebenden Greifen gehört habe.

Wer aber war dieser Aristeas, der als erster von der Existenz der Greifen berichtete? Das einzige, was man von ihm weiß, ist die folgende von Herodot überlieferte Geschichte: Eines Tages sei er zu einem Walker gegangen und dort in der Werkstatt tot hingefallen. Der Walker sei gegangen, den Verwandten den Todesfall zu melden, doch als diese Nachricht die Runde machte, behauptete ein Reisender, er habe Aristeas gerade auf dem Weg stadtauswärts nach Kyzikos getroffen. Als die Verwandten gekommen seien, um

Ein Greif auf einem römischen Sarkophag des 2. Jh.s. In der griechischen und römischen Kunst bestand eine Aufgabe des Greifen darin, die Toten zu bewachen und die Seelen der Guten ins Jenseits zu tragen.

die Leiche aus der Werkstatt zu holen, sei sie fort gewesen. Sieben Jahre nach seinem Verschwinden sei Aristeas wieder in Prokonnesos aufgetaucht und dort habe er sein Epos, die *Arimaspea*, geschrieben; danach sei er zum zweiten Mal verschwunden.

Herodots Geschichte geht noch weiter: 240 oder, nach anderer Überlieferung, 340 Jahre später sei Aristeas bei den Einwohnern von Metapontion, einer Stadt am Golf von Tarent, erschienen und habe behauptet, er sei schon einmal dort gewesen und zwar in Gestalt einer schwarzen Krähe als Begleiter des Gottes Apollon. Aristeas habe den Einwohnern befohlen, dem Apollon einen Altar zu errichten und ihm selbst in der Nähe davon eine Bildsäule. Letztere, bestätigt Herodot, stehe immer noch, von Lorbeerbäumen umgeben, auf dem Marktplatz von Metapont. Aus all diesen Nachrichten ist ersichtlich, daß Aristeas wenigstens 250 Jahre vor

Herodot gelebt haben muß, vielleicht um 680 v. Chr. Jahrhundertelang wurde Aristeas von den Autoren als die erste Autorität zum Thema der Greifen zitiert, doch abgesehen von ein paar Zeilen, die sehr viel später zitiert wurden und wahrscheinlich unecht sind, blieb sein Gedicht über die Arimaspen verloren – falls es und sein Verfasser überhaupt jemals existierten.

Auf diese Weise also trat der Greif in das Licht der Geschichte. Zur gleichen Zeit erscheint er in der Literatur, und zwar nicht nur in dem verlorenen Werk des Aristeas, sondern auch – ein paar Jahre vor Herodot – im *Gefesselten Prometheus*, einer Tragödie des Aischylos. Dort warnt Prometheus die Io:

Nimm vor Zeus' bissigen Hunden, die nicht bellen, dich
In acht, den Greifen, und dem Heer der reisigen
Einäugigen Arimaspen, welche um die Furt
Des Plutonstromes wohnen, des goldwälzenden.
Denen komm du nicht nahe!

(Übers. von Walther Kraus)

Der Greif der Göttin Nemesis (Gerechtigkeit), kenntlich an dem Rad unter der Pfote. Nemesis fuhr in einem von Greifen gezogenen Wagen um die Welt, schützte die Guten und bestrafte die Hochmütigen mit ihrem rächenden Rad. Das Römische Reich griff diese Symbolik auf, um seine Rolle als Verwalter der universellen Gerechtigkeit zum Ausdruck zu bringen. Münze des römischen Kaisers Antoninus Pius (reg. 138–161).

Pluto ist hier wahrscheinlich mit Plutos, dem Gott des Reichtums, zusammenzusehen, während die Greifen die Hunde des Zeus, des Götterkönigs, sind. Auch Aischylos hatte also von den gefährlichen, krummschnäbeligen Greifen gehört, die dort wohnten, wo es Gold gab und wo ein wildes, einäugiges Reitervolk lebte.

Die Griechen und später auch die Römer ordneten die Greifen auch anderen Göttern und Göttinnen als Attribut oder Symboltier zu. Nach dem Bericht des kaiserzeitlichen Autors Pausanias trug die große Statue der Athena auf dem Parthenon in Athen einen Helm, der mit Bronzereliefs geschmückt war: in der Mitte eine Sphinx, die auf beiden Seiten von Greifen flankiert war. Auch Pausanias zitiert Aristeas und gibt eine akkurate Beschreibung der Greifen:

> Diese Greifen, sagt Aristeas von Prokonnesos in seinem Gedicht, kämpfen um das Gold mit den Arimaspen, die im Gebiet jenseits der Issedonen leben. Das Gold, welches die Greifen bewachen, kommt, so erklärt er, aus der Erde; die Arimaspen sind Menschen, die jeder nur ein Auge besitzen; Greifen sind Tiere, die wie Löwen sind, aber Schnabel und Flügel vom Adler haben.

An diesem Punkt bricht Pausanias – vielleicht ein wenig skeptisch – mit den Worten ab: »Weiter will ich über Greifen nichts sagen.«

Der Greif wurde auch mit dem Gott Dionysos (Bakchos) in Verbindung gebracht, mit der Göttin Artemis (Diana), die damit die antike Rolle der Herrin über die Greifen übernahm, und in einer ganz besonderen Weise mit der Nemesis. Nach dem spätantiken Dichter Nonnos war Nemesis die Göttin der Gerechtigkeit, die in einem Wagen, der von rachgierigen Greifen gezogen wurde, um die Welt flog; ihre Aufgabe bestand darin, die Guten zu schützen, aber auch die Stolzen zu bestrafen, indem sie sie mit ihrem Vergeltung bringenden Rad von der Höhe herab niederrollte. Deshalb wird der Greif manchmal auch mit einer Pfote auf einem Rad dargestellt: er steht dann für die Nemesis und später auch für das Römische Imperium, das behauptete, der ganzen Welt Gerech-

Ein Greif zu Füßen des Apollon. In der griechischen und römischen Religion zogen Greifen den Wagen des Sonnengottes Apollon bei seiner täglichen großen Fahrt über den Himmel. Zur Zeit des Römischen Reichs wurden sie zu wichtigen Symbolen im Kult des Apollon und anderer Sonnengottheiten. Ausschnitt aus dem Silberteller von Corbridge, römisch-britisch, 4. Jh.

tigkeit zu bringen; in den berühmten Worten Vergils: »Besiegte zu schonen und Hochmütige niederzukämpfen«.

Das interessanteste Detail in Herodots Erzählung vom geheimnisvollen Verschwinden und Wiedererscheinen des Aristeas ist, daß er ein Begleiter und Diener Apolls, des Sonnengottes, gewesen sein soll. Sein scheinbar plötzlicher Tod und sein erstes Verschwinden wurden denn auch als ein Ergriffenwerden durch den Gott gedeutet, der ihn in Trance versetzt und auf Reisen geschickt habe. Schon die Ägypter hatten manchmal Greifen mit ihrem Sonnengott Malakbel zusammen dargestellt, und ab etwa dem 6. Jahrhundert v. Chr. griffen auch die Griechen dieses Thema auf. Jahrhundertelang, bis zum Ende des Römischen Reiches, blieben die Greifen die Vögel des Apollon, die nach einem Gedicht des Sidonius Apollinaris mit mächtigen Flügelschlägen den Sonnenwagen auf der großen täglichen Fahrt von Osten nach Westen über Land und Meer zogen; zusammen mit dem Dreifuß und der Leier wurden die Greifen zum Symbol des Apollon und seines Kults. Mit einem fliegenden Greifen auf der Brustplatte einer seiner Statuen stattete Augustus, der erste Kaiser, dem Apollon seinen Dank dafür ab, daß er ihm im Bürgerkrieg gegen Marcus Antonius beigestanden hatte. Dieses Motiv wurde auch von späteren Kaisern für ihre Statuen übernommen; es sollte ihre göttliche Macht und ihren göttlichen Status unterstreichen. Im 3. Jahrhundert, als orientalische Religionen zunehmend in die römische Kultur einströmten, wurde der Greif, gleich dem Phönix, zu einem wichtigen Symbol bei der Verehrung des *Sol Invictus*, der ›Unbesieglichen Sonne‹, und bei den Initiationsriten in die Mysterien des Mithras, des Gottes des Lichts. In den heidnischen Kulten waren, von Apollon bis Mithras, die Greifen in erster Linie Vögel der Sonne.

Zusätzlich besaß der Greif in der römischen religiösen Kunst zuweilen noch eine andere wichtige Funktion, wenn er eine verhüllte Figur auf seinem Rücken trug. Damit wurde seine Rolle als ›Psychopompos‹ verbildlicht, als Führer der Seele eines Abgeschiedenen im Jenseits, der diese auf dem Weg zu den Wohnstätten der Seligen vor Gefahren und Dämonen schützte, oder sie, wenn es sich um einen verstorbenen Kaiser oder dessen Gemahlin handelte, aufwärts trug zum Ort ihrer Apotheose oder Vergöttlichung. Am Tempel des Antoninus Pius und der Faustina auf dem Forum Romanum befindet sich ein Marmorfries mit Greifenpaaren, die Kandelaber bewachen. Die Greifen sind die Beschützer des ewigen Lichts, zu dem die Seelen des kaiserlichen Paars eingegangen sind.

Für Griechen und Römer lebten die Greifen nicht nur im Norden, in Skythien, sondern als Streitrosse Apolls auch im Osten, in Indien, wo sie – so glaubte man – ebenfalls als heilige Tiere der Sonne Verehrung genossen. Auch dort bewachten sie Goldschätze, die sie mit ihrem mächtigen Schnabel der Erde entrissen hatten; es hieß, sie wären so stark, daß sie Elefanten und Drachen besiegen könnten. Gegen 200 n. Chr. trug der Schriftsteller Aelian eine Menge an Informationen über den indischen Greifen zusammen: er sei ein vierfüßiges Tier nach Art des Löwen und habe sehr starke Krallen; seine Rückenfedern sollen schwarz, die vorderen rot und die Schwingen selbst weiß sein. Der Hals sei mit blauen Federn geziert; Kopf und Schnabel seien wie der eines Adlers und aus seinen Augen schössen Flammen. Sein Nest baue er auf den Berggipfeln. Menschen könnten das ausgewachsene Tier nicht fangen, wohl aber seine Jungen. Greifen kämpften mit anderen Tieren, aber nicht – so Aelian – mit Löwen oder Elefanten. Sie grüben Gold aus und bauten ihre Nester damit; was dabei herunterfiele, könnten die Inder mitnehmen. Doch würden die Greifen durchaus auch die Menschen attackieren, allerdings nicht wegen des Goldes, dessen sie eigentlich nicht bedürften, sondern um ihre Brut zu schützen. Große Expeditionen zögen mit Spaten und Säkken in die Wüste hinaus; es dauere zwei oder drei Jahre, bis die Goldsucher zurückkehrten. Nur bei Nacht näherten sich die Inder den Nestern; dadurch hätten sie bessere Aussichten, dem Tod durch die unbesiegbaren Greifen zu entgehen und lebend mit reichen Goldschätzen beladen nach Hause zu kommen.

Späteren Generationen wurde das Wissen über Greifen hauptsächlich auf lateinisch durch drei römische Schriftsteller überliefert: Plinius den Älteren, Solinus und Vergil. Der Naturhistoriker Plinius, der während der Beobachtung des Vesuv-Ausbruchs im Jahre 79 zu Tode kam, griff die ›Zeugnisse‹ des Herodot und des Aristeas von Prokonnesos auf und erzählte, nahe dem Land der Skythen lebten die einäugigen Arimaspen, die ständig mit Greifen um Gold kämpften – fliegenden Kreaturen, die das Metall ausgrüben und mit außerordentlicher Gier bewachten. Ein anderer Autor des 1. Jahrhunderts, der Geograph Pomponius Mela berichtete, in einer zwar fruchtbaren, aber unbewohnbaren Gegend gebe es Greifen, »eine wilde und zudringliche Tierart«, die Gold aus der Erde grüben und es eifersüchtig bewachten; sie griffen alle Menschen an, die sich ihnen näherten, nämlich die Skythen und Arimaspen.

Aus diesen Quellen kompilierte gegen 200 Gaius Iulius Solinus seine Beschreibung von den Regionen und Wundern der Erde. Auch er berichtet, im asiatischen Skythien gebe es eine Überfülle von Gold und Juwelen, das Land sei aber unbewohnbar, weil Greifen den Zugang zu den reichen Minen versperrten und mit den Arimaspen um den Besitz der kostbaren Steine kämpften. Greifen seien große und sehr wilde geflügelte Kreaturen, »grausam über die Grenzen der Wut hinaus«, die einen Menschen sofort in Stücke rissen, wenn sie seiner ansichtig würden. Tatsächlich glaubte Solinus, sie seien so gefährlich und schreckeneinflößend, als ob ihr eigentlicher Daseinszweck darin bestehe, Menschen zu bestrafen, die gierig und unüberlegt ihre Schätze zu stehlen versuchten. Diese Beschreibung beeinflußte spätere Autoren sehr stark, die den Greifen in ihre Bestiarien aufnahmen, in denen er dann als ein wilder und unbezwinglicher Hüter von Schätzen und als abschreckende Warnung vor menschlicher Habgier figurierte.

Wahrscheinlich weil die Arimaspen zu Pferd gegen sie in den Kampf zogen, galten Greifen auch als den Pferden ganz besonders feindlich gesinnt. Diese Feindschaft wurde durch die 8. Ekloge Vergils besonders bekannt, in der es über die verwunderliche und unpassende Hochzeit des Hirten Mopsus mit Nisa heißt:

> Dem Mopsus wird Nysa gegeben; worauf sollen wir Liebenden nicht noch gefaßt sein?
> Jetzt werden Greifen mit Pferden gepaart werden, und in künftiger Zeit
> werden mit Hunden furchtsame Damhirsche zur Tränke kommen.
>
> (Übers. von Friedrich Klingner)

Kommentare zu diesem Gedicht betonten, daß es gegen die Natur von Greif und Pferd sei, wenn sie sich zusammenfänden, denn Greifen griffen stets Pferde an. Ein solches Ereignis sei genauso erstaunlich, wie wenn natürliche Feinde wie Hirsche und Hunde miteinander zur Tränke schritten. Vergil betrachtete Mopsus' Ehe also als ein Wunder in einem Zeitalter des Wunders, in dem das Unmögliche wahr wurde. Wenn Greifen sich mit ihrer beliebtesten Beute paarten, dämmerte ein Zeitalter der Wundererscheinungen herauf.

Das Mittelalter

Die heidnische Tradition von den Greifen als Sonnenvögeln und Zugtieren des Apoll starb in der westlichen, lateinischen Christenheit nach dem 5. Jahrhundert aus; im Osten, im Byzantinischen Reich und den Ländern, die später von slawischen Völkern besiedelt wurden, lebte sie weiter. Der griechische *Physiologus*, ein Buch über Tiere und Vögel sowie deren symbolische Bedeutung, erzählt, daß am Morgen ein Greif die Strahlen der aufgehenden Sonne auf seine Schwingen nähme und sie mit einem zweiten Greifen über den Himmel trüge. Zur gleichen Zeit beteten der Erzengel Michael und die Gottesmutter für die Christen. Die für mittelalterliche Bestiarien typische religiöse Lehre lautet, die Christen sollten Gott als der Quelle ihres Daseins Lob und Dank sagen.

Sogar für die Griechen des Mittelalters konnten Greifen erbauliche Symbole werden, auch wenn sie immer noch furchteinflößend real waren. Das *Suda*, eine byzantinische Enzyklopädie des 10. Jahrhunderts, berichtet, der anfangs in Asien lebende Volksstamm der Awaren sei gezwungen worden, nach Westen zu ziehen. Die Ursache dafür sei das Auftreten eines großen Nebels und das Erscheinen von vielen Greifen gewesen, die – so hieß es – keine Ruhe geben würden, ehe sie nicht das gesamte Geschlecht der Menschen vertilgt hätten.

Im Okzident war die griechische Kultur vor der Renaissance kaum bekannt. Die westeuropäischen Völker wußten von Greifen hauptsächlich dank den erhaltenen klassischen Skulpturen, durch lateinische Autoren wie Plinius und Solinus sowie die zwei kurzen Erwähnungen von Greifen in der Bibel. Das hebräische Wort *peres* war in der griechischen Septuaginta falsch als *grypa* und in der lateinischen Bibel, der Vulgata, als *gryphis*, ›Greif‹, übersetzt worden. Greifen erscheinen in der Bibel an zwei Stellen, im Zusammenhang von Speisevorschriften, die Moses den Israeliten übermittelt: »Dies aber sind die Vögel, die ihr nicht essen dürft, sondern zu meiden habt: der Adler und der Greif, der Fischadler und der Milan und der Geier« und viele andere (Lev. 11,13–14; in modernen deutschen Bibelübersetzungen erscheint der Greif nicht). Die zweite Stelle lautet: »Esset von allen reinen Vögeln, von den unreinen aber esset nicht, dem Adler, dem Greif, dem Fischadler [. . .]« und so weiter (Dtn. 14,11–12). Da Gottes Wort, die Bibel, den Greifen erwähnte, mußte er für die Menschen jener Zeit zwangsläufig existieren.

Im Mittelalter hielt man den Greifen für ein exotisches, großes, wildes und furchtbares Tier. Man glaubte, es lebe im Norden oder im Orient. Der Greif war eines der Wunder der erstaunlichen Welt, die Gott geschaffen hatte. Dementsprechend wurde der Greif zuweilen in reiche dekorative Tier- und Vogelmuster integriert, die als Mosaiken, Kacheln oder Fußböden die Häuser schmückten. Auch auf Textilmustern ist der Greif zu finden, bei-

Der abgebildete Ausschnitt des Teppichs von Bayeux zeigt in der Mitte der unteren Bildleiste ein Greifenpaar. Im Mittelalter wurden Greifen nicht nur als Wächter, sondern auch in rein dekorativer Funktion dargestellt, die den Reichtum und die exotische Vielfalt der von Gott geschaffenen Tierwelt zeigen sollte. Normannische Stickerei, spätes 11. Jh.

spielsweise am Rand des Teppichs von Bayeux und auf den Prunkgewändern eines byzantinischen Kaisers und des Papstes Bonifaz VIII., die gegen 1300 entstanden.

Der Greif vereinte in sich die Eigenschaften des Königs der Vögel und des Königs der Tiere. Deshalb galt er als königlich und stark. Wie Adler und Löwe wurde er von manchen Städten als Wappentier übernommen, so von Schweidnitz (heute Swidnica,

Eine Greifin säugt zwei Junge. Diese repräsentieren Condottieri (militärische Befehlshaber im Dienst der Kaufleute der Stadt). Das Halsband der Greifin trägt die Inschrift ›Perugia‹. Das Bild verknüpft die Stadt und ihre militärischen Helden mit der Wölfin, die Romulus und Remus säugte, die mythischen Gründer der Stadt Rom. Medaille von Antonio Pisanello, Italien, 15. Jh.

Polen) und von Perugia. Auch der römische Stadtteil Parione, von dem man glaubte, sein Name bedeutete ›Teil des Löwen‹, führte das Tier im Wappen. Angeblich sei ein Greif aus dem Orient gekommen und dorthin gebracht worden. Die Krone des Zunftzeichens der Londoner Friseure zeigt den als *opinicus* bekannten Greifen-Typus, und manche Rittergeschlechter und adlige Familien malten ihn auf ihre Schilde und Wappen, oder fügten ihn als Trägerfigur ein. Die Botschaft des heraldischen Greifen besagte

Die Zeichnung des englischen Kritikers und Künstlers John Ruskin (1819 bis 1900) zeigt die Greifen, die den Portikus der mittelalterlichen Kathedrale von Verona im Norden Italiens stützen. Wegen ihrer Stärke und Wildheit wurden Greifen sehr häufig als Wächterfiguren an heiligen Stätten und vor heiligen Objekten angebracht. Sie sollten Räuber vor dem Sakrileg eines Diebstahls warnen. Die Räder, die an den Flanken der Greifen eingemeißelt sind, nehmen das antike Motiv der Greifen der Nemesis auf.

ungefähr: »Hütet euch vor mir; ich bin wie ein Greif, geschützt von des Greifen Macht, die meine Feinde zu spüren bekommen werden«. Als heraldisches Emblem wurde der Greif dann auch zum Wirtshausschild, wenn dabei auch sicher nicht die Absicht zugrunde lag, mögliche Gäste zu verscheuchen, außer vielleicht, wenn es sich um Krawallbrüder oder Bierverächter handelte. Obwohl der Greif gelegentlich als Familienwappen geführt wurde, gibt es keine Verbindung zwischen dem Tier und dem Aufstieg einer Familie namens Griffin (englisch für Greif). Der Name ist als Vorname bereits im *Domesday Book* erwähnt, später wurde er zum Familiennamen. Dabei handelt es sich um eine Koseform des altwalisischen Namens *Gruffudd*, der in Wales und Cornwall verbreitet war und später mit keltischen Bretonen, die unter Wilhelm dem Eroberer nach England kamen, auch in den östlichen Landesteilen auftrat.

Wie in der Antike war der Greif auch im Mittelalter in erster Linie eine starke, wilde und unbezwingliche Wächterfigur. Greifen fanden sich als Wasserspeier auf Kathedralendächern, sie standen Wache an Kirchenportalen und Haustüren, schmückten Bucheinbände und so weiter. Wie früher diente der Greif manchmal als Talisman, um das Böse abzuschrecken, aber seine Hauptbedeutung war eigentlich nur: »Vorsicht!« Er war ein furchteinflößender

Zwei Greifen, die ein Rosettenmuster flankieren, eine mittelalterliche Version des antiken Motivs des Greifen als Bewacher eines heiligen Gegenstands oder des Baumes des Lebens. Elfenbeinschnalle, Teil eines Schmuckkästchens, das in den Ruinen von Old Sarum, Wiltshire, gefunden worden sein soll. England, 12. Jh.

Wächter, der Böswillige an die schrecklichen Strafen gemahnte, die sie zu gewärtigen hätten, falls sie versuchten, die kostbaren oder heiligen Schätze, die unter seinem Schutz standen, zu stehlen oder zu profanieren. Der mittelalterliche Greif konnte aber auch die Toten schützen: in der Kirche St. Mary in Warwick befindet sich auf dem Grabmal des 1439 verstorbenen Richard Beauchamp, Grafen von Warwick, neben anderen Tieren (darunter dem Bären, dem Wappentier der Familie) auch ein stehender Greif, der den Betrachter sowohl an die einstige Macht des Grafen erinnern, wie auch seine sterblichen Überreste behüten soll. Zuweilen tritt ein anderes antikes Thema in der religiösen Kunst zutage: Greifen, die den Baum des Lebens im Garten Eden schützen. Auch in diesem Fall ist die Botschaft des Greifen eine Warnung: die Christen sollen die Sünde des ersten Menschenpaars nicht wiederholen, das damals Gott nicht gehorchte, sondern die Frucht des verbotenen Baumes brach und aß und damit die Erbsünde in die Welt brachte.

Nicht nur die Künstler des christlichen Mittelalters erbten den Greifen aus der Antike, auch die Schriftsteller gaben die Information über ihn weiter. Besonders einflußreich dabei war der Heilige Isidor von Sevilla, der im 7. Jahrhundert eine umfängliche Enzyklopädie des gesamten Wissens aus den klassischen Autoren, aus frühchristlichen Schriftstellern und Bibelkommentaren kompilierte. In seinem Buch heißt es, die Greifen würden in Skythien Gold und Smaragde bewachen, und in Indien »gebe es goldene Berge, denen man sich nicht nähern kann, weil dort Drachen, Greifen und riesige, monströse Menschen leben«. Der heilige Isidor faßt das Wissen um die Greifen in den folgenden Worten zusammen, die von den mittelalterlichen Bestiarien immer wiederholt werden:

> Der Greif ist ein geflügeltes Tier mit vier Beinen. Diese wilde Tierart stammt aus dem hyperboreischen Gebirge [das heißt, aus dem hohen Norden Europas]. In allen Teilen seines Körpers gleicht er dem Löwen, nur sein Kopf und seine Schwingen gleichen dem Adler. Besonders feindlich ist er den Pferden. Wenn er Menschen sieht, will er sie in Stücke reißen.

Ein wilder und furchteinflößender Greif, der ein Pferd in seinen Fängen gepackt hält. Die Unterschrift unter dieser Buchmalerei in einem Bestiarium des späten 12. Jh.s gibt die übliche Beschreibung des Greifen aus den *Etymologien* des heiligen Isidor von Sevilla, wo es heißt, Greifen seien Pferden besonders feindlich und sie »zerrissen einen Menschen, wenn sie ihn nur sehen«.

Von anderen Autoren wurde der letzte Satz variiert, so schrieb Hugo von St. Viktor, der Greif »reißt Menschen lebend in die Höhe und trägt sie zu seinem Nest davon«. Untereinander lebten Greifen friedlich genug, so glaubte man, Menschen gegenüber aber seien sie so bösartig und gefährlich, daß sie nur an den wildesten und unzugänglichsten Orten vorkommen könnten. Es gibt aber eine Erzählung, die ein geographischer Schriftsteller, der sogenannte ›Aethicus‹, überliefert, in der eine äußerst grausame Methode ›gewitzter‹ Jäger beschrieben ist, des Greifen habhaft zu werden: Zunächst werden eiserne Lanzen, die vorn drei spitze

Ein typisches Bild des Greifen im Mittelalter. Man hielt ihn für ein wildes, gewalttätiges, fliegendes und vierbeiniges Tier, das in entlegenen Teilen Nordeuropas oder Indiens leben sollte. Während der Greif in der klassischen Kunst üblicherweise mit vier Löwentatzen gebildet wurde, tragen die Vorderbeine des mittelalterlichen Greifen Adlerklauen. Fußbodenkachel aus der Abtei von Chertsey, Surrey, England, 2. Hälfte 13. Jh.

Zinken tragen, in den Boden gerammt. Darüber wird eine Plattform aus geflochtenen Gräsern errichtet, unter der große Fackeln verborgen werden. Dort legen sich die Jäger auf die Lauer:

> Auf die Plattform, die dort errichtet wird, wo die Tiere normalerweise auf der Suche nach Beute ausfliegen, legen sie frische, fette Stücke vom Kalb oder vom Schaf. Wenn die Greifen abends zu ihren Jungen in die Höhlen zurückkehren, erspähen sie die frischen, fetten Fleischstücke und wollen sie als Nahrung für ihre Brut mitnehmen. Der erste läßt sich auf

der Falle nieder, freut sich, schlägt seine Schwingen und ruft seine Gefährten herbei, auf daß sie auch an dem Mahl teilhaben. Die auf der Lauer liegenden Jäger entzünden ihre Fackeln und mit erstaunlicher Geschwindigkeit entflammt das Binsengespinst und verbrennt. Die Greifen fallen herab, stürzen auf die rotglühenden Lanzen und werden getötet.

Während des Mittelalters erreichten immer mehr Nachrichten über die in fernen Ländern lebenden wilden Greifen Europa, außerdem auch Reliquien dieses Tiers. Mehrere Orte rühmten sich, stolze Besitzer eines Greifeneis oder einer Greifenklaue zu sein; aus letzteren sollte man auch Trinkhörner verfertigen können. Da Greifen in so wilden Einöden hausten und äußerst stark und gefährlich waren, konnte nur ein besonders tapferer oder heiliger Mann diese Dinge ins Land gebracht haben. Man schrieb ihnen

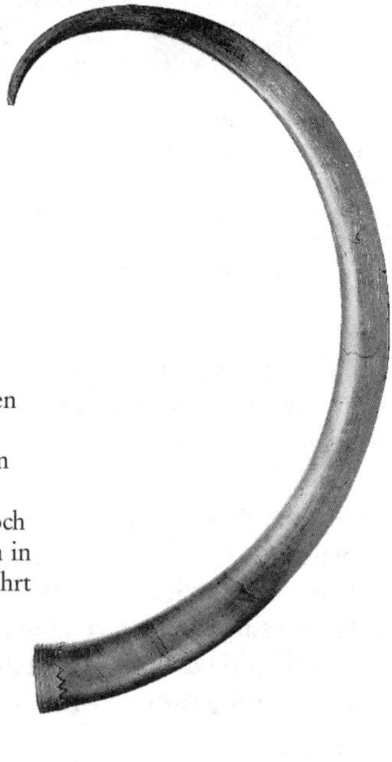

Eine Greifenklaue aus dem Schrein des heiligen Cuthbert in Durham. Da Greifen wilde Ungeheuer waren, konnte es nur Heiligen oder Helden gelingen, Teile von ihnen zu gewinnen, die sodann für ihre magischen oder medizinischen Kräfte hoch gerühmt wurden. Diese Klaue, die schon in einem Inventarverzeichnis von 1383 geführt wird, ist in Wirklichkeit das Horn eines Steinbocks; die im gleichen Schatz verwahrten Greifeneier sind in Wirklichkeit Straußeneier.

deshalb auch besondere spirituelle oder magische Kräfte zu und faßte sie in juwelenbesetzte Reliquiare. Der französische König Robert der Fromme (reg. 996–1031) schloß ein Greifenei in einen silbernen Behälter und ließ die Adligen und Bauern ihre Eide darauf schwören. Dieser »fromme Betrug«, wie sein Biograph das nannte, diente zweifellos dazu, seinen Untertanen Angst vor den Konsequenzen eines Meineids zu machen. Der Greif wurde zu einem Schreckgespenst.

Greifen begannen ihre Rolle in Seefahrergeschichten und Reiseerzählungen zu spielen. Ein großer Vogel, der ›griffa‹ genannt wird, griff den heiligen Brendan und seine Gefährten bei ihrer Reise über den Atlantik an. Benjamin von Tudela, ein jüdischer Reisender des 12. Jahrhunderts, brachte die Geschichte mit, Seeleute würden sich bei Schiffbruch in Ochsenhäute einnähen und dann über Bord springen; Greifen stießen herunter und trügen die falschen Kadaver in die Wüste davon, um sie zu fressen; auf dem trockenen Land könnten die Männer dann die Greifen töten und entkommen. Eine ähnliche Geschichte wurde auch von Herzog Ernst von Bayern und seinem Freund Graf Wetzel erzählt, die dem Tod zur See durch Hunger und Krankheit entkommen sein sollen, indem sie sich in Tierhäute einnähten: die Greifen trugen sie als Futter für ihre Jungen davon; als die Altvögel das Nest verlassen hatten, konnten die beiden Männer vom Horst herunterklettern und reisten in das Land der Arimaspier. Der Brief des 12. Jahrhunderts, der dem byzantinischen Kaiser Manuel vom Priester Johannes, einem König aus ›Indien‹, das heißt dem Fernen Osten, gesendet worden sein soll, erzählte, daß es in jenem Königreich ein unzugängliches Tal gebe, welches mit Juwelen angefüllt sei. Die Menschen würfen Schafskadaver von oben unter die Edelsteine. Greifen stießen herab, um sich die Kadaver als Beute zu sichern und trügen sie in die Lüfte davon. Die an den Kadavern hängengebliebenen Juwelen fielen im Flug herab und die Juwelenhändler brauchten sie nur noch vom Erdboden aufzulesen.

Letztere Erzählung zeigt, daß der Greif eng mit einem anderen berühmten Vogel verwandt ist, dem Ruch (oder Roch), der mehrere Male in den *Erzählungen aus den Tausendundein Nächten* erscheint. Dieser Vogel, so heißt es dort, sei so stark, daß er ein Nashorn davontragen könnte, auch wenn dieses einen Elefanten an seinem Horn aufgespießt mitschleppte. Der Ruch, ein Verwandter des persischen Simurgh, spielt eine wichtige Rolle in der Geschichte von *Sindbad dem Seefahrer.* Dieser erzählt, eines Tages habe er sich neben einem riesigen weißen Gegenstand befunden, der einer Kuppel geglichen habe, als plötzlich ein riesengroßer Vogel am Himmel erschienen sei:

> Als ich den Vogel, den ich über der Insel erblickte, mit wachsendem Erstaunen ansah, erinnerte ich mich an eine Geschichte, die mir früher einmal Pilger und Reisende erzählt hatten, daß nämlich auf einer Insel ein riesenhafter Vogel hause, Vogel Ruch geheißen, der seinen Jungen Elefanten als Futter in den Schnabel stecke, und da war ich sicher, daß jene Kuppel, die ich sah, ein Ei des Vogels Ruch sein müsse; und ich bewunderte die Werke Allahs des Erhabenen.
>
> (Übers. von Enno Littmann)

Als der große Vogel sich auf dem Ei niederläßt, bindet sich Sindbad mit seinem Turban an eine Klaue des Ruch. Am nächsten Morgen fliegt dieser davon und trägt Sindbad in ein Tal, angefüllt mit Juwelen und Schlangen. Als Sindbad sich umschaut, landet plötzlich ein großes Stück Lammfleisch mit lautem Klatschen auf einem benachbarten Felsen, und Sindbad erinnert sich an eine Geschichte, die er von Reisenden und Kaufleuten, die das Diamantgebirge besucht hatten, vernommen hatte. Es hieß:

> [...] daß nämlich das Diamantgebirge voll fürchterlicher Schrecken wäre und daß niemand dorthin gehen könnte; daß aber die Kaufleute, die mit Diamanten Handel treiben, ein Mittel hätten, um sie zu erhalten; und zwar nähmen sie ein Schaf, schlachteten es und häuteten es ab und zerlegten es, dann würfen sie die Stücke von dem Berge dort in das Tal hinab, und weil das Fleisch noch frisch wäre, so blieben manche von den Steinen daran kleben. Sie ließen es bis zum

> Mittag dort liegen, und dann kämen die Raubvögel, Ruchs und mächtige Adler, zu den Fleischstücken, packten sie mit ihren Krallen und flögen auf den Gipfel des Berges; darauf liefen die Kaufleute mit lautem Geschrei herbei, die Vögel flögen von den Fleischstücken fort, und so könnten die Männer näher herankommen und die Steine, die an dem Fleische klebten, abnehmen. (Übers. nach Enno Littmann)

Sindbad füllt seine Kleider und Taschen mit Edelsteinen, bindet sich wieder an den Ruch und wird von ihm zu dessen Nest zurückgetragen. Als der Vogel ihn dann entdeckt und gerade verschlingen will, erscheint ein Kaufmann und erhebt ein großes Geschrei, der Ruch fliegt davon; Sindbad schenkt seinem Retter zum Dank natürlich einige der schönsten Edelsteine.

Das heidnische Thema des von Greifen gezogenen Sonnenwagens des Apoll war zwar in den christlichen Jahrhunderten ausgestorben, hatte aber in anderer Form in einer der weitestverbreiteten Erzählungen des mittelalterlichen Europa, im *Alexanderroman*, überlebt. Dies war eine Sammlung von Geschichten und Legenden von Eroberungszügen, Forschungsreisen und Abenteuern, die sich um die Heldengestalt Alexanders des Großen rankten, der im 4. Jahrhundert v. Chr. die Hälfte der damals bekannten Welt erobert hatte.

Nach Angabe dieses Romans zog Alexander nach Indien, wo seine Armee von wilden fliegenden Greifen angegriffen wurde, wobei auch einige Soldaten ums Leben kamen. Alexander faßte darauf den wagemutigen Entschluß, Greifen zu benutzen, um den Himmel zu erforschen. Einmal sei er auf einen hohen Berg gestiegen:

> Da dachte er in seinem Herzen, eine sinnreiche Maschine zu bauen, in der ihn Greife zum Himmel emportragen könnten, daß er erkunde, was das sei: der Himmel über uns. Sogleich stieg er den Berg hinab, ließ Werkmeister kommen und hieß sie einen Wagen bauen und ihn mit Eisengittern umgeben, daß er darin sicher sitzen könne. Darauf ließ er

Die Buchmalerei aus einer Handschrift des frühen 14. Jh.s zeigt Alexander den Großen in einer käfigartigen, von vier Greifen getragenen Flugmaschine. Das Bild illustriert eines der Reiseabenteuer Alexanders in Indien, bei dem er einige Greifen fing und sich mit ihnen in die Lüfte erhob, indem er an Stecken gespießtes Fleisch hoch über sie hielt.

> Greife holen, sie mit ganz festen Ketten an den Wagen schirren und an die Spitze des Wagens ihr Futter legen und Schwämme und Gefäße voll Wasser vor ihre Nasen. Da hoben ihn die Greife zum Himmel empor.
>
> (Übers. von Wolfgang Kirsch)

Die Geschichte entwickelte sich weiter und erzählte, wie die Greifen beim Versuch, an ihr Futter zu gelangen, so hoch flogen, daß »Alexander der Erdkreis wie eine Tenne erschien, wo das Getreide aufbewahrt wird; das Meer aber schien ihm um das Festland gewunden wie eine Schlange«. Nach diesem Abenteuer unternahm es der erfindungsreiche Alexander, mit Hilfe einer gläsernen Taucherglocke nun auch den Meeresgrund zu erkunden.

Die Abbildungen von Greifen in mittelalterlichen Manuskripten und bei der Ausgestaltung der Kirchen zeigen üblicherweise Alexander in seiner Flugmaschine zwischen zwei oder vier Greifen, die nach dem Fleisch an den aufwärts stehenden Spießen streben und damit den Kasten in die Lüfte heben. Unter ihm ist manchmal der kleine, von Wasser umgebene Erdflecken dargestellt. Damit ist das Festland der nördlichen Hemisphäre gemeint, die zu jener Zeit für die ganze, von Menschen bewohnte Welt galt und von der man annahm, sie sei von einem großen, nicht überquerbaren Meer, dem Oceanus, umgeben. Aufgrund von Fehlern, wie sie beim Abschreiben ähnlicher Wörter aus den Handschriften unterliefen, wurde Alexanders Flugmaschine zuweilen für einen Wagen gehalten und entsprechend dargestellt, mal mit Sicherheitsstangen umgeben, mal als Eisenkäfig, ja sogar als Zimmer aus Leder. Wenn sich die Details auch unterscheiden, bleibt die Grundaussage der Geschichte doch bestehen: Alexander, der Held und Erfinder, organisierte eine staunenerregende Forschungsreise in den Himmel, zu welchem Zweck er einige Greifen mit großer Klugheit dazu brachte, ihn in die Lüfte hochzutragen. Dabei vereinte das Bild des alles überwindenden Pharao, Kaisers und Weltherrschers mehrere antike Motive zugleich, und Alexander der Große übernahm die Rolle Apolls, des Sonnengottes und Herrn der Greifen.

Alexanders Flug durch den Himmel; ihm zu Seiten zwei Greifen. Das Motiv geht möglicherweise auf antike Darstellungen des Herrn der Greifen und des Apollon mit dem Sonnenwagen zurück. Im Mittelalter wurde Alexanders Flug zum Beispiel eines heroischen Wagemuts, aber auch eines hochfahrenden und vermessenen Stolzes. Geschnitzte hölzerne Miserikordie aus der Kathedrale von Wells, England, um 1330.

Die Greifen, die durch den Köder verleitet werden, Alexander durch die Lüfte zu tragen, erhalten in der Geschichte für gewöhnlich keine symbolische Bedeutung. Um wieder herunterzusteigen, richtet Alexander einfach die Lockspeise nach unten, und die Greifen verfolgen sie erdwärts. Manchmal jedoch fanden die Erzähler bei der Beschreibung der Rückkehr zur Erde eine nützliche Moral für ihre Hörer und Leser. Sie erzählten, die Greifen seien von einer ›göttlichen Macht‹ überwältigt oder von einem Nebel oder einer Wolke geblendet worden, da sie zu hoch flogen; oder auch, daß – wie im Mythos von Ikaros – die Sonne begonnen habe, die Schwingen der Greifen zu versengen oder das ›Leder‹ von Alexanders Fahrkorb. Es gab sogar ein Gedicht, von dem man glaubte, es sei das Epitaph auf Alexanders Grab gewesen. In diesem wird der Flug als eine Botschaft präsentiert, die Alexander noch über seinen Tod hinaus der Nachwelt hinterlassen habe: der große König und Weltbezwinger habe mit den Greifen in die Himmelshöhen fliegen wollen; nun befände er sich drunten in den Tiefen der Unterwelt. Die Botschaft lautet, daß Hochmut und Gier vor dem Fall kommen:

> Mensch, du weißt, du bist sterblich – was willst in die
> Höhe du steigen?
> Und so viel du gewinnst, willst du, es sei noch mehr dein?
> Alles schwindet dahin, es vergeht das blühende Leben,
> Willst du höher hinaus, stürzt desto tiefer du ab.
>
> (Übers. von W. Kirsch)

Alexander wurde gezwungen, zur Erde zurückzukehren, weil sein Versuch, die dem Menschen gesetzten Grenzen zu überschreiten, zu hochmütig und anmaßend war, weil er begierig war, zu viel zu wissen. Die Greifen waren das himmlische Werkzeug, mit deren Hilfe seinem ehrgeizigen Hochmut Grenzen gesteckt und er bestraft wurde. Natürlich wußten die Greifen nicht, was sie taten; in der Erzählung bleiben sie die wilden, instinktgeleiteten Vögel, als die sie bekannt waren. Denn obwohl es Alexander gelang, sie sich gefügig zu machen, hielt dieser Zustand nicht lange an. Als sie landeten, verließen sie den König in meilenweiter Entfernung von seinem Ausgangspunkt, und es kostete ihn mehrere Tage, um zu seinem Heer zurückzukehren.

Die Schriftsteller waren fasziniert von den Geschichten über diese wilden, in Einöden lebenden Vögel; manche wunderten sich, wie sie überhaupt fliegen konnten, da sie doch so groß und schwer seien. Hildegard von Bingen, die gelehrte Nonne und Mystikerin des 12. Jahrhunderts, trug ebenfalls allerlei ›wissenschaftliche‹ Informationen über Greifen zusammen. Greifen könnten fliegen, weil sie zwar sehr groß, doch auch sehr schnell seien. Teils seien sie Vögel, teils Säugetiere und sehr schlau. Zwar würden sie Menschen fressen, doch sei ihr eigenes Fleisch für den menschlichen

Verzehr ungeeignet. Hildegard hatte auch einiges über das Brutverhalten der Greifen herausgefunden:

> Wenn die Zeit der Eiablage naht, sucht sich der Greif eine Höhle, die innen geräumig ist, aber einen dermaßen engen und schmalen Eingang besitzt, daß er sich kaum hineinzwängen kann. In der Höhle bewacht er die Eier sorgfältig, weil er den Löwen fürchtet, der die Eier auch über Entfernungen riechen kann. Falls der Löwe zu ihnen gelangen kann, stampft er auf ihnen herum und bricht sie in Stücke. Deshalb hält der Greif immer nach dem Löwen Ausschau; dessen Anwesenheit kann er nicht ertragen und ist wegen dessen überlegener Stärke stets auf der Hut. Wegen des Bären hingegen sorgt er sich nicht, denn dieser ist schwächer als der Löwe. Der Greif legt seine Eier an einen Ort, wo sie weder dem Sonnenlicht noch dem Wind ausgesetzt sind.

Hildegard schließt, daß der Greif mit beiden Naturen, der des Vogels und der des Säugetiers, schlecht sei; weder sein Fleisch noch seine Eier hätten den geringsten medizinischen Wert.

Andere Autoren berichten, der Greif sei stark genug, ein Pferd mitsamt seinem Reiter davonzutragen, ein Ochsengespann oder zwei Ziegen. Es handele sich um »starke und furchtbare Tiere«, die am Boden »wie die Löwen rennen könnten und wie Vögel durch die Lüfte fliegen«. In den *Travels* des so genannten Sir John Mandeville heißt es, Greifen seien vorne wie Adler und hinten wie Löwen gestaltet, doch wären sie stärker als acht Löwen oder hundert Adler. Ihre Klauen wären so groß wie Stierhörner und könnten als Trinkgefäße dienen; aus ihren Federn ließen sich starke Pfeile und Bogen herstellen. *Caxton's Mirrour of the World* (›Spiegel der Welt‹) bietet eine Zusammenfassung des Themas. In Indien gebe es

> [. . .] große Gebirge voller Gold und Edelsteine und anderer Reichtümer. Doch wagt sich ihnen niemand zu nahen wegen der Drachen und wilden Greifen, deren Körper wie die flie-

gender Löwen sind. Sie können einen bewaffneten Mann, der auf seinem Roß sitzt, leicht davontragen, wenn sie ihn mit ihren scharfen Klauen packen.

Besonders wild und furchteinflößend sind die Augen des Greifen, wie wir aus Chaucers *Canterbury Tales* erfahren, wo der Ritter den mächtigen König von Thrazien beschreibt, dessen Augen in einer Farbe zwischen rot und gelb glühten und wie die eines Greifen starrten.

Symbolik im Mittelalter

Der mittelalterliche Greif galt als eine reale Kreatur der Tierwelt, die im fernen Skythien oder Indien lebte. Typisch jedoch war es, daß einige Autoren nach einer symbolischen Bedeutung suchten, die er haben könnte; sie wollten wissen, ob seine Natur und sein Verhalten eine nützliche Moral oder Botschaft verberge. Johannes Scotus Eriugena, ein irischer Philosoph des 9. Jahrhunderts, glaubte, der Greif sei ein Beispiel der Keuschheit, denn nach dem Tod seines Weibchens lebe das männliche Tier zölibatär. Doch davon abgesehen waren die Bedeutungen, die mittelalterliche Autoren dem Greifen zuschrieben, stets äußerst negativ. Im wesentlichen galt der Greif als gierig und grausam.

Plinius hatte die Greifen als habgierige Hüter ihres Goldes beschrieben, Solinus hatte erzählt, wie sie Menschen bestraften, die, von Habgier verleitet, das tollkühne Unternehmen wagten, ihnen ihr Gold und ihre Edelsteine gewaltsam zu entreißen. Um 1200 begannen, jedenfalls in England, einige Menschen, den Greifen mit der habgierigen Aristokratie zu vergleichen. Alexander Neckam wandte sich gegen diese Analogie, verteidigte aber keineswegs die Edelleute. Sein Argument war, Greifen seien Tiere und könnten deshalb nicht bewußt Sünden begehen; ihre Freude am gleißenden Gold sei rein natürlich und instinktiv. Die Habgier des Adels hingegen sei bewußt:

> Greifen graben nach Gold und weiden sich an seinem hellen Glanz; ihre Augen erfreuen sich am gelben Metall. Wer da glaubt, sie seien wie Edelleute, irrt sich: die Adligen werden vom gierigen Hunger nach Gold getrieben; die Greifen aber brennen nicht darauf, sich zu bereichern, sondern geben sich ihrer Natur nach der ruhigen Betrachtung hin.

Wenn Greifen habgierig erscheinen, so ist das nicht ihre Schuld, denn sie sind nur Tiere. Wahrhaft habgierig hingegen sind die Menschen, die – wie die Arimaspen – versuchen, ihnen ihr Gold zu stehlen.

Eine kurze Fabel des Nicolaus Pergamenus vermittelt die gleiche Botschaft. Einst lebte ein tyrannischer Greif, der eine Provinz beherrschte. Er verbot allen Handel, ließ keinen Ausländer in sein Land kommen und gestattete keinem seiner Untertanen, sein Land zu verlassen, während er selbst in großem Reichtum und Luxus schwelgte. Als eine Hungersnot kam, flehten seine Untertanen ihn an, und er schickte Boten in die Nachbarländer, um Hilfe zu erbitten. Weil er sich aber früher so wenig zugänglich gezeigt hatte, wiesen diese seine Boten ab. Die Moral dieser Geschichte lautet: »Hütet euch vor der Habsucht.«

Von einem anderen Standpunkt aus waren Greifen so furchtbare Wächter, daß es praktisch unmöglich war, ihre Schätze zu stehlen. So konnten sie sogar als Warnung in einer Predigt auftauchen, die Bruder Girolamo von Pisa 1305 in Florenz hielt. Im Osten, erzählte der Prediger, gebe es Greifen, die Berge von Gold bewachten. Diese seien sehr stark und unglaublich wild. »So geht nur dorthin«, sagte er der Gemeinde, »geht und kämpft mit ihnen«. Der springende Punkt dieser Predigt war, daß es ein nutzloses Unterfangen wäre, falls jemand versuchte, das Greifengold zu stehlen; der Wagemutige würde bei diesem Unternehmen nur umkommen. Daraus ließe sich lernen, daß Gott, indem er diese unbezwinglichen Wächter erschuf, zeigen wolle, daß der Mensch nicht nach Gold, sondern nach besseren Dingen streben solle – das heißt nach den geistlichen Schätzen des Christentums.

Ein machtvoller Greif auf einem Tuchballen, aus einer Reihe von Manuskripten des 14. und 15. Jh.s, die die Embleme der Gilden von Perugia enthalten. Traditionell galten Greifen als furchteinflößende Schatzhüter; außerdem war der Greif das Wappentier der Stadt Perugia. Die Botschaft lautete also, daß Waren und Geld doppelt sicher seien, wenn man mit Kaufleuten aus Perugia Handel trieb.

In der Septuaginta war der Greif in Moses' lange Liste unreiner Vögel aufgenommen worden, deren Verzehr verboten war. Darüber hatte sich der frühchristliche Autor Origenes verwundert: warum sollte Moses den Verzehr von gar nicht eßbaren Tieren verbieten, wo doch zudem niemand je einen Greifen gesehen noch gefangen, geschweige denn auf die Idee verfallen war, ihn zu essen? Origenes schloß, daß die Heilige Schrift hier nicht wörtlich zu nehmen sei, sondern daß der Greif und die anderen unreinen Tiere als Symbole verstanden werden müßten. Die Liste unreiner Vögel bedeutete also allerlei Arten gieriger Menschen, Diebe und Räuber, Vielfraße und Säufer und so weiter; der Greif war der gewalttätige Herrscher, der grausame Tyrann, der Verfolger besonders derjenigen, die ein heiliges Leben in christlicher Besinnung führen wollten. Eine Bibelparaphrase in Versform führte aus, daß der Greif, im fernen Norden lebend – das heißt, fern von der Sonne der Liebe und Milde – Freude am Töten von Menschen habe; deshalb repräsentiere er »die grausame Sündigkeit der Mächtigen, die wild sich in Menschenblut badeten«. Der heilige Thomas von Aquin, der Kirchenlehrer des 13. Jahrhunderts, schloß, daß Moses mit dem hochfliegenden Adler die Sünde des Hochmuts und mit dem Pferden und Menschen feindlich eingestellten Greifen die Grausamkeit der Mächtigen habe verdammen wollen. Ein anderer Prediger verglich diejenigen, die gierig nach hohen Ämtern in Kirche und Verwaltung strebten, mit den habsüchtigen Greifen, die in den Gebirgen hausten.

Die antike Erzählung vom Kampf der Greifen mit den Arimaspen war im Mittelalter noch gut bekannt. Neben Gold liebten Greifen auch Edelsteine, vor allem Smaragde, die sie stahlen und in ihren Nestern in Sicherheit brachten. Die Besucher der Kathedrale von Hereford können heute immer noch die *mappa mundi* sehen, die Weltkarte, die Richard von Haldingham gegen 1300 zeichnete. Auf dieser findet sich in einem Gebiet, in dem verschiedene wilde skythische Stämme dargestellt sind, auch eine Szene, wo ein Greif zwei bewaffneten Männern gegenübersteht. Die Beischrift lautet: »Die Arimaspen kämpfen mit den Greifen um Sma-

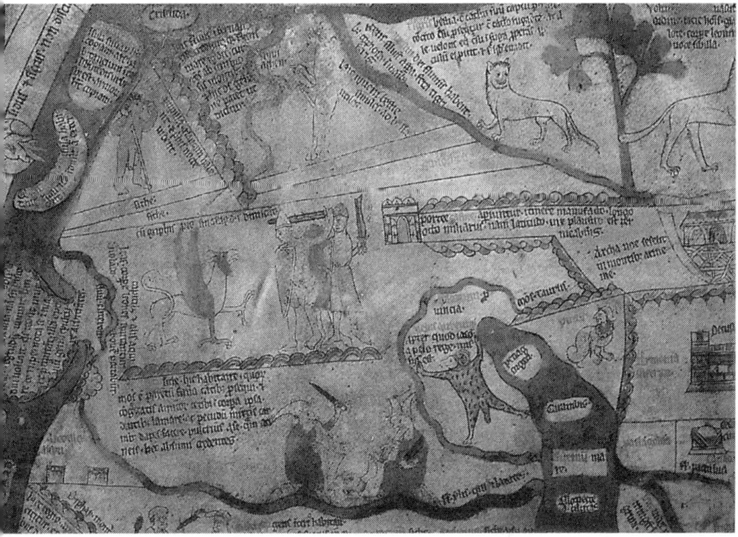

Ausschnitt aus der Weltkarte des Richard von Haldingham in der Kathedrale von Hereford, um 1300. Dargestellt ist unter anderem der Kampf zwischen Greifen und Arimaspen um Smaragde. Für einige mittelalterliche Autoren war in dieser antiken Geschichte der Kampf zwischen den Christen und dem Teufel um das Juwel des wahren Glaubens symbolisch dargestellt.

ragde.« Manche mittelalterlichen Autoren wollten darin den Kampf der Christen mit dem Teufel symbolisiert sehen.

Die mittelalterlichen Lapidarien – Bücher über die Eigenschaften kostbarer Steine – berichten, der Smaragd, der grünste aller grünen Steine, käme aus dem Osten, aus einem der Flüsse des Paradieses. Er besäße neben der Eigenschaft des Spiegels noch zahlreiche wunderbare Eigenschaften, so könne er dic Schärfe der Augen verbessern, die Menschen vor verschiedenen Krankheiten schützen, Stürme, Kriege und Lüsternheit dämpfen, ja sogar die Gabe der Weissagung verleihen. Als einer der Juwelen Aarons im Alten Testament und einer der Grundsteine des Himmlischen Jerusalem im Buch der Offenbarung des Johannes wurde er als Symbol des christlichen Glaubens verstanden. Die einäugigen Arimaspen wurden als Symbol für die guten Christen interpretiert, die den Stein des Glaubens besäßen, die Greifen als die Teufel, die versuchten, ihnen diesen zu entreißen.

Ein bekanntes Buch, welches Hugo von St. Viktor zugeschrieben wurde, erklärte die Moral. Die Greifen seien ohne Glauben und kalt, es fehle ihnen an Liebe und Güte. Sie stehen für »die Teufel, die den Menschen um den Besitz des kostbaren Edelsteins des Glaubens beneiden, ihn besitzen und ihn ihnen stehlen wollen«. Sie täten dies nicht deshalb, weil ihnen der Smaragd nütze, sondern einzig aus bloßem Neid. Die einäugigen Menschen symbolisierten diejenigen, die ihre ungeteilte Aufmerksamkeit Gott zuwendeten und die »die Gnade des Glaubens verteidigten, welche die Greifen – das heißt, die Teufel – ihnen entwenden wollten«. Entsprechend deutete ein Wörterbuch und Lexikon, das etwa 1280 entstand, den Namen der ›Arimaspen‹ als abgeleitet von zwei Wörtern, die ›Tugend‹ und ›sehen‹ bedeuteten; sie sind also Menschen, die tugendhaft und scharf sehen – also gute Christen. Der Smaragd, den man in der Wüste findet, bedeutet Christus, der im Herzen der Heiligen lebt. Die Greifen sind böse Geister, die des Weges kommen und versuchen, ihnen Christus zu stehlen, aber die guten Menschen, die Arimaspen, wehren sich. Eine verwandte Geschichte macht den Greifen zu einem Symbol des Teufels, der die Seele eines Sünders in die Höllenwüste schleppt, um dort seine Brut, die anderen Teufel, zu nähren.

Jahrhunderte später griff John Milton in seinem Epos *Das verlorene Paradies* dasselbe Thema auf, indem er den Teufel mit einem Greifen verglich, der heißhungrig sein gestohlenes Gold verfolgt:

> Wie wenn ein Greif sich durch die Wildnis schlägt,
> Beschwingten Laufes über Berg und Moor,
> Dem Arimasper nach, der heimlich ihm
> Das wohlbewachte Gold aus sichrer Hut
> Gestohlen [. . .]
>
> (Übers. von H. H. Meier)

Wenn im Mittelalter also der Greif überhaupt eine symbolische Bedeutung hatte, dann eine ausgesprochen negative: er stand für Habgier, Grausamkeit, Tyrannei, für den Teufel. Es gibt jedoch einen symbolischen Greifen, der gut ist. Dieser erscheint in der *Göttlichen Komödie* des Dante Alighieri (1265–1321), worin der Dichter seine Reise durch die drei Bereiche des Jenseits, die Hölle, das Fegefeuer und das Paradies, schildert. Die Greifen erscheinen zu dem Zeitpunkt, als Dante die Spitze des hohen Läuterungsberges erreicht und in den Garten Eden, einen Wald voll blühender Bäume und Blumen, gelangt ist. Jenseits eines klaren, fließenden Stroms sieht er eine Prozession auf sich zukommen, die von sieben Leuchtern angeführt wird. Danach kommen 24 Greise und schließlich die vier Tiere aus den Prophezeiungen des Hesekiel und der Apokalypse. Mitten unter ihnen folgt ein zweirädriger Wagen, der von einem eingeschirrten Greifen gezogen wird.

Dantes Greif ist eine wahrhaft beeindruckende Erscheinung. Seine Adlerpartien sind golden, seine Schwingen sind so groß, daß die Enden außer Sicht bleiben. Der Rest seines Körpers ist weiß und rot. Die Prozession kommt zum Stillstand, und alles wendet sich dem Wagen zu, auf dem, inmitten einer Schar blumenstreuender Engel, Beatrice erscheint. Dante verspürt die Macht der Liebe, die ihn zu dieser zehn Jahre zuvor verstorbenen Florentinerin hinzieht, die nun aus dem Himmel gekommen ist, um ihn zu treffen. Der Greif, der einst den Sonnenwagen zog, zieht nun den Wagen der Beatrice in diesem Triumphzug der Liebe. Als Dante später in die ›Smaragde‹ der Augen Beatrices blickt, sieht er dort die beiden Gestalten des Greifen, den Adler und den Löwen, gespiegelt. Dann bewegt sich die Prozession auf einen großen, kahlen Baum zu – den Baum der Erkenntnis –, und der Greif wird gepriesen, daß er – anders als Adam und Eva – nicht versucht habe, die Frucht zu stehlen. Mit den Worten: »So rettet man den Samen der Gerechten« (Übers. von Hermann Gmelin) bindet der Greif den Wagen an den kahlen Stamm, der sofort Blätter und Blüten von purpurfarbener bis roter Farbe hervorbringt. Wundervolle Musik lullt Dante in einen ekstatischen Schlaf ein; als er erwacht, sind der

Greif und die meisten Teilnehmer der Prozession schon wieder gen Himmel aufgestiegen.

Dantes Greif wurde jahrhundertelang als ein Symbol Christi verstanden, wobei die goldenen Adlerteile seiner göttlichen, die roten und weißen seiner menschlichen Natur aus Fleisch und Blut entsprechen sollten. Aus vielerlei Gründen ist diese Interpretation jedoch nicht recht überzeugend; und der Greif kann sehr gut auch für das Römische Reich stehen, ein Gebilde, welches für Dante ebenfalls eine Mischung des Göttlichen und des Menschlichen war. Das Reich war im Okzident durch die Kaiserkrönung Karls des Großen im Jahre 800 wiederbelebt worden und existierte zu Dantes Zeit unter der Herrschaft deutscher Kaiser weiter. Als Kaiser Heinrich VII. zwischen 1310 und 1313 in Italien weilte, hoffte Dante, dieser könne dem vom Krieg zerrissenen Italien seiner Zeit römischen Frieden, römische Gerechtigkeit und römisches Recht zurückgeben. Das militärische Symbol des Römischen Reiches war immer der Adler gewesen, das war er auch in Dantes Tagen noch; der Löwe war das Wappentier der mittelalterlichen römischen Republik. Dantes Greif – das potentiell gefährliche Tier, das hier friedlich eingeschirrt im Dienst von Liebe und Gerechtigkeit steht – vereint die beiden Symbolwesen in sich und trägt deshalb eine politische, keine theologische Bedeutung. Er stellt das Bild des Dichters von einer idealen irdischen Regierung vor, die perfekte Verbindung der Macht des Kaisers (Adler) mit der Macht des Volkes (Löwe). So verstanden ist Dantes Greif eine Parallele zu Entwicklungen, die zur selben Zeit in England stattfanden: dem Zusammentritt der ersten Parlamente, die zur heutigen britischen Staatsverfassung führen sollten, in der die höchste Staatsgewalt beim König liegt, der in Einklang mit den Repräsentanten des Volkes handelt, die Krone im Parlament.

Das Ende des Greifen?

Trotz des allgemein herrschenden Glaubens an die Existenz von Greifen und trotz der verschiedenen symbolischen Geschichten, die sich um ihn rankten, gab es doch über die Jahrhunderte immer einzelne, die seine wirkliche Existenz bezweifelten. Strabon hatte Aristeas, die schattenhafte Quelle des Herodot, als »einen Scharlatan, falls es ihn überhaupt gab«, bezeichnet, und Plinius hatte trocken formuliert, er hielte Greifen für Fabelwesen. Auch Arrian, ein Historiker, der ein Werk über Alexanders Eroberungszüge schrieb, war in dieser Frage skeptisch. Er glaubte, die Geschichten über die seltsamen Tiere Indiens, darunter die Gold hütenden Greifen, beruhten auf der Freude an Unterhaltung, nicht auf einer Beschreibung der Wirklichkeit. Schließlich könne man alle Arten lächerlicher Lügen über ein so fernes Land erzählen, denn niemand wüßte etwas Genaueres. Zwar hätten Alexander und seine Kriegsgefährten einige der kursierenden Lügengeschichten widerlegt, dafür aber auch neue in Umlauf gebracht. Origenes, der Theologe, den die Erwähnung der Greifen in der Bibel verwunderte, stellte auch die polemische Frage, wie jemand an der Wirklichkeit der von Christus vollbrachten Wunder zweifeln könnte, die doch von seinen Jüngern bezeugt seien, und gleichzeitig an so deutlich erfundene Fabeln wie die Geschichte des Aristeas glauben. Der so genannte Aethicus versuchte eine rationale Erklärung für Greifen zu geben; er meinte, sie wären fälschlich von Statuen abgeleitet worden, die man einem gewissen Grypho, einem Schiffsbaumeister, dessen Schiffe einen schnabelförmigen Bug aufwiesen, gesetzt habe. Solche Schiffe waren im Mittelalter als ›Greifen‹ bekannt.

Mitte des 13. Jahrhunderts stellte der gelehrte Theologe und wißbegierige Naturforscher Albertus Magnus fest, daß niemand einen Greifen entdeckt oder aus eigener Anschauung beschrieben habe. Greifen erschienen nur in den Schriften der ›Historiker‹ oder ›Geschichtenerzähler‹ (beide Wörter bedeuten das gleiche), also bei den Abkömmlingen Herodots, den Vermittlern von Wissen aus zweiter Hand: »Es sind die Geschichtsbücher, und nicht die Experimente von Denkern oder vernünftige Erforschungen der physischen Welt, die die Information vermitteln, daß Greifen existierten.« Die Zweifel des heiligen Albertus Magnus erwiesen sich bald als wohl begründet, denn schon gab es Missionare und Kaufleute, die in den Fernen Osten bis an den Hof des Großkhans des mongolischen Reiches gereist waren, wodurch sich die Geheimnisse der eurasischen Landmasse nach und nach enthüllten. Auf ihren Reisen forschten sie auch nach den monströsen Menschen und seltsamen Tieren, die bei den Schriftstellern und ›Historikern‹ verzeichnet waren; sie trafen Kaufleute aus fernen Ländern und befragten sie; aber niemand hatte jemals eine dieser Merkwürdigkeiten gesehen. Sie waren nirgendwo zu finden.

In seiner Weltbeschreibung, die er nach seiner Rückkehr nach Italien im Gefängnis einem Mitgefangenen diktierte, gab Marco Polo, der berühmteste dieser Kaufleute, einige Informationen wieder, die er über Madagaskar gehört hatte:

> Einige Kaufleute, die dort gewesen waren, erzählten mir, daß es dort Greifen-Vögel gäbe, die zu bestimmten Zeiten im Jahr erscheinen. Sie haben jedoch nicht die Gestalt, die einige Leute hier ihnen zuschreiben, das heißt halb Löwe und halb Adler, sondern sie sind wie Adler und sehr groß, wie ich euch jetzt erzählen will. Sie können einen Elefanten krallen und in die Lüfte entführen; dann lassen sie ihn fallen, so daß er völlig zerschmettert wird, danach fressen sie ihn. [. . .] Die Bewohner der Insel nennen diesen Vogel den Vogel Ruch, aber wegen seiner Größe glaube ich, daß es der Greif ist.

So wurde der Greif mit seinem Verwandten, dem Vogel Ruch des Sindbad, identifiziert; er galt nicht länger als ein Mischwesen aus Löwe und Adler, sondern als ein extrem großer Raubvogel.

Mehr als viertausend Jahre lang hatte der Greif sein Wesen getrieben, in der Kunst Ägyptens und Mesopotamiens, Griechenlands und Roms, in den mittelalterlichen Kathedralen und Manuskripten. Von den Schriftstellern war er beschrieben und besprochen worden, angefangen von Herodots fragwürdigem Gewährsmann Aristeas bis hinunter zu dem ziemlich skeptischen Albertus Magnus. Sobald die Europäer begannen, die Welt auf dem Landweg zu erforschen, wurde er für immer in die Geschichte nicht der realen Welt, sondern der menschlichen Imagination verwiesen. Die Forschungen und Beobachtungen der Kaufleute, Mönche, Kreuzfahrer, Pilger und anderen Reisenden führten zur Aufgabe des mittelalterlichen Weltbilds mit all seinen sonderbaren Monstren und merkwürdigen Menschen, die Gott geschaffen hatte. Wegen dieser Reisenden war eines jener Wunder, der Greif, ein Tier, welches niemals existiert hatte, zum Aussterben verurteilt.

Ein- oder zweihundert Jahre lang, nachdem die Entdeckungen begonnen hatten, befand sich der Greif noch in einer Position, die etwa der heutigen des Yeti gleicht. Obwohl es keinen Beweis gibt, daß jener schreckliche Schneemensch existiert, glauben einige Leute doch fest daran und veranstalten gelegentlich Expeditionen, um seine Existenz nachzuweisen. In ähnlicher Weise figurierte auch der Greif, obwohl er unentdeckt blieb, weiterhin in Romanen und Abenteuergeschichten, in Legenden über den fabelhaften Osten und in Reiseberichten wie jenen des Betrügers Mandeville. Noch 1564 bei Michelangelos Beerdigung in Florenz drückten die Dekorationen den Schmerz der Welt über das Abscheiden des Künstlers mit symbolischen Darstellungen der Kontinente aus, wobei Asien durch den Ganges und einen Greifen, der eine Juwelengirlande trug, repräsentiert wurde.

Zu diesem Zeitpunkt konnte freilich ein gebildeter Mensch bereits über die bloße Vorstellung, daß Greifen existierten, nur noch lachen. Der italienische Dichter Ariost, dessen Lebenszeit ins frühe 16. Jahrhundert fällt, glaubte gewiß nicht an deren Existenz. In seinem Gedicht über den großen Paladin Orlando, der in Wahnsinn verfällt, als seine Geliebte Angelica den jungen Medoro ehelicht, erfand Ariost den Hippogryph, ein seltsames Tier aus dem fernen Norden, dessen Vater ein Greif und dessen Mutter eine Stute ist. Ariost erlaubte sich hier einen Spaß, wußte er doch, daß die meisten seiner Leser ihren Vergil genau kannten, der geschrieben hatte, Greifen würden sich mit Pferden nur in

Eine Szene aus dem *Rasenden Roland*. Der sarazenische Ritter Ruggiero auf dem Hippogryph rettet die schöne Angelica vor dem Seeungeheuer. Der Hippogryph in diesem ironischen Ritterepos des Ludovico Ariosto (1474–1533) ist ein mächtiges fliegendes Tier aus Nordeuropa; sein Vater ist ein Greif, seine Mutter eine Stute. Illustration von Gustave Doré (1832–83).

einem Zeitalter der Wunder paaren. Wie die Greifen des Alexander kann auch der Hippogryph nur von einem Helden gezähmt und als Reittier genutzt werden; den sarazenischen Ritter Ruggiero trägt er auf seinen zahlreichen Abenteuern um die ganze Welt. Der Ritter Astolfo fliegt mit ihm hinauf ins irdische Paradies; dann geht es weiter zum Mond, wo Astolfo neben anderen Dingen, die auf der Erde verlorengingen, auch eine Flasche mit der Aufschrift »Orlandos Verstand« findet, die er mit zur Erde nimmt und auf diese Weise den liebeskranken Wahnsinnigen heilen kann.

Der Greif wird auch in Shakespeares *König Heinrich IV. Erster Teil* (III,1) erwähnt, wo Hotspur sich über Glendowers Aberglauben beklagt:

> [. . .] oft erzürnt er mich,
> Wenn er erzählt von Ameis' und von Maulwurf,
> Vom Träumer Merlin, was der prophezeit,
> Vom Drachen und vom Fische ohne Flossen,
> Berupftem Greif und Raben in der Mause,
> Vom ruhnden Löwen und der Katz' im Sprung
> Und solch 'nen Haufen kunterbuntes Zeug,
> Daß mich's zum Heiden macht.
>
> (Übers. von A. W. Schlegel)

Jedoch ist der springende Punkt hier vielleicht nicht, daß Greifen ins Reich der Fabel gehören, sondern daß jemand es fertiggebracht haben soll, die Schwingen einer solch raren und mächtigen Vogels zu rupfen. Wer an ein so unwahrscheinliches Geschehnis glaubt, wird alles glauben, wie ›kunterbunt‹ es auch sei.

Der Anfang vom Ende des Greifen läßt sich vielleicht exakter noch auf das Jahr 1518 datieren. Damals veröffentlichte ein polnischer Autor, Maciej z Miechowa (latinisiert Mathias Michovius), eine Beschreibung der nördlichen Regionen von Europa und Asien. Es gibt dort keine Minen, die Gold, Silber oder irgendein anderes Metall fördern, sagt er, deshalb sei es eine reine Fabel, daß dort Greifen und große Vögel das Gold hüteten und seine Schürfung verhinderten: »Deshalb erkläre ich, im Widerspruch zu den antiken Autoren, daß Greifen in Wirklichkeit in diesen nördlichen Regionen nicht existieren, noch in irgendeinem anderen Teil der Welt.« Nach Michovius sei der Glaube an Greifen durch eine Verwechselung mit den großen Adlern entstanden, die es in jenen Ländern gibt. Weiterhin bestreitet er, daß es dort irgendwelche abnormal gebildeten Menschen gebe, auch nicht die Einäugigen.

Während der Renaissance legten frühe Naturforscher die ersten Bücher vor, die die Tierwelt, darunter auch die seltsamen Mischformen, von einem objektiveren und empirischeren Standpunkt beschrieben. In Ulisse Aldrovandis *Ornithologiae* (1599) steht der Greif an der Spitze im Kapitel über fabelhafte Vögel. Aldrovandi gibt einen Überblick über die Greifen, erwähnt die ägyptischen Hieroglyphen, die Greife des Apoll und zitiert die zahlreichen Autoren, die den Greifen erwähnten, von Herodot bis zu Mandeville (den er einen großen Aufschneider und Lügner nennt) und Michovius. Mit Plinius und Albertus Magnus meint er, Greifen seien nur eine von ›Historikern‹ weitergetragene Legende. Sie seien dasselbe wie der Ruch, und Origenes könne auch unbesorgt sein: die Greifen der Bibel entstammten nur der falschen Übersetzung des hebräischen Wortes für eine sehr große Adlerart. Die als Reliquien aufbewahrten sogenannten Greifenklauen seien in Wirklichkeit die Hörner von Stieren oder Büffeln. 1642 dann publizierten Aldrovandis Schüler sein Buch *Monstrorum Historia* (›Geschichte der wunderbaren Kreaturen‹), welches die hybriden Monstren – den Greifen, die Chimäre, die Harpyie und so weiter – in ein Kapitel über Bilder (›Simulacra‹) verwies. Aus Abbildungen dreier ägyptischer Greifen, die keine Gemeinsamkeit zeigen, weist er nach, daß es sich um erdichtete Wesen handelt und daß im Altertum die Greifen nichts anderes als Symbole des Apollo, des Greifengotts, waren.

1646 publizierte in England Sir Thomas Browne sein Buch *Pseudodoxia Epidemica* (›Von verbreiteten Irrtümern‹), welches ein Kapitel über Greifen enthielt:

> Daß es Greifen in der Natur gebe, das heißt ein gemischtes und fragwürdiges Tier, vorn einem Adler gleichend und hinten einem Löwen, mit spitzen Ohren, vier Füßen und einem langen Schwanz, erklären viele, und die meisten, stelle ich fest, bestreiten es nicht. Selbiges wird behauptet von Aelian, Solinus, Mela und Herodot, bekräftigt durch die gelegentliche Erwähnung des Namens in der Heiligen Schrift, und sie waren eine Hieroglyphe bei den Ägyptern.

> Nichtsdestoweniger sehen wir, daß die eifrigsten Forscher gegenteiliger Ansicht sind. Nicht nur, daß Albertus und Plinius sie nicht anerkannten, so hat auch der gelehrte Aldrovandus sie in einer großen Abhandlung verworfen; Mathias Michovius, der über jene nördliche Regionen schrieb, wohin die Menschen jene Greifen versetzen, hat ihre Existenz eindeutig ausgeschlossen; und wenn sie nach dem Gesetz der Tierkunde betrachtet werden, erweist sich die Erfindung als monströs, um weniges geringer als die Erdichtung von Sphinxen, Chimären und Harpyien.

Browne fährt fort und erklärt, wie die Bibelkommentatoren des 17. Jahrhunderts, die Greifen der mosaischen Liste als eine Fehlübersetzung für den »Knochenbrecher«, nicht den fabelhaften Greifen, sondern einen bloß sehr großen Adler. Browne führt weiter aus:

> Was die Zeugnisse der Alten betrifft, so sind diese nur abgeleitet und führen alle auf einen gewissen Aristeus zurück, einen Dichter aus Prokonnesus; welcher versicherte, daß nahe den Arimaspen oder einäugigen Menschen Greifen die Goldminen verteidigten. Dies aber schrieb er, wie Herodot mitteilt, auf Hörensagen; und Michovius, der über genau jene Weltteile schrieb, erklärt unumwunden, daß es weder Gold noch Greifen in diesem Lande gibt, und daß ein solches Tier nicht existiere.

Browne schließt, der Greif verdanke seinen Ursprung den ägyptischen Hieroglyphen und sei ein reines Phantasieprodukt. Er symbolisiere einen Wächter, seine Ohren zeigten Wachsamkeit an, seine Flügel Geschwindigkeit, seine löwenartige Gestalt Mut und Kühnheit, sein gekrümmter Schnabel die Hütereigenschaften und Verläßlichkeit. Als Kombination aus den beiden edelsten Tieren stehe er auch für Tapferkeit und werde deshalb auch in der Heraldik verwandt. Weil die Ägypter ihn schon in Verbindung mit der Sonne gebracht hätten, konnten ihn die Griechen zu dem Vogel verwandeln, der den Wagen des Apollon zog.

Dem stimmte nicht jeder zu. Nur fünf Jahre danach griff Alexander Ross Browne an und verteidigte die antiken Schriftsteller in einem Kapitel, welches hieß: »Was die Alten von den Greifen geschrieben, mag wahr sein«. Daß die Greifen Gold in der Erde horteten, müsse nicht notwendig auf Erfindung beruhen, denn er, Ross, habe selbst eine Elster beobachtet, die Geld gestohlen und es in einem Loch verborgen habe. Wie dem auch sei, so stimme er Aelian zu, daß die Greifen nicht um das Gold kämpften, sondern um ihre Jungen zu schützen. Möge die Bibel immer den »Knochenbrecher« nennen, so könne doch dieser Vogel sehr wohl auch der Greif sein, denn dieser sei stark und wild genug, um als Knochenbrecher bezeichnet zu werden:

> Daraus erhellt, daß das negative Zeugnis des Michovius allein nicht ausreichend ist, um die tradierte Meinung der Alten über die Greifen zu verwerfen, zumal es sich zeigt, daß es in der Natur sehr wohl die Möglichkeit für ein solches zusammengesetztes Tier gibt. Ist doch die *Giraffe* oder auch *Kamelopard* von viel seltsamerer Mischung, da sie aus dem Leoparden, dem Büffel, dem Hirsch und dem Kamel besteht. Nebenbei, wenn auch einige fabelhafte Erzählungen der Geschichte der Greifen hinzugefügt wurden, wie die der einäugigen *Arimaspen*, mit welchen sie kämpften, so folgt daraus doch nicht, daß es keine Greifen gäbe. Wenn einige sagen, daß man heute dieses Tier nicht finde, so antworte ich, dieses mag wahr sein, und doch muß [der Greif] nicht untergegangen sein: er kann sich an entlegenere, sicherere, dem Menschen unzugängliche Orte zurückgezogen haben: denn viele dergleichen Orte gibt es in den großen und sich weit erstreckenden Ländern Skythiens und der Tartarei, oder Cathaias, wohin zu gelangen wir Europäer niemals wagen noch hoffen dürfen.

Sir Thomas Browne hatte jedoch den Streit schon gewonnen. Ross' Erwägung, die Greifen könnten (vergleichbar den heutigen Spekulationen über den Yeti) in irgendeinem fernen Gebiet leben,

Zwei Greifen, die ein Leuchterpaar bilden. Das griechische und römische antike künstlerische Motiv des meist paarweise auftretenden Greifen erschien in unterschiedlichen Formen und Adaptionen wieder in der klassizistischen Kunst des späten 18. und des 19. Jh.s. Englisches Jaspisporzellan aus Staffordshire, spätes 18. Jh. (nach einem 1792 veröffentlichten Entwurf von Sir William Chambers).

das von den Europäern noch nicht erforscht sei, fand keine ernstzunehmende Unterstützung. Der Greif war zum Verschwinden verurteilt. Ein Jahrhundert später konnte sich Sir Richard Steele schon über die ganze Debatte lustig machen. Er schrieb, er bereite gerade zwei Abhandlungen zur Veröffentlichung vor: die erste sei »eine gelehrte Kontroverse über die Existenz der Greifen«, welche Aldrovandi und Michovius eindeutig aus der Welt verwiesen hätten; die zweite war dann eine Abhandlung über das Niesen.

Eine heutige Theorie geht davon aus, der antike Glaube an Greifen sei durch die Entdeckung von Dinosaurier-Überresten und -Eiern in der Wüste Gobi entstanden, angeblich der Teil der Welt, den die von Herodot genannten Issedonen bewohnten. So wäre dann der Greif ursprünglich der geschnäbelte Protoceratops, der klauenbewehrte Mononykus oder einer der frühen Flugsaurier gewesen, dieser Bindeglieder zwischen Dinosaurier und Vogel, und er wäre schon Millionen von Jahren ausgestorben gewesen, bevor er Tausende von Kilometern entfernt in der ägyptischen und mesopotamischen Kunst zu neuem Leben erwacht sei. Im 19. Jahrhundert hatten nicht nur Entdeckungsreisende, sondern auch Zoologen und Prähistoriker dem Greifen endgültig die Existenz abgesprochen und ihn in den Bereich menschlicher Imagination verwiesen. Der wilde Raubvogel wurde zu einem Wesen, das nur in Fabeln, Märchen und Kindergeschichten vorkam; er war nicht länger furchteinflößend, sondern nur noch drollig, und manchmal sogar freundlich. Der berühmteste Greif überhaupt erscheint in Lewis Carrolls Buch *Alice im Wunderland*, wo Alice und die Herzkönigin auf einen Greifen treffen, der fest eingeschlafen in der Sonne liegt. Der bringt Alice zu der Schildkröte, die nach langem Schweigen, das gelegentlich von dem Ausruf »Hjckrrh« des Greifen unterbrochen wird, die traurige Geschichte ihrer Schulerfahrungen erzählt. Danach zeigen die beiden dem Mädchen, wie man die Krebsquadrille tanzt, und der Greif nimmt Alice zum Prozeß gegen den Herzbuben mit. Am Ende der Geschichte, als Alice langsam erwacht, weiß sie, daß sich beim Aufschlagen der Augen »alles in graue Realität verwandelt« und daß sich »das Niesen des Babys, das Kreischen des Greifen und all die

Der berühmteste aller Greifen: »Sehr bald trafen sie auf einen Greifen, der fest schlafend in der Sonne lag. (Wenn du nicht wissen solltest, was ein Greif ist, schau dir das Bild an.) ›Hoch, Faulpelz!‹, sagte die Königin, ›bring die junge Dame hier zur Schildkröte.‹« Illustration von John Tenniel zu Lewis Carrolls *Alice im Wunderland*, zuerst veröffentlicht 1865.

anderen seltsamen Geräusche [. . .] in den vermischten Lärm eines geschäftigen Bauernhofs verwandeln werden – während das Muhen der fernen Kühe an die Stelle des herzzerreißenden Schluchzens der Schildkröte tritt«.

Zu weiteren Greifen der viktorianischen Zeit gehört einer, der – schätzehütend und pfeiferauchend – zusammen mit seiner Frau, der Greifin, in einer Fabel auftritt, die Bulwer Lytton in seinen *Pilgrims of the Rhine* erzählt. In Jerome K. Jeromes *Three Men on the Bummel* radeln die Freunde durch Deutschland, wo Hundezüchter versuchen, die seltsamsten Mischwesen zu kreuzen. Auf die Vermutung, daß sie vielleicht versuchten, einen Greifen zu züchten, meint der Erzähler:

> Der Deutsche ist ausgesprochen praktisch, und ich sehe nicht recht, wozu ein Greif nütze sein sollte. Falls ein drolliges Äußeres gewünscht wäre, gibt es nicht bereits den Dackel? Was braucht es da mehr? Außerdem, in einem Haus wäre der Greif äußerst störend: die Leute würden ihm ja ständig auf den Schwanz treten.

Das wäre vielleicht noch die geringste Unbequemlichkeit, falls man einen Greifen als Schoßtier zu halten gedächte.

Im 19. Jahrhundert überquerte der Greif sogar den Atlantik. In *The Great Show in Kobol-Land*, einem Buch des amerikanischen Schriftstellers Frank R. Stockton, gibt es einen Greifen, der ein Experte im Züchten von Chrysanthemen ist und sogar eine Züchtung nach einer gewissen Miss Sophia Hypogrif benannt hat, seiner Geliebten (und einer Nachfahrin des Hippogryphen Ariosts). Trotzdem ist dieser Greif rachgierig, denn er bestraft den jungen Prinzen Atto, indem er ihn zu einem großen und gefährlichen Flug in die Lüfte entführt und damit die versammelte Menge erschreckt. Kein anderer als Stockton war es auch, der – angeregt von einem Besuch der Kathedrale von Chester – in *The Griffin and the Minor Canon* vom traurigen Ende des letzten Greifen erzählte. Von seiner Heimat in der Einöde fliegt der Greif in eine Stadt, um die große Steinstatue eines Greifen zu betrachten, die vor Hunderten von Jahren gemeißelt und über dem Kirchenportal angebracht worden war. Der Greif frißt nur zur Tag-und-Nacht-Gleiche; wenn er ärgerlich oder aufgeregt ist, wird sein stacheliger Schwanz rotglühend und muß im Fluß abgekühlt werden. Ein Kanonikus schließt Freundschaft mit ihm, aber als im Herbst der Tag der Tag-und-Nacht-Gleiche herannaht und damit der Termin, an dem der Greif seine Mahlzeit hält, überreden die verängstigten Städter den Kanonikus zum Weggehen, weil sie hoffen, nun würde auch der Greif ihre Stadt verlassen. Der Greif übernimmt die Schulklasse seines Freundes mit den ungebärdigsten Kindern und hat guten Erfolg; als er aber erfährt, warum der Kanonikus verschwand, zerrt er den Steingreifen herab und trägt ihn zu seiner Höhle fort. Er trifft den

Kanonikus und bringt ihn in die Stadt zurück. Danach zieht er sich in die Einöde zurück, wo er, seine herbstliche Mahlzeit verschmähend und in den Anblick der Statue versunken, dahinschwindet und stirbt. Stocktons Biograph, der passenderweise Martin I. J. Griffin heißt, meinte über diese Geschichte, sie sei »die tiefschürfendste Anklage von Furcht und Bosheit in einer menschlichen Gemeinschaft, die wir in der amerikanischen Literatur besitzen«.

In Vachel Lindsays Gedicht »Doch freundlich wird der Greif sein *(Was Großvater den Kindern erzählte)*« ist der Greif zu einem völlig harmlosen Phantasiewesen des Himmels geworden. In der kommenden Nacht, wenn er aus seinem Ei, d. h. dem Mond schlüpft, können die kleinen Jungen und Mädchen sehen, wie er zur Milchstraße wandert, um daraus wie eine Katze zu trinken.

So ist der Greif schließlich zu einer Gestalt der Fabeln und Kindergeschichten geworden – und nur, weil er das Pech hatte, niemals zu existieren. Ein grausames und erniedrigendes Geschick für dieses einst so mächtige und furchteinflößende Ungeheuer. Aber ist er wirklich ausgestorben? Lebt er nicht genau dort weiter, wo er vor fünftausend Jahren geboren wurde? Was dem Greifen wirklich passierte, war nur, daß er Herodot und die ›Historiker‹, den fragwürdigen Gewährsmann Aristeas und die Dichter verlassen hat und in die Geschichte der menschlichen Imagination eintrat, wo er heute von den Science-Fiction-Monstren ersetzt ist, jenen Phantasiewesen, die ferne Planeten, Sterne und Galaxien bewohnen und dort von den heutigen Alexandern, den Astronauten-Forschungsreisenden, besucht werden. Diese sind heute so lebendig, wie es der Greif einst war, in einem Universum, welches zugleich ein imaginäres und ein glaubhaftes Bild des wirklichen Universums ist. Darüber hinaus projizieren Schriftsteller heute – wie einst im Mittelalter – soziale und moralische Wertvorstellungen und Probleme auf sie. Gelegentlich dienen extraterrestrische Wesen als positive Bilder der Unschuld, des Friedens und der Freundschaft; häufiger aber sind sie feindliche und destruktive Gewalten, Tyrannen und Invasoren, gegen die die Helden den Kampf um das kostbare Gold und die kostbaren Edelsteine der, sagen wir: Freiheit oder Demokratie oder des einäugigen Arimaspen-Kapitalismus führen müssen. Wie einst der Greif ist heute das Wesen aus dem Weltraum zugleich ein glaubwürdiges mythisches Zeichen für das Unbekannte und ein Symbol, das eine Seite – und zwar die andere – in dem Streit zwischen ›Gut‹ und Böse verkörpert.

Sphingen

Henrietta McCall

Der Sphinx, ein Geschöpf mit Menschenkopf und Löwenkörper, ist, zusammen mit Obelisken, Pyramiden und der allgegenwärtigen Lotosblume, eines der unverkennbaren Symbole des alten Ägypten. Obgleich es Belege für das Ungeheuer aus ebenso früher Zeit – nämlich aus dem ausgehenden 3. Jahrtausend v. Chr. – in Kleinasien gibt, gilt Ägypten als sein eigentlicher Geburtsort. Einmal in einer Form etabliert, die Männlichkeit, Großartigkeit und Bedrohlichkeit ausstrahlte und als Verkörperung pharaonischer Macht und Geltung angesehen wurde, veränderte sich der Sphinx während der gesamten dynastischen Zeit nur noch in Kleinigkeiten; dies dürfte auf die nicht gerade zu Veränderungen neigende Natur der ägyptischen Zivilisation zurückzuführen sein, die an einmal festgelegten Kunstformen festhielt, war man doch der Ansicht, wenn man einmal etwas so Ansprechendes geschaffen hatte, könne man es kaum mehr verbessern. Selbst wenn der menschliche Kopf durch den eines Tieres oder Vogels ersetzt wurde, etwa durch den Kopf des dem Gott Amun heiligen Widders (»Widdersphinx«) oder den des Falken, der dem Horus heilig war (»Falkensphinx«), blieb der Gesamteindruck weitgehend unverändert.

Der Große Sphinx

Der Große Sphinx von Gize ist nicht nur der älteste vollständig erhaltene Sphinx (außer einem kleinen Kalkstein-Exemplar aus dem nahen Abu Roasch), sondern auch der größte und bekannteste. Auffällig ist, daß er von dem ansonsten schon für die Kunst des Alten Reiches (2575–2134 v. Chr.) verbindlichen Proportionskanon abweicht: Sein Kopf ist im Verhältnis zur Körperlänge viel zu klein, seine Vorderpranken sind zu lang. Dies könnte daran liegen, daß es sich um einen Prototypen handelte und die Form noch nicht ihre vollkommene Ausgestaltung erreicht hatte; es könnte aber auch darauf zurückzuführen sein, daß geologische Zwänge – ein langer Riß in dem Kalkstein, aus dem er gehauen wurde – eine Verlängerung der Rückenpartie erforderlich machten. Zu der Zeit, als er seinen Platz im Pyramidenkomplex fand, wurde er von vorne über den Sphinx-Tempel hinwegragend und rechter Hand vom Aufweg der Chephren-Pyramide gesehen, so daß sein abnorm langer Körper wohl zum größten Teil verdeckt blieb. Der Große Sphinx ist 73,8 Meter lang und sein Gesicht über 4 Meter breit. Er könnte während der Regierungszeit Radjedefs (2528 bis 2520 v. Chr.), des Nachfolgers von Cheops, dem Erbauer der Großen Pyramide, geschaffen worden sein oder etwas später unter Radjedefs Nachfolger Chephren (2520–2494 v. Chr.). Eine zuweilen festgestellte Ähnlichkeit zwischen dem Antlitz des Großen Sphinx und Chephren ist ganz offensichtlich ein rein subjektiver Eindruck.

Wir verfügen über keine Texte aus dem Alten Reich, die den Sphinx erwähnen, und seine genaue Bedeutung bleibt somit unklar. Der direkt davor liegende Sphinx-Tempel wurde bereits im Altertum seiner steinernen Außenverkleidung beraubt; auf dieser waren möglicherweise Texte eingemeißelt, die uns vielleicht eine Erklärung für den Sphinx geliefert hätten. Vermutlich lag der Mischgestalt ursprünglich die Idee zugrunde, die überlegene Intelligenz eines Menschen mit der überlegenen Kraft eines Tieres zu verbinden und auf diese Weise ein hybrides Wesen zu schaffen, das

Der Große Sphinx von Gize um 1880, damals noch zum größten Teil im Sand begraben, der 1885–86 entfernt wurde. Thutmosis IV. (1400–1390 v. Chr.) war der erste, der von einer Restaurierung des Sphinx berichtet, und andere folgten, so auch zwei Kaiser, die zeitlich so weit auseinander liegen wie Nero (reg. 54–68) und Napoleon, der den Sphinx 1798 wiederentdeckte. Die erste wirklich wissenschaftliche Untersuchung wurde 1926 unter Emile Baraize in Angriff genommen, dessen Forschungsergebnisse niemals veröffentlicht wurden und heute offenbar verloren sind.

sowohl weise als auch stark und damit unbesiegbar war. Ein weiteres Element lag darin, daß dem Wesen bestimmte Gesichtszüge gegeben werden konnten und es somit als Individuum, stets König oder Gott, erkennbar wurde. Dann trat zu der angespannten Kraft eines zum Sprung ansetzenden Löwen die ehrfurchtgebietende Aura eines bestimmten Königs oder einer bestimmten Gottheit. Der Große Sphinx von Gize hat, so er tatsächlich Chephren darstellte, seinen Betrachtern zweifellos besondere Ehrfurcht eingeflößt. Welcher Art die Botschaft der königlichen Propaganda auch immer war, die der Große Sphinx vermittelte, sie wurde fraglos von seiner ungeheuren Größe unterstrichen.

Der Ägyptologe Alan Gardiner sah vier Möglichkeiten, einen ägyptischen Sphinx zu interpretieren: (1) als König in Löwengestalt; (2) als Gott in Löwengestalt; (3) als siegreichen König, der sich in der Löwengestalt eines Gottes manifestiert, und (4) als mächtigen Gott, der sich in der gefürchteten Person des Königs offenbart. Es ist natürlich gut möglich, daß mehr als eine dieser Kategorien auf jeden ägyptischen Sphinx zutreffen konnte und daß die alten Ägypter selbst ihre Ansicht über einzelne Sphingen zu verschiedenen Zeiten geändert haben.

Seltsamerweise erwähnt Herodot, der als einer der frühesten Ägypten-Reisenden das Land (um 450 v. Chr.) besuchte, den Sphinx nicht, obwohl er einiges über die Könige berichtet, die die drei großen Pyramiden in Gize erbauten. Plinius (77 n. Chr.) erwähnte beides: »Vor diesen Pyramiden befindet sich der Sphinx, ein noch erstaunlicheres Kunstwerk, jedoch eines, über das Stillschweigen bewahrt wurde, da es den Menschen der Gegend als Gottheit gilt.« (*Naturalis historia* 36,17.) Wie die Pyramiden, steht auch die Kolossalstatue noch immer, ein wenig beschädigt zwar, aber nach wie vor erhaben in ihrer Größe und Anlage. Der Sphinx liegt mit erhobenem Kopf da, die Vorderläufe sind parallel zueinander ausgestreckt, die Hinterläufe unter den mächtigen Körper geschlagen. Auf dem Kopf trägt er das *nemes*-Kopftuch, das Kopftuch der Pharaonen, die Stirn zierte einst das königliche Symbol der Uraeusschlange. Vom Zeremonialbart fehlt heute der größte Teil. Der Schwanz ist nicht zu sehen, obwohl er sich ohne Zweifel um sein Hinterteil schlang. Seine Miene wirkt starr, und insgesamt vermittelt er ein Bild von Ruhe, Spannung und Macht.

Nach dem Ende des Alten Reiches, irgendwann während der Ersten Zwischenzeit, wurde das Gebiet von Gize und der Sphinx selbst aufgegeben, und erst am Beginn der 18. Dynastie (1550 bis 1307 v. Chr.) erwachte der Sphinx zu neuem Leben. Amenophis II. (1427–1401 v. Chr.) errichtete einen dem Sphinx geweihten Tempel, und sein Sohn, Thutmosis IV., hinterließ eine Stele zwischen den Vorderpranken des Tieres zum Gedenken an die Restaurierungsarbeiten und die Entfernung des Sandes, die er hatte vornehmen lassen. Eine Reihe von Stelen von Privatleuten bezeugen ebenfalls einen Sphinx-Kult. Damals begann auch seine Verehrung als Manifestation des Gottes Horus, Horemachet oder Horus-im-Horizont, und dieser Kult hielt sich bis in die Römerzeit.

In Ägypten und um Ägypten herum

Das Mittlere Reich (2040–1640 v. Chr.), vom Alten Reich durch eine als Erste Zwischenzeit bezeichnete Periode getrennt, in der die Reichseinheit unterbrochen war, brachte eine Phase der Stabilität, des Wohlstands und der Hochkultur. Aus dieser Zeit ist uns eine ganze Reihe von Sphingen erhalten; meist handelt es sich, wie schon im Alten Reich, um liegende Sphingen, doch haben nun einige Vordertatzen mit Krallen oder gar menschliche Hände, mit denen sie Opfergaben, manchmal in Form eines Kugelgefäßes, umfassen können. Die Perücke erhielt eine weitgehend stilisierte Form: Sie fällt auf die Schulter, von dort weiter über die Brust und zwischen die auf der Basisplatte aufliegenden Pranken. Auch Hinweise auf weibliche Attribute finden sich, ohne daß es sich indes tatsächlich um weibliche Sphingen handelte: Einige Perücken enden über der Brust in großen Schneckenwindungen mit besonders betonten, an Brustwarzen erinnernden Endpunkten. Aus Tanis kommen eigenartige Sphingen mit menschlichem Antlitz, aber mit Löwenohren und einer naturgetreuen Mähne. Zum erstenmal erhalten Sphingen identifizierbare Gesichtszüge. Da die Könige aus dem Mittleren Reich ihre Macht demonstrieren mußten, sind die Mienen grimmig und einschüchternd, die Könige als machtbewußte Herrscher dargestellt. Der heute zu den Schätzen des Metropolitan Museum von New York zählende Diorit-Sphinx von Sesostris III. (1878–1841 v. Chr.) ist eines der eindrucksvollsten Beispiele dafür.

Auf der anderen Seite des Mittelmeeres, im Norden und Westen, waren Sphingen im Zusammenhang mit Monumenten oder als Kolossalstatuen weniger häufig anzutreffen; dort fand man sie öfter auf Rollsiegeln und Amuletten. In Syrien waren Sphingen weniger populär als Greifen oder Löwen. Ihre Gestalt war zu keinem Zeitpunkt festgelegt, und sie neigten dazu, sich zu ändern, ohne daß sich leicht sagen ließe, was die Veränderung zu bedeuten hatte. Im 2. Jahrtausend war ihre Ikonographie orientalisch: Sie tragen einen Kopfschmuck, sind geflügelt (Flügel sind die Attribute von Ungeheuern) und für gewöhnlich schreitend dargestellt, wobei sie eine Pfote erhoben haben und sich ein wenig drohend nach rechts oder links bewegen, im Unterschied zu einem echten ägyptischen Sphinx, der in seiner statischen, liegenden Stellung bedrohlich wirkte. Sie können aber auch eine sitzende Position einnehmen und einen Bart tragen oder bartlos sein. Während der Herrschaft der 12. Dynastie in Ägypten mehrten sich die Kontakte mit Nordsyrien. Ita, die Tochter Amenemhets II. (1929 bis 1892 v. Chr.) schickte aus Ägypten ein Paar echter ägyptischer Sphingen, die sie einer Ortsgöttin von Qatna weihte, und Amenemhet III. (1844–1797 v. Chr.) sandte ein weiteres Paar, das den Eingang zum Baal-Tempel in Ras Schamra (Ugarit) bewachen sollte. Aufgrund engerer Beziehungen wurden Sphingen nun vertrauter und ägyptisierende Motive häufiger. Zwar wurden Sphingen auch weiterhin geflügelt, schreitend oder gar aufrecht stehend dargestellt, doch finden sich jetzt zuweilen auch liegende Exemplare mit typisch ägyptischen Perücken, geflügelten Sonnenscheiben und ägyptischen Kronen (z. B. *atef*-Kronen mit Federn), und ihre Schwänze sind oft, dem ägyptischen Vorbild entsprechend, um die Schenkel geschlungen und nicht mehr in schwungvollem Bogen in die Luft erhoben. Im Gegenzug gelangte der Einfluß syrischer geflügelter Sphingen nach Ägypten.

Seit dem späten 2. Jahrtausend ist ein weiblicher syrischer Sphinxtyp belegt, dessen Charakteristikum in zwei spiralförmigen Korkenzieherlocken besteht. Diese Eigenheit mag ebenfalls nach Ägypten gelangt sein (wo weibliche Sphingen allerdings die Ausnahme blieben), mit Sicherheit aber gelangte sie weiter nach Norden und Osten, wo sie Eingang in die hethitische Bildhauerei fand, und sie taucht häufig bei Elfenbeinschnitzereien syrischen und phönikischen Ursprungs auf, die an Orten wie Karkemisch und Nimrud gefunden wurden, wo dieser Typ der weiblichen Sphinx oft ein Zeremonialhalsband trägt.

Sowohl Einflüsse von außen als auch natürliche Weiterentwicklung spielten eine Rolle bei Neuerungen wie der Einführung von Flügelsphingen und der Darstellung von Königinnen als Sphingen, die sich während des ägyptischen Neuen Reiches (1550–1070 v. Chr.) herausbildeten. Ägyptische geflügelte Sphingen sehen

Die (von Howard Carter) angefertigte Zeichnung von einem Paneel eines Streitwagens Thutmosis' IV. (1400–1390 v. Chr.), auf dem ein aufgerichteter geflügelter Sphinx beim Niedertreten langhaariger Feinde zu sehen ist; diese sind in der symbolischen unterwürfigen Haltung und fremdartigen Kleidung nahöstlicher Gefangener abgebildet. Der Sphinx trägt die *atef*-Krone mit zwei beidseitig herabhängenden Uräusschlangen, das Königskopftuch mit um die Ohren gewundenen Widderhörnern, einen Zeremonialbart und ein Kleidungsstück, dessen Schöße über die Vorderbeine fallen. Der sichtbare Flügel liegt an der Flanke an.

Königin als männlicher Sphinx. Fragmente dieses Sphinx aus rotem Granit, der Königin Hatschepsut (1473–1458 v. Chr.) darstellt, wurden im Bereich ihres Totentempels in Deir el-Bahri gefunden. Er war einer von vermutlich sechs Sphingen, die eine später unter ihrem Nachfolger Thutmosis III. (1479 bis 1425 v. Chr.) zerstörte Allee bildeten. Trotz des Bartes hat der männliche Sphinx ein unverkennbar weibliches Gesicht mit einer breiten Stirn, einem schmalen Kinn und einer fein geschnittenen Nase.

immer eindeutig ägyptisch aus: Sie sind normalerweise liegend abgebildet, tragen eine orthodoxe rote, weiße oder (gelegentlich) blaue Krone, und der Flügel liegt für gewöhnlich an der Flanke des Tieres an, um die Einheit der Darstellung nicht zu stören; er kann allerdings auch angehoben sein. Ein schönes Beispiel für einen stehenden Sphinx mit angelegtem Flügel befindet sich auf der Innenseite eines von Howard Carter 1903 im Grab von Thutmosis IV. gefundenen Streitwagens. Er ist auch ein gutes Beispiel für die weniger starre, katzenhaftere und geschmeidigere Art der Darstellung ägyptischer Sphingen im Neuen Reich; damals wurden auch entlang der großen Prozessionswege der Tempel von Luxor und Karnak Sphingen aufgestellt.

Statuen von Königinnen in Sphinxgestalt blieben selten. Thutmosis III. ließ seine Gemahlin als bartlose Sphinx porträtieren, und Königin Teje, Gemahlin Amenophis' III., wurde in einer Kriegsszene dargestellt, in der Feinde unter den Füßen einer bartlosen Sphinx niedergetrampelt werden. Es mag kein Zufall sein, daß diese Beispiele aus einer Zeit stammen, in der sich ägyptische Könige mit bemerkenswerten Frauen verbanden: Amenophis III. z. B. hatte gleich zwei geheiratet – die oben erwähnte Teje und eine Mitanni-Prinzessin namens Gilu-Hepa; sein Sohn Amenophis IV. (Echnaton) war mit Nofretete vermählt. Daß die Sphingen keinen Königsbart trugen, war zweifellos ein Hinweis auf ihre Weiblichkeit und Rolle als Gemahlinnen. Schon zuvor hatte sich die der gleichen Dynastie angehörende Königin Hatschepsut (1473–1458 v. Chr.), die sich unbedingt mit sämtlichen männlichen Insignien des Königtums darstellen lassen wollte, als männlichen Sphinx samt Zeremonialbart aus rotem Granit meißeln lassen. Dennoch sind die Gesichtszüge eher weich und lieblich und die Wangen sanft gerundet.

Es wäre falsch zu glauben, ägyptische Sphingen kämen nur in monumentaler Gestalt vor. Sie waren zu allen Zeiten ein beliebtes Schmuckmotiv und sind auf kleinen Gegenständen wie Perlen, Amuletten und kleinen Bronzen zu finden. Das früheste Sphinx-Amulett dürfte aus der Ersten Zwischenzeit stammen und ist aus Gold gefertigt. Es zeigt einen liegenden Sphinx, dessen ausge-

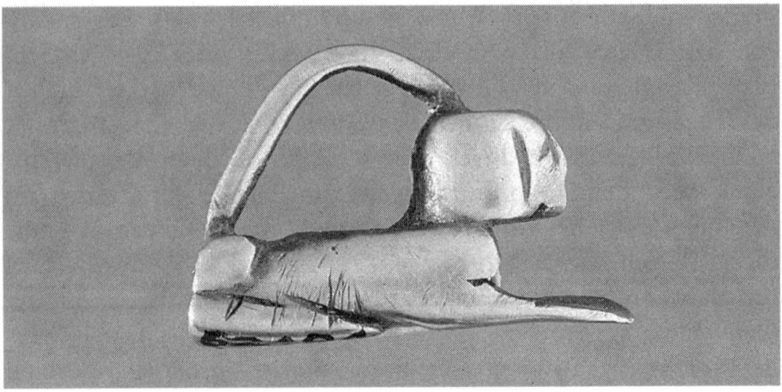

Grabamulett in Form eines Sphinx. Sein Besitzer hoffte zweifellos, daß es mit der Macht und Autorität des Königs erfüllt sei und dadurch seinem Träger königlichen Schutz im jenseitigen Leben sichern würde. Aus el-Mustagidda in Mittelägypten, 1. Zwischenzeit (2134–2040 v. Chr.).

streckter Körper auf den Hinterläufen ruht. Der in einem Bogen über dem Rücken geschwungene Schwanz trifft auf den Scheitelpunkt der Perücke und bildet so die Öse, an dem das Amulett aufgehängt werden konnte. Andere in Ägypten gefundene kleine Objekte dieser Art sind zweifellos syrischer Herkunft, so z. B. ein Rollsiegel aus schwarzem Hämatit, das sich grob auf den Zeitraum 2000–1500 v. Chr. datieren läßt und 1914 in Napata, der alten Hauptstadt Nubiens, gefunden wurde. Eine Sonnenscheibe und ein aufrecht stehender geflügelter Sphinx mit Perücke und Bart lassen deutlich ägyptisierenden Einfluß erkennen. Eine Pranke ist wie zum Gruß erhoben, während die andere auf gleicher Ebene mit den Hinterläufen verharrt. Der Schwanz beschreibt ein S. Aus der Zweiten Zwischenzeit (1640–1532 v. Chr.) stammt ein kleiner Elfenbeinsphinx, der zwischen seinen Vorderpranken ein menschliches Opfer hält. Der Sphinx stellt vermutlich einen Hyksos-König mit seinem ägyptischen Gefangenen dar. Diese Elfenbeinschnitzerei wurde zwar im ägyptischen Abydos gefunden, ihr Stil weist aber eindeutig nach Syrien, wo sie wohl auch hergestellt wurde.

Ein schönes Beispiel eines ägyptisierenden syrischen Sphinx, gefunden in Damaskus, im alten Königreich Aram, stammt aus dem 9. oder 10. vorchristlichen Jahrhundert. Die Basaltplatte, in die er geschnitten war, wurde in der nördlichen Umfassungsmauer des späteren hellenistischen Heiligtums wiederverwendet, weshalb der Ort, an dem er sich ursprünglich befand, unbekannt ist. Möglicherweise stand er einst einem identischen Gegenstück gegenüber, und das Sphingenpaar hat vielleicht als Wächter oder Beschützer fungiert. Der erhaltene Sphinx ist in Seitenansicht schreitend mit Blickrichtung nach links abgebildet. Einzigartig an ihm ist, daß seine ausschreitenden muskulösen Beine sein Geschlecht deutlich erkennen lassen. Beide Flügel sind angehoben und sichtbar; eine parallel zum äußeren Rand verlaufende erhabene Linie trennt Muskeln und Federn, wobei letztere allerdings nicht detailliert ausgearbeitet sind. Der Schwanz ist in S-Form vom Körper

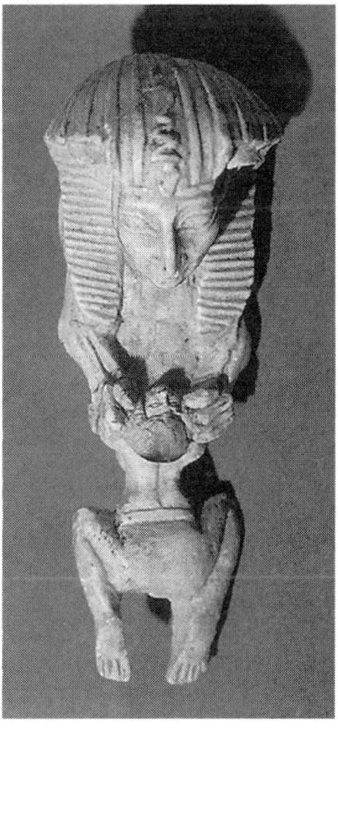

Möglicherweise einst der Griff eines Kästchens oder einer Büchse, zeigt dieser kleine Elfenbeingegenstand den Kopf und die Vorderpranken eines Sphinx, zwischen denen sich ein Gefangener windet – ein seltenes Beispiel eines Sphinx in Aktion; er unterscheidet sich damit von den meisten ägyptischen Sphingen, die eine statische Haltung einnehmen. Stil und Ausführung verweisen auf syrische Herkunft. Aus Abydos in Mittelägypten, 2. Zwischenzeit (1640–1532 v. Chr.).

weg nach oben geschwungen. Die ägyptisierenden Züge sind bemerkenswert: Der Sphinx trägt die – wenn auch aus Platzgründen etwas abgeflacht dargestellte – Doppelkrone von Ober- und Unterägypten, und Perücke, Profil und Zeremonialbart sehen echt ägyptisch aus. Er trägt sogar einen schematisch dargestellten Schurz, umrissen durch eine Linie auf dem Rücken und ein ihm vorne bis zu den Füßen reichendes schurzartiges Gebilde. Ein weitaus weniger fein gearbeitetes und wohl auch früheres Beispiel, vermutlich aus der Zeit um 1000 v. Chr., ist im syrischen 'Ain Dara zu sehen, einem Ort etwa 70 km nordwestlich von Aleppo, an dem erst seit kurzem wieder Ausgrabungen stattfinden und der künftig vielleicht noch viel Interessantes preisgeben wird. Dort wurde einst der Zugang zu einem großen Tempel, dessen Fassade ebenfalls mit Löwen und Sphingen geschmückt war, von einem Paar geflügelter Monumentalsphingen bewacht; die Sphingen waren in Profilansicht dargestellt, ihre riesigen Köpfe indes zur Seite gewandt, so daß Augenkontakt zu jedem bestand, der sich über den Hof dem Eingang näherte, den sie bewachten. Der Sphinx auf der rechten Seite ist besser erhalten; er trägt eine Perücke, die in Hathor-Schnecken endet, und eine kunstvoll gearbeitete Brustplatte; der muskulöse Flügel ist angehoben. In seiner recht naiven Ausführung erinnert der eindrucksvolle Monumentalsphinx an die Sphingen, die in der Zentraltürkei gefunden wurden.

Ein etwas späteres und äußerst ungewöhnliches Beispiel eines Bronzegewichts in Sphinxform aus der Mitte des 8. Jahrhunderts v. Chr. stammt aus dem syrischen Königreich Hamath, das nördlich von Aram am Orontes lag. Hamath wird im Buch Amos (6,2) als »die Große« bezeichnet, doch wurde die Stadt von Sargon II. im Jahr 720 v. Chr. überrannt und verschwand von der Landkarte. Die genaue Herkunft dieses liegenden Sphinx ist unbekannt. Die Hinterläufe sind in ägyptischer Manier unter seinen Körper geschlagen. Der Schwanz ist indes ungewöhnlich: Er beschreibt einen Bogen nach hinten und liegt genau zwischen den Hinterbacken flach am Rücken an. Der Kopf ist nach vorne gewandt und trägt eine flache Kappe; aus einer Öffnung in ihrer Mitte fällt Haar, das sich in sechs auf die Schulter reichende schwere Haar-

Eindrucksvoller, schreitender geflügelter Sphinx, vermutlich aus dem von König Hazael (um 842–798 v. Chr.) in Damaskus erbauten Adad-Tempel. Unter Hazael bestanden enge Handelsbeziehungen mit Tyros, und Elfenbeinarbeiten, die man bei Ausgrabungen im nordsyrischen Arslan Tasch (dem antiken Hadatu) in seinem Palast fand, sind im Stil ganz ähnlich. Der zwischen den Vorderbeinen sichtbare Schurz, der lange, unten geschwungene Zeremonialbart und die abgeflachten ägyptisierten Kronen sind charakteristisch für die phönikische Handwerkskunst des 9./8. Jh.s v. Chr. und ähneln Darstellungen auf den am Berg Ida auf Kreta gefundenen Goldschalen (siehe Abb. S. 186).

flechten teilt. Auf der Brust läßt sich gerade noch der Rand eines Kleidungsstückes erkennen. Darunter befindet sich eine kurze Inschrift in Aramäisch: »2 Hamath-Schekel« (ungefähr 15 g).

Sphingen kannte man fraglos auch in Palästina. Das erste Buch der Könige berichtet, Salomo habe Hiram, den König von Tyros, aufgefordert, ihm seine Diener zu schicken, damit sie am Bau seines Tempels in Jerusalem mitwirkten: »Der König ließ mächtige, kostbare Steine brechen, um mit Quadern das Fundament des Tempels zu legen. Die Bauleute Salomos bearbeiteten mit den Bauleuten Hirams und den Gebalitern das Holz und die Steine und richteten sie her für den Bau des Tempels« (1 Kön. 5,31 f.). Tyros war ein bedeutendes Zentrum des Kunsthandwerks und schon seit langem vertraut mit und inspiriert von der Arbeit ägyptischer Kunsthandwerker. Die Beschreibung der Tempeldekoration läßt auf die Verwendung ägyptisierender Motive schließen, insbesondere eines Ungeheuers, das die Hebräer als *kerub* oder Cherub bezeichneten. Zwei Cherubim mit ausgebreiteten, einander berührenden Flügeln schmückten das Allerheiligste (1 Kön. 6,27). Für das Haus, das Salomo der Tochter des Pharao erbauen ließ, entwarf der tyrische Künstler Hiram, der »zum König Salomo kam und alle Arbeiten für ihn ausführte«, Säulen mit »lilienförmigen Gebilden« sowie Bildern von »Löwen, Rindern und Cherubim«. Das klingt nach einem seiner Bewohnerin angemessenen ägyptischen Dekor (1 Kön. 7). Der Prophet Ezechiel, nach Babylonien in die Verbannung geschickt, wo er zweifellos syrischen Sphingen begegnete, hatte eine Vision vom wiedererbauten Tempel, den verschiedene Arten von Cherubim schmückten, darunter auch solche, die wir aus dem ägyptischen Repertoire kennen: »Und jedes Lebewesen hatte vier Gesichter. Das erste war ein Cherubgesicht, das zweite ein Menschengesicht, das dritte ein Löwengesicht und das vierte ein Adlergesicht« (Ez. 10,14).

Vorderasien und Mittelmeerraum

Weiter östlich, in Mesopotamien, sind Sphingen seit der ersten Hälfte des 3. Jahrtausends von Rollsiegeln bekannt. Später findet man sie auf Elfenbeinarbeiten, und im 1. Jahrtausend flankieren riesige geflügelte Löwen (und Stiere) mit Menschenköpfen die Eingänge zu den Königspalästen. Diese stehenden Kolosse, die mit fünf Beinen versehen sind, so daß der Eindruck ihrer ungeheuren Kraft stets unverändert erhalten bleibt, ob man sie nun von vorn oder von der Seite sieht, entsprechen natürlich der Definition eines Sphinx als menschenköpfigem Löwen, doch stellen sie eine typisch assyrische Interpretation der Gestalt dar, und da ihr nächster Verwandter der menschenköpfige geflügelte Stier ist, der dieser Definition nicht entspricht, wurden sie zusammen als *Lamassu* in das Glossar am Ende dieses Buches aufgenommen. Es existieren einige liegende menschenköpfige Flügelsphingen aus Bronze, die deutlicher erkennbare ägyptisierende Züge aufweisen. Für gewöhnlich sind ihre Vorderläufe unter der Brust angezogen, und ihr Gesicht ist zur Seite gewandt; sie tragen einen Bart und nicht nur Kronen, sondern auch Gürtel um die Flanken, und zuweilen sind sie mit einem über die ganze Brust und bis hinunter zu ihren angezogenen Vorderbeinen reichenden kunstvoll gearbeiteten Muster geschmückt, das an einen Harnisch oder überbordende Stickerei erinnert.

Das assyrische Wort für diese geflügelten menschenköpfigen Löwen im Palast des Sanherib (704–681 v. Chr.) in Ninive lautete *apsasātu*; dabei handelt es sich um eine weibliche Pluralform des Wortes *apsasû*, welches das *Chicago Assyrian Dictionary* definiert als 1.) ein exotisches Rind oder als 2.) steinernen oder kupfernen Koloß in Tiergestalt. Es kommt zu dem Schluß, daß die verschiedenen Hinweise auf *apsasātu* in den Palästen Sanheribs und seines Sohnes Asarhaddon »wahrscheinlich ein mythologisches Tier beschreiben, vielleicht eine Sphinx«. Die Verwendung des Femininums ist interessant. Das Wort war nur während der Regierungszeiten Sanheribs und Asarhaddons in Gebrauch. Davor waren menschenköpfige geflügelte Löwen offenbar männlich. Möglicherweise waren diese weiblichen Kolosse von Vorbildern inspiriert, die sich in den Palästen von Sakcegözü und Zincirli in Nordsyrien befanden, einer Region, an der diese beiden (und frühere) assyrische Könige Interesse zeigten.

Ein schönes Beispiel eines stehenden Sphinx mit Bart findet sich auf einem Rollsiegel aus Serpentin, das sich auf die Zeit vor 2000 v. Chr. datieren läßt und heute zur Sammlung des Britischen Museums gehört. Andere frühe Beispiele für Rollsiegel mit Sphinxabbildungen stammen aus der Dynastie von Akkad (2334 bis 2154 v. Chr.) und der 3. Dynastie von Ur (2112–2095 v. Chr.). Diese Sphingen sind ebenfalls schreitend dargestellt und schauen nach rechts. Aus der 1. Dynastie von Babylon (1894–1595 v. Chr.) stammt eine Tafel mit einem Sphinx, die sich auf das Jahr 9 der Regierung Ammisaduqas (1646–1626 v. Chr.) datieren läßt. Das berühmte Fresko im Palast von Zimri-Lim, des letzten Königs von Mari (1779–1747 v. Chr.), zeigt einen mehrfarbigen geflügelten Sphinx (ein Flügel ist angehoben) mit Bart und einer federgeschmückten Tiara zusammen mit einem Greif und einem Stier. Majestätisch vorwärts schreitend, wirkt er gar nicht ägyptisch. Zwei Siegel, die vermutlich aus einer Werkstatt in Byblos und aus mehr oder weniger dem gleichen Zeitraum (um 1800 bis 1750 v. Chr.) stammen, weisen dagegen ägyptischen Einfluß auf, was allerdings angesichts der in früheste Zeit zurückreichenden Handelsbeziehungen zwischen dieser Stadt und Ägypten nicht unbedingt überrascht. Da aber Mesopotamien immer seine eigenen Götter, Dämonen und Traditionen gehabt hatte, bestand wenig Anreiz, Motive von anderswo zu übernehmen, mochten sie auch noch so attraktiv sein. Beispiele für Sphingen aus Mesopotamien sind insgesamt nicht sehr zahlreich.

In Nimrud (Kalchu, dem biblischen Kalach), im 1. Jahrtausend Hauptstadt des Reiches von Assurnasirpal II. (883–859 v. Chr.), förderten vor allem die im vergangenen Jahrhundert von W. K. Loftus im Südostpalast und von A. H. Layard im Nordwestpalast durchgeführten Ausgrabungen sowie die Grabungen M. E. L. Mallowans in den fünfziger Jahren unseres Jahrhunderts

Geflügelter menschenköpfiger Löwe, gefunden von Austen Henry Layard im Südwestpalast von Nimrud. Zusammen mit einem Gegenstück flankierte das liegende, bartlose Untier mit angehobenen Flügeln, das aus einem etwa 1,5 Meter im Quadrat messenden Alabasterbock gehauen wurde, den Zugang zu einem Zimmer. Kurz nach seiner Entdeckung zerfiel es in tausend Stücke. Zum Glück war zuvor schon eine genaue Zeichnung angefertigt worden. Man beachte die dekorative flache Hörnerkrone.

Tausende von Elfenbeinschnitzereien zutage. Die meisten Stücke waren in der königlichen Sammlung oder als Kriegsbeute, auf siegreichen Feldzügen nach Osten zusammengetragen, nach Nimrud gelangt. Einige Stücke stammen aus früherer Zeit, die Mehrzahl jedoch aus dem 1. Jahrtausend; es handelt sich hauptsächlich um Schmuckplatten, die zur Verzierung von Möbeln, Streitwagen und Zeremonialharnischen Verwendung fanden. Sehr viele zeigen unverkennbar ägyptischen Einfluß, und auf einer ganzen Reihe sind Sphingen abgebildet, *en miniature* und lediglich als dekoratives Muster.

Zu den Funden aus dem Südostpalast gehören auch mehrere Darstellungen weiblicher Sphingen – geflügelte Löwinnen mit

Zeichnung nach einem Abdruck des Rollsiegels von König Sauschtatar von Mitanni (um 1450 v. Chr.). Darauf ist eine aufrecht stehende weibliche Sphinx mit parallel zu den ausgebreiteten gefiederten Flügeln verlaufenden Vorderläufen zu sehen. In jeder Vorderpranke hält sie einen Löwen mit dem Kopf nach unten fest. Die Sphinx trägt einen charakteristischen flachen Helm, aus dem hinten eine spiralförmige Locke herausragt; sie hat einen dünnen Hals und einen kurzen geflochtenen Schwanz, bei dem es sich allerdings auch um den zusammengedrehten Saum eines mit Quasten geschmückten Gewandes handeln könnte, das den Oberkörper bedeckt.

Frauenköpfen. Ihre Haartracht besteht aus einer Spirallocke, in einem Fall von einem Band oder Ring ordentlich gehalten, in zwei anderen Fällen von einer Kappe mit herabhängendem Ende bedeckt; ein an dieser Kappe angebrachtes Band, vielleicht aus Leder, war in einem Bogen über diesem Ende befestigt. Auch ein schreitender widderköpfiger Sphinx mit ausgebreiteten Flügeln findet sich; allerdings weist er keinerlei Ähnlichkeit mit irgendeinem in Ägypten gemachten Fund auf, obwohl er sich von einem echten, dem Gott Amun geweihten ägyptischen Widdersphinx herleiten muß. (Ähnliche Exemplare dieses Typs fand man auch im anatolischen Arslan Tasch.)

Unter den Layard-Funden aus dem Nordwestpalast sind einige schöne Sphingendarstellungen, darunter eine bartlose, geflügelte

Variante mit typisch ägyptischer Ikonographie samt Pektorale und Krone sowie eine einzigartige Darstellung eines von vorn gesehenen Sphinx. Das runde, sanfte Antlitz blickt den Betrachter über ausgebreitete Flügel hinweg an, unter denen zwei Geier hocken und eine Ziege verschlingen, auf der die Vorderpranken des Sphinx ruhen. Seltsamerweise sehen die Pranken wie Vogelklauen aus, und auch die aufgeworfene Brust ist so gearbeitet, daß sie den Eindruck erweckt, als sei sie mit Federn bedeckt.

Aus der Kassiten-Dynastie sind nur sehr wenige Beispiele von Sphingen bekannt, allerdings weisen die uns erhaltenen Exemplare Attribute auf, wie wir sie von Figuren auf Siegeln her kennen, insbesondere konische Hauben und Bärte. Sphingen schien bei den Kassiten damals keine besondere Bedeutung zugekommen zu sein, da sie als Begleiter menschlicher Wesen gegen andere Tiere austauschbar waren.

Elfenbeinarbeiten, die in Megiddo, im heutigen Nordisrael gelegen, gefunden wurden, sind deutlich von Ägypten beeinflußt und zeigen zahlreiche vertraute Motive wie z. B. geflügelte Sonnenscheiben, Lotosblumen und natürlich Sphingen sowie einige exakte und spezifische Details von *nemes*-Kopftüchern und *atef*-Kronen.

Die zweite Hälfte des 2. Jahrtausends erlebte den Aufstieg und Niedergang von Reichen im Osten. Kulturelle Einflüsse wechselten mit solcher Schnelligkeit, daß nur wenige Traditionen in der Darstellung von Sphingen unverändert beibehalten wurden. Aus Mitanni, dem zwischen den Oberläufen von Euphrat und Tigris gelegenen Hurriter-Reich des 2. Jahrtausends, sind geflügelte und nichtgeflügelte Sphingen erhalten, die entweder liegend oder sitzend abgebildet sind. Mit ihren Turbanen oder flachen Kappen wirken diese Sphingen recht orientalisch und darüber hinaus typisch mitannisch: Sie gleichen den Menschen mit den langen, spitzen Nasen, vollen Lippen und fliehenden Kinnen, die auf mitannischen Siegeln zu sehen sind. Die Sphingen haben einen charakteristischen kurzen Schwanz, der an einen Hundeschwanz erinnert. Ihre Krallen treten deutlich hervor. Ästhetisch sind sie nicht besonders ansprechend. Das Siegel des Sauschtatar von Mitanni (um

Abdruck eines in einem mykenischen Haus in Kato Zakro in Ostkreta gefundenen Tonmodels aus dem Zeitraum um 1800–1600 v. Chr. Von den etwa 500 gefundenen Exemplaren konnten an die 80 Abbildungen als Monster eingestuft werden, darunter auch einige Sphingen. Einige weisen ägyptisierende Tendenzen auf (alle sind geflügelt), doch diese hier verweist bereits auf spätere griechische Sphingen. Sie ist von vorn abgebildet, hat den Kopf aber nach links gewandt; sie trägt eine Kappe mit einem aus anderen kretischen Kontexten bekannten Diadem und hat katzenartige Füße, runde Brüste und große gezackte Flügel. Die unter der Kappe hervorquellenden Haarsträhnen erinnern an eine andere Sphinx, abgebildet auf einem in Knossos gefundenen und aus der gleichen Zeit stammenden Siegel.

1450 v. Chr.) zeigt eine aufrecht stehende weibliche Sphinx mit Menschenkopf und ausgebreiteten Schwingen, von denen zwei Löwen mit dem Kopf nach unten herabhängen.

Die mittelminoische Periode auf Kreta war eine Zeit der Hochkultur mit einem ausgedehnten Netz von Kontakten nach Osten. Es gibt Belege dafür, daß damals auf Kreta sowohl ägyptische als auch syrische Sphinxtypen bekannt waren. Erstere weisen mit der *atef*-Krone und der roten unterägyptischen Krone vertraute ägyptisierende Motive auf; der zweite, orientalisierende Typ ist vielleicht am besten auf einer von Arthur Evans gefundenen Petschaft aus grünem Jaspis dargestellt. Es handelt sich um eine flügellose liegende Sphinx mit einem am Ende nach oben gebogenen Bart und einer Lockenfülle, die hinter dem Kopf herabfließt. Mitten auf der Wange befindet sich ein großes Auge. Ein ebenfalls beachtenswerter prismatischer Stein aus Siteia zeigt eine nichtgeflügelte stehende Sphinx, bei der alle vier Füße zu sehen sind. Zwei Hörner ragen aus dem schulterlangen Haar heraus. Und sie hat ein besonderes Merkmal: Sie streckt die Zunge heraus. Welcher Einfluß sich dahinter verbirgt, ist schwer zu sagen. Bei den Hörnern handelt es sich zwar um Widderhörner, die aber nicht ägyptisierend sind wie bei Widdersphingen. Andererseits könnte es sich bei der herausgestreckten Zunge um eine Verwechslung mit einem ägyptischen Zeremonialbart handeln. Später, in der 3. mittelminoischen Periode, erhalten Sphingen spezifisch kretische Merkmale: (mit einem ›Natternzeichen‹) geschmückte und im oberen Teil von einem Spiralmuster gesäumte Flügel, ein Spiralmuster auf der Brust, ein Federdiadem, und zuweilen sind sie im Streckgalopp abgebildet. Doch waren Sphingen nie so populär wie Greifen, und ihre Bedeutung ist bis heute nicht geklärt. Fragmente eines in einer Höhle am Berg Ida gefundenen Bronzebechers zeigen Sphingen mit unverkennbar ägyptischen Zügen, doch ist er vermutlich phönikischer Herkunft und stammt aus dem 7. Jahrhundert, dem Zeitraum, in dem in Ägypten die 26. Dynastie herrschte. Beide Sphingen tragen die Doppelkrone und sind geflügelt, bei einem sind beide Flügel hinter dem Kopf angehoben, beim anderen zu beiden Seiten des Kopfes ausgebreitet. Ersterer hat einen S-förmigen Schwanz und einen Zeremonialbart, bei letzterem ist der Schwanz nach oben gedreht, und er trägt keinen Bart. Auf den Fragmenten sind außerdem Papyruspflanzen, Skarabäen und Falken mit gespreizten Schwingen abgebildet.

Beispiele für Sphingen aus Zypern sind noch seltener. Es gibt ein Rollsiegel, das eine nach links blickende Sphinx vor einer sitzenden Göttin zeigt. Der Flügel ist durch einige Schrägstriche angedeutet. Die Sphinx trägt eine Kappe, aus der hinten eine einzelne Locke herabfällt. Der Schwanz ist erhoben. Die Darstellung wirkt eher orientalisch als ägyptisch. Aus Enkomi in Ostzypern kommen ein goldenes Diadem und ein Pektorale, beide mit orien-

Die Ränder von zwei unversehrten Schalen, die in einer Höhle am Berg Ida auf Kreta gefunden wurden und deutliche Ähnlichkeiten mit ägyptisierenden Elfenbeinschnitzereien aus Nimrud und Arslan Tasch aufweisen. Sie stammen ohne Zweifel aus einer phönikischen Werkstatt und sind auf das 9. bis 8. Jh. v. Chr. zu datieren. Der obere Sphinx hat die beiden gefiederten Flügel nach hinten oben erhoben, trägt die Doppelkrone von Ober- und Unterägypten und einen Zeremonialbart. Der untere, ebenfalls stehende Sphinx hat seine gefiederten Flügel zu beiden Seiten des Kopfes ausgebreitet, ist bartlos und trägt eine ausgefallene Version der weißen Krone Unterägyptens. Beide Sphingen sind von ägyptisierenden Motiven umgeben.

talisierenden geflügelten Sphingen in erhabener Arbeit verziert. Das sich wiederholende Motiv des Diadems zeigt sechzehn sitzende Sphingen mit kunstvollem Kopfputz. Auf dem Pektorale sind zwei stehende geflügelte Sphingen zu beiden Seiten eines heiligen Baumes abgebildet. Eine im nahen Salamis gefundene und auf das Ende des 8. Jahrhunderts v. Chr. datierte außergewöhnliche Elfenbeinplatte (ursprünglich zwischen Armlehnen und Sitz eines Königsthrones angebracht) zeigt einen echten ägyptisierenden Sphinx eines Typus, der uns von den in Nimrud gefundenen Elfenbeinschnitzereien her sehr vertraut ist; das Stück wurde mit großer Sicherheit von einem phönikischen Handwerker-Künstler angefertigt. Der stehende Sphinx mit erhobenem Flügel und der Doppelkrone von Ober- und Unterägypten ist von Lotosblüten umgeben. Er trägt das *nemes*-Kopftuch und den schematisch dargestellten ägyptischen Schurz, der ihm fast bis auf die Vorderpranken reicht.

Die liegenden hethitischen Sphingen sind wunderbare Geschöpfe; von der Idee, wenn auch nicht unbedingt von der Umsetzung her, stehen sie den besten ägyptischen Monumentalsphingen nicht nach. Obwohl sie in der Ausführung meist etwas plump sind, haben sie einen ursprünglichen, natürlichen Charme und demütige Mienen. Schöne Beispiele wurden im mittelanatolischen Bogazköy entdeckt, ebenso bei den Ausgrabungen von Alaca Hüyük, wo sie als riesenhafte Wächter die Haupttore der Stadt bewachten. Trotz der – einmal freundschaftlichen, dann wieder feindlichen – Beziehungen zu Ägypten ist der ägyptische Einfluß minimal. Die mit Hörnern versehenen Helme dieser Sphingen sind mesopotamisch, und ihre Rolle als Wächter ähnelt mehr der geflügelter Stiere und Löwen, die Tempel und Zikkurats an Tigris und Euphrat bewachten, als der Rolle, die ihren Kollegen am Nil zugedacht war.

Griechenland

Wohl durch kulturelle Einflüsse aus dem Osten, aus Syrien und Phönikien, gelangte die orientalisierende Sphinx um das 8. vorchristliche Jahrhundert nach Griechenland; es gibt allerdings auf Schmuckstücken auch Darstellungen, die eine frühere Version des Ungeheuers aus dem bronzezeitlichen Kreta belegen. Sphingen tauchten zunächst im Zusammenhang mit Bestattungen und als Votivgaben in Tempeln auf; in beiden Fällen waren sie geflügelt und für gewöhnlich weiblich, auch wenn es einige männliche Sphingen gab. An Grabstätten postiert, fungierten sie als Wächter und Beschützer der Toten. Oft befanden sie sich oben auf den Stelen und sahen den Betrachter an – d. h., ihr Gesicht war zur Seite gewandt. Es waren aufrecht hockende Sphingen, die, den Vorderteil der Hinterbeine fest an die Basislinie gepreßt, zunächst steif und ein wenig leblos wirkten; im 6. Jahrhundert jedoch machte eine derartig strenge Stilisierung einer natürlicheren Haltung mit teilweise angehobenen Hinterläufen Platz (vgl. Abb. S. 194). In Verbindung mit Gräbern traf man sie zunächst hauptsächlich in Attika an, dann auch in Korinth und später auf Sizilien. Votivsphingen, die geradeaus blickten, befanden sich meist auf Säulen. Sphingengekrönte Säulenmonumente wurden an mehreren Orten errichtet. Beide Sphingentypen waren am beliebtesten während der archaischen Periode, dem 7. und 6. Jahrhundert v. Chr., aus der auch die auf die Zeit um 560 v. Chr. datierte Sphinx der Naxier in Delphi stammt, die einst in etwa zehn Meter Höhe auf einem ionischen Kapitell thronte. Eines der bekanntesten Beispiele aus der Zeit danach ist das Nereidenmonument aus Xanthos (4. Jahrhundert v. Chr., heute im Britischen Museum), das eine geflügelte Sphinx zwischen zwei springenden Löwen zeigt. Auch die Kolossalstatue der Athena Parthenos (um 440 v. Chr.) ist in diesem Kontext zu erwähnen: Ihr Helm war mit Sphingen geschmückt, allerdings allein zu Dekorationszwecken.

Auch auf Vasen waren Sphingen als Schmuckmotiv beliebt, vor allem während der mittleren protokorinthischen Zeit (690 bis 650 v. Chr.). Sie tauchten in einer vielfältigen Ausstattung auf: Korinthische Sphingen trugen häufig einen *polos* (kronähnliche Kopfbedeckung), während ionische Sphingen immer barhäuptig waren und meist sitzend dargestellt wurden. Sie konnten männlich oder weiblich sein. Oft ging etwas Bedrohliches von ihnen aus: Auf frühen Reliefs aus Mykene tragen sie gefallene Krieger vom Schlachtfeld, und es gibt Szenen, in denen Sphingen sich auf Menschen stürzen. Der orientalisierende menschenköpfige Löwe war nur eines von mehreren, in Sagen und Geschichten populären griechischen Ungeheuern und dämonischen Wesen, von denen auch einige weiblich waren. Er scheint keinen eigenen Namen besessen zu haben, bevor die Ödipus-Sage (um 700 v. Chr.) zum erstenmal aufgezeichnet und das darin beschriebene rachsüchtige weibliche Wesen ausdrücklich »Sphinx« genannt wurde. Der Begriff Sphinx war von da an untrennbar mit dem Gegenstand verknüpft, galt indes für Sphingen beiderlei Geschlechts. Der Ursprung des Wortes ist nicht bekannt, man nimmt jedoch an, daß es sich vom ägyptischen »schesep anch« (»lebendes Abbild«) herleitet, das, sofern ein Sphinx als Determinativ folgt, für gewöhnlich als »Sphinx« übersetzt wird. Am Ende des 6. Jahrhunderts waren von Ungeheuern handelnde Geschichten für Menschen, die geistig immer anspruchsvoller und welterfahrener wurden, im allgemeinen weniger interessant als Geschichten über menschliche Konflikte, und allmählich verloren Sphingen auch ihren Reiz als Dekorationsmotiv.

Hesiod war, im 8. Jahrhundert v. Chr., der erste Dichter, der über eine Sphinx schrieb und über ihre Abstammung aufklärte. Sie war demnach der aus Inzest hervorgegangene Sproß der Echidna, eines Wesens, das zur Hälfte Frau, zur Hälfte Schlange war, und deren Sohn Orthos; Hera schickte diese Sphinx als Strafe dafür, daß Laios, König von Theben, Chrysippos verführt hatte. Sie war die berühmte Sphinx, die Rätsel aufgab und schreckliche Vergeltung an all jenen übte, die nicht imstande waren, die gestellte Frage zu beantworten. Zu ihren Opfern gehörte u. a. Haimon, ein Sohn des Kreon, der von der Sphinx fortgetragen und gefressen wurde. Ödipus vermochte das Rätsel (»Was ist es, das am Morgen auf vier Beinen, am Mittag auf zwei Beinen und am Abend auf drei Beinen geht?«) schließlich zu lösen: Der Mensch, der als Kleinkind auf allen vieren kriecht, in seiner Blüte auf zwei Beinen einherschreitet und sich an seinem Lebensabend auf einen Stock stützt. Daraufhin stürzte sich die Sphinx zu Tode: Sie schlug mit dem Kopf auf einem Felsen auf und starb sofort. Nach einer anderen Version wurde sie von Ödipus getötet. Späteren Schilderungen von Sophokles (um 496–406 v. Chr.) und Euripides (um 485 bis 406 v. Chr.) zufolge hatte

Apollo, dessen Heiligtum in Delphi mit Votivsphingen geschmückt war, die Sphinx geschickt. Zur gleichen Zeit, da die Sage um die Sphinx literarisch verarbeitet wurde, wandelte sich das Bild vom menschenfressenden, räuberischen Monster, es wurde hintergründiger, subtiler. Im 6. Jahrhundert wurde es zum Rätsel aufgebenden, weisen Geschöpf, und im 5. Jahrhundert nahm es die Gestalt an, die uns aus der Renaissance so vertraut ist: volle Brüste, eine Lockenfülle, die von einem Haarknoten auf dem Kopf herabfällt, eine Ruhe ausstrahlende, geheimnisumwitterte Figur mit schönem Antlitz, die Euripides' Beschreibung einer weisen, Rätsel singenden Jungfrau entsprach.

Das Römische Reich

Die große dynastische Zeit Ägyptens endete 332 v. Chr., als Alexander der Große das Land überrannte. Er selbst hielt sich nur kurze Zeit in Ägypten auf (was ihn aber nicht daran hinderte, sich als Sphinx darstellen zu lassen); es oblag seinem Nachfolger Ptolemaios I. Soter, dem die Herrschaft über Ägypten bei der Aufteilung des Reiches im Jahr 323 zufiel, Alexanders großen Plan zum Bau eines bedeutenden Hafens am Mittelmeer zu verwirklichen. Alexandria entwickelte sich nicht nur bald zu einer blühenden vielsprachigen Gemeinschaft von Ägyptern, Griechen und Juden, sondern, mit seiner berühmten Bibliothek, auch zu einem Zentrum der Gelehrsamkeit und des religiösen Kultes der Göttin Isis und ihres Bruders/Gemahls Sarapis (des hellenistischen Nachfolgers des ägyptischen Gottes Osiris, bei den Römern dann Serapis genannt). Dieser Kult breitete sich rasch über andere Bevölkerungszentren der damaligen Zeit aus: Zypern, Sizilien, die Küste Kleinasiens, die griechischen Inseln und das griechische Festland. In Rom war der Kult zwar bereits bekannt gewesen, doch als Ägypten nach 30 v. Chr. eine Provinz des riesigen Imperiums wurde, erlangte er eine dominierende Stellung. Zum Teil aufgrund

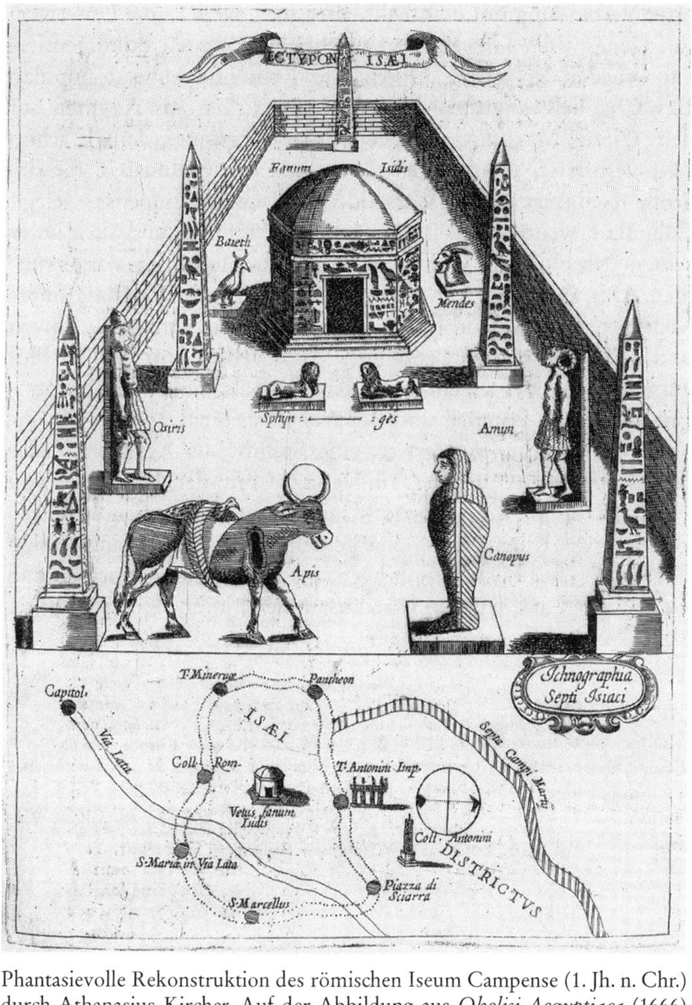

Phantasievolle Rekonstruktion des römischen Iseum Campense (1. Jh. n. Chr.) durch Athanasius Kircher. Auf der Abbildung aus *Obelisi Aegyptiaca* (1666) wird der Eingang zum eigentlichen Isis-Tempel von zwei, im Gesamtkontext allerdings recht klein und unscheinbar wirkenden Sphingen bewacht. Im Originalbau befand sich eine Grünstein-Sphinx aus der 18. Dynastie, für die in Rom ein genaues Gegenstück angefertigt wurde.

ihrer Verbindung mit dem Kult, aber auch, weil sie die Unterwerfung jenes alten und einst so mächtigen Ägypten dokumentierten, wurden ägyptische Objekte in Rom nun äußerst populär. 10 v. Chr. ließ Augustus den ersten Obelisken aus Ägypten auf dem Circus Maximus aufstellen. Isis-Heiligtümer, damals schon weit verbreitet, wurden vergrößert und der Grundstein für das große Iseum auf dem Marsfeld, das Iseum Campense, gelegt. Caligula erweiterte den Bau zwischen 37 und 41, und auch unter seinen Nachfolgern wurden ständig Erweiterungen vorgenommen. Das Gebäude war von Mauern umgeben und das Innere nach ägyptischem Vorbild gestaltet. Eine von Sphingen, Löwen und kleinen Obelisken gesäumte Allee verlief durch einen Hof zum Eingang des eigentlichen Isis-Tempels. Solche Anordnungen wurden in Pompeji und Benevent imitiert. Das Iseum Campense beherbergte wenigstens eine Sphinx aus Ägypten – eine Grünstein-Sphinx aus der 18. Dynastie mit der Kartusche von Hatschepsut. In Rom wurde – möglicherweise von ägyptischen Handwerker-Künstlern – eine genaue Kopie davon angefertigt. Die beiden weiblichen Sphingen trugen Hathor-Perücken und Geierkronen und wurden 1856 zusammen hinter der Kirche Santa Maria Sopra Minerva gefunden.

Wandgemälde aus einem Bacchus geweihten Tempel in Pompeji, auf dem ein kleiner Tempel mit Segmentgiebel zu sehen ist, beschützt »nach ägyptischer Art von Sphingen«. Diese wirken hier indes eher dekorativ als bedrohlich. Aus *Pompeiana. The Topography, Edifices and Ornaments of Pompeii* von Sir William Gell und John Gandy, Architekt (London, 1852).

Kaiser Hadrian (117–138 n. Chr.) reiste tatsächlich nach Ägypten, wo er Alexandria, einen Ort namens Canopus, der sich in der Nähe von Alexandria befunden und einen Isis und Serapis geweihten Tempel besessen haben soll, und Sais besuchte. Nach seiner Rückkehr ließ er in Tivoli die berühmte Villa Hadriana erbauen und mit Statuen im ägyptischen Stil ausstatten; viele dieser Statuen stellten seinen (wie manche behaupten, beim Bewundern des eigenen schönen Spiegelbildes) im Nil ertrunkenen Geliebten Antinous sowie die Göttin Isis dar; auch Obelisken und Sphingen schmückten die Villa. Diese waren – zusammen mit den Statuen – wahrscheinlich die letzte direkte Verbindung mit Ägypten selbst. Danach repräsentierten Obelisken, Pyramiden und insbesondere Sphingen einen ägyptisierenden Trend im Römischen Reich und wurden dem römischen Geschmack angepaßt. Römische Sphingen sollten dekorativ sein; römische Schönheitsideale wurden durch ägyptische Züge ergänzt. Verwendet wurden in Ägypten nicht übliche Gesteinsarten, vor allem weißer Marmor. Diese römischen Sphingen stellten eine recht eigenwillige Interpretation der echten ägyptischen dar, die bis ins 17. Jahrhundert mehr oder weniger unangefochten blieb. Eine Ausnahme bildeten hier lediglich die Etrusker, die im 6. Jahrhundert Sphingen in einem verspielten, provinziellen und ein wenig barbarischen lokalen Stil gestalteten, der an griechische Sphingen erinnerte.

Eineinhalb Jahrhunderte nach Hadrian ließ Diokletian (284 bis 305) Sphingen in seinem Palast in Split aufstellen. In der an der Via Appia gelegenen Stadt Benevent erbaute er ein Iseum (oder vergrößerte vielleicht nur ein schon bestehendes), das nicht nur eine Statue von ihm selbst in ägyptischer Tracht enthielt, sondern auch Sphingen-, Falken- und Löwenstatuen. Und in Praeneste (dem heutigen Palestrina), südöstlich von Rom gelegen, stieß man im Tempel der Fortuna Primigenia, mit der Isis im Laufe der Zeit gleichgesetzt wurde, auf ein faszinierendes Mosaik, das Ägypten mit allen bekannten Pflanzen und Tieren des Niltales, darunter auch einen Sphinx, zeigt. In Pompeji gab es ein Heiligtum, das mit den gleichen Motiven geschmückt war,

und 1817 wurde ein Bacchus geweihter Tempel entdeckt. Im heiligen Bezirk um diesen Tempel fand man Gemälde; eines zeigt einen ägyptischen Tempel mit Segmentgiebel, der – in typisch ägyptischer Manier – von einem Sphingenpaar bewacht wird.

Das Mittelalter

Mit dem Dahinschwinden des Isis- und Serapis-Kultes und der Ausbreitung des Christentums scheint Ägypten dann etwas in den Hintergrund getreten zu sein, auch wenn das Iseum in Rom vermutlich erst 1084 der völligen Zerstörung anheimfiel. 642 wurde Ägypten selbst von den Muslimen erobert, und das Wissen um seine große Vergangenheit geriet rasch in Vergessenheit. Im 13. Jahrhundert belebte die Entdeckung klassischer Texte das Interesse an Ägypten plötzlich wieder, und einige neue römische Sphingen tauchten auf. Diese waren von den Cosmaten geschaffen worden, einer Gruppe von Bildhauern, die vorzugsweise Marmor bearbeiteten und nach der ursprünglichen Kunsthandwerkerfamilie namens Cosmas benannt sind. Mit diesem Begriff werden Werke aus farbigem Marmor und andere Steineinlegearbeiten bezeichnet. Später zählten mehrere Familien zu den Cosmaten, darunter die Familien Vassalletus und Laurentius, die für ein Sphingenpaar im Kreuzgang von San Giovanni in Laterano in Rom und für einen Sphinx in Viterbo (ursprünglich in der Kirche Santa Maria in Gradi) verantwortlich zeichnen. Die Sphingen in San

Dieser Sphinx gehört zu einem etruskischen Sphingenpaar aus Cerveteri, 7 Jh. v. Chr. Die beiden (nicht identischen) Sphingen flankierten vermutlich die beiden Innenseiten eines Torwegs; das Thema war der griechischen Mythologie entnommen und von der korinthischen Vasenmalerei beeinflußt.

Giovanni in Laterano wurden um 1222–24 geschaffen; sie sind zwar von römischen Kopien beeinflußt, basieren aber fraglos auf ägyptischen Vorbildern, und als gemischtes Paar markieren sie den Beginn eines neuen Trends. Eine der Sphingen scheint weiblich zu sein und lächelt, die Augen amüsiert ein wenig zusammengekniffen. Ihr Gefährte mit einem dichtgelockten Bart um das Kinn macht eine ernstere Miene. Der in Viterbo gefundene Sphinx hat, abgesehen von seinen pelzigen Vorderpranken, einen ägyptisch aussehenden Körper, doch trägt er auf seinem nach links gewandten Kopf ein Käppchen. Alle drei Sphingen scheinen nicht sonderlich sorgfältig gearbeitet und wirken gedrungen, wohl nicht zuletzt deshalb, weil sie dazu bestimmt waren, Säulen zu tragen.

Die Renaissance

Während der Renaissance wuchs das Interesse am alten Ägypten erneut, denn dank der Erfindung des Buchdrucks konnten nun Übersetzungen verschiedener Originalwerke sowie Originalabhandlungen von Gelehrten einer breiteren Öffentlichkeit zugänglich gemacht werden, die das geheimnisumwitterte alte Ägypten unwiderstehlich anzog. Die erste dieser Veröffentlichungen war die von Cristofero de Buondelmonte 1419 entdeckte Kopie einer von dem ägyptischen Priester Horapollon in griechischer Sprache verfaßten Abhandlung über Hieroglyphen aus dem 5. Jahrhundert, die 1471 in einer italienischen Übersetzung erschien. Der griechische Originaltext wurde 1505 veröffentlicht. Lorenzo Valla (1407–57) publizierte eine lateinische Übersetzung von Herodots *Historien*, und Poggio Bracciolini übersetzte Teile eines Manuskripts von Ammianus Marcellinus und die Werke Diodors. Sie alle trugen dazu bei, daß es zu ernsthaft in die Irre führenden, kuriosen Interpretationen der geheimnisvollen Welt der alten Ägypter kam. Im Jahr 1450 veröffentlichte Flavio Biondo sein Werk *Italia Illustrata* mit einer Beschreibung der Villa Hadriana in Tivoli, die hier vermutlich in der Renaissanceliteratur zum erstenmal erwähnt wurde. Vielleicht ist Papst Pius II. (1458 bis 1464) dadurch auf ihre Attraktionen aufmerksam geworden. Er ließ zwei Atlanten aus der Villa in der Bischofsresidenz in Tivoli aufstellen, von wo sie später ins Vatikanische Museum gelangten. Sie waren sehr populär und wurden häufig von Renaissancekünstlern kopiert, die ägyptische Motive wie Obelisken und Pyramiden in ihre Entwürfe aufnahmen. Papst Sixtus IV. (1471–84) stellte in den siebziger Jahren des 15. Jahrhunderts ägyptische Objekte, darunter auch Sphingen, im Kapitolinischen Museum aus. In der zweiten Hälfte des 15. Jahrhunderts fanden solchen gedruckten Quellen entnommene ägyptische Motive Eingang in Entwürfe für Gebäudearchitektur und Inneneinrichtung. Natürlich hatte dieses Vorgehen zur Folge, daß sie weniger ägyptisch als vielmehr ägyptisiert aussahen, denn sie basierten ja nicht auf Originalobjekten, sondern auf gedruckten Reproduktionen.

Im Auftrag Rodrigo Borgias, als Alexander VI. Papst von 1492 bis 1503, malte Bernardino Pinturicchio die vatikanischen Räume der Borgia im ägyptischen Stil aus; daß die Wahl gerade auf diesen Stil fiel, dürfte wohl in erster Linie dem Bestreben dieser schillernden Familie zu verdanken sein, ihre Abstammung direkt von Osiris abzuleiten. (Auf der Suche nach einem Beleg für eine solche Abstammung wurden passenderweise etruskische Sphingen ausgegraben.) In einem der Räume wurde das Leben der Heiligen, die Sage von Isis und Osiris dargestellt und in diesem Zusammenhang auch eine geflügelte Sphinx abgebildet. In Siena, wo Pinturicchio und seine Schüler ebenfalls arbeiteten, schmückten sie die Piccolomini-Bibliothek in der Kathedrale mit farbenprächtigen Fresken, die zwischen den Paneelen mehrere Sphingen zeigen. In der gleichen Kathedrale gab es auch eine Darstellung des Hermes Trismegistos mit geflügelten Sphingen. Der Palazzo Saracini besaß einen Hof mit einer bemalten Galerie, die Atlanten und Sphingen auf Plinthen zeigte. Der Maler Andrea Mantegna (1431–1506) wurde bei seinem (heute in Hampton Court befindlichen) Werk *Triumph des Caesar*, in das er einige Pseudohieroglyphen aufgenommen hat, ebenso vom ägyptischen Geschmack beeinflußt wie der Illustrator der 1499 in Venedig erschienenen, bezaubernden *Hypnerotomachia Poliphili*. Das Skizzenbuch des neapolitanischen Architekten, Malers und Altertumsforschers Pirro Ligorio (um 1500 bis 1583), der die Pläne für die Villa d'Este entwarf, enthält mehrere ägyptische Motive, und dieses Werk inspirierte vermutlich ebenso wie der *Codex Ursinianus* (um 1560) Künstler wie Mercati (*De Gli Obelischi di Roma*, 1587) und J. G. Herwarth von Hohenburg (*Thesaurus Hieroglyphicorum*, 1608).

Im Italien des 16. Jahrhunderts tauchte eine der über lange Jahre hinweg bedeutendsten ägyptologischen Quellen auf: die Mensa Isiaca, eine große Bronzetafel von mehr als einem Meter Länge mit Silbereinlegearbeiten, bekannt auch als Tabula Bembi – Kardinal Pietro Bembo hatte sie offenbar nach der Plünderung Roms im Jahr 1527 gerettet und seinem Besitz einverleibt. 1559 wurde eine erste Kopie von Enea Vico de Parma veröffentlicht und im Jahr 1600 ein Stich angefertigt. 1605 publizierte der Italiener Laurentio Pignorio, ein Freund Galileos, eine wissenschaftliche Abhandlung über die Tafel, die in Gelehrtenkreisen auf großes Interesse stieß, und mit der zunehmenden Berühmtheit der Tafel wuchs auch ihr Einfluß als »Lehrbuch«, das konsultiert wurde, wenn es um Gottheiten oder Gegenstände aus dem ägyptologischen Fundus ging.

Die Tafel war zwar tatsächlich alt, stammte aber nicht aus pharaonischer Zeit. Sehr wahrscheinlich wurde sie während des 1. Jahrhunderts n. Chr. geschaffen und stand in enger Verbindung mit dem Kult der Isis, die in einem von Sonnenscheiben gekrönten Schrein im Zentrum der Darstellung steht. Auf drei, die Göttin umgebenden Registern sind Götter des ägyptischen Pantheons abgebildet, und die korrekte Ikonographie zeigt, daß der Künstler mit ägyptischer Theologie und pharaonischer Kunst vertraut war. Die Randverzierung der Tafel enthält ägyptische Motive, darunter bärtige Sphingen mit nach hinten geschwungenen Flügeln. In der zweiten Hälfte des 17. Jahrhunderts gelangte die Tafel in die Sammlung der Herzöge von Savoyen, seit 1832 befindet sie sich im Ägyptischen Museum von Turin.

Der von 1532 bis 1535 in Rom lebende Holländer Maarten van Heemskerck fertigte Zeichnungen von den meisten Altertümern der Stadt an, so auch von einem von zwei liegenden Sphingen im ägyptischen Stil getragenen viereckigen Sarkophag, der die Gestaltung mehrerer berühmter Grabmäler beeinflußte. Das Colonna Missale (um 1520), eine Zusammenstellung aller bis dahin bekannten ägyptischen Motive, zeigte Sphingen mit tanzenden nackten Engeln, die mit Quasten geschmückte Seile über ihren Rücken schwingen, zwischen einer authentisch wirkenden Abbildung eines Atlanten aus Tivoli auf der einen und einem Phantasiemotiv von der Tabula Bembi auf der anderen Seite. Die Familie Colonna war, wie die Borgias, sehr darauf bedacht, ihre Wurzeln bis ins früheste Altertum zurückzuverfolgen. Zu einem um das Jahr 1550 von Vincenzo de Rossi für Angelo Cesi geschaffenen Grabmal gehörten zwei nach vorne blickende Sphingen mit Perücken und Brustharnischen, deren eigenes Haar indes darunter sichtbar war und die zwei sorgfältig geknüpfte Halsbänder aus überlappenden Blättern trugen. Guillaume du Bellays Grab in der Kathedrale von Le Mans aus dem Jahr 1557 zeigt einen römischen Krieger, der sich gegen eine von freundlich dreinblickenden Sphingen gestützte, feingearbeitete Steinplatte lehnt. Es mag eine gegenseitige Beeinflussung zwischen Heemskerck, de Rossi und dem mutmaßlichen Schöpfer dieses Grabes, Pierre Bontemps, gegeben haben, wahrscheinlicher aber ist, daß der Entwurf von du Bellays Freund Pierre Belon angeregt wurde, der sich als Botschafter Franz' I. in Ägypten, im Mittleren Osten und in Indien aufgehalten und 1553 unter dem Titel *Observations* seine Lebensgeschichte veröffentlicht hatte. Sein Buch enthielt die Beschreibung eines Sphinx. Das Grab der Diane de Poitiers, der Mätresse Heinrichs II. von Frankreich, auf Schloß d'Anet zeigt einen Sarkophag in Schifform, getragen von vier Sphingen mit vollen Brüsten; bei zwei der Sphingen bilden Sonnen den Mittelpunkt ihrer Perücken, bei den beiden anderen Mondsicheln, zweifellos eine versteckte Anspielung auf jene andere Diana, deren Symbol der Mond war.

Während des gesamten 16. Jahrhunderts treten Sphingen häufig im Zusammenhang mit Grabstätten auf; sie dienen als Sargträger oder als Schmuckelement – in Anlehnung an griechische Sphingen, die in ähnlichen Kontexten auftauchten und mit den feierlichen, geheimnisvollen Totenritualen verbunden waren. Aber auch in erfreulicherer Umgebung waren sie anzutreffen. In Frankreich beschäftigte König Franz I. italienische Künstler, darunter Giovanni Fiorentino, Francesco Primaticcio und Benvenuto Cellini. In Fontainebleau tummelten sich Sphingen in der Galérie Franz' I. und in der Galérie d'Ulysee, und das Schlafzimmer der Königin hatte einen sphinxgeschmückten Kaminsims. Auch im Garten gruppieren sich vier steinerne Sphingen um einen Springbrunnen; ihre großen, vollen Brüste erinnern an die Sphingen aus dem Grab der Diane de Poitiers. Die Werke dieser Italiener inspirierten schließlich einheimische Künstler wie Ambroise Le Noble, der Sphinxmotive in die prachtvolle Deckenmalerei von Schloß Bourdeilles in der Dordogne aufnahm und die Wand über dem Kaminsims im Chambre de César de Vendôme im Schloß Chenonceaux mit einer gemalten Sphinx schmückte. Französische weibliche Sphingen hatten eine betont feminine Ausstrahlung, die durch die von François Rabelais (um 1494–1553) aufgebrachte französische weibliche Form des Wortes, *la sphinge*, noch betont wurde.

In der Mitte des 17. Jahrhunderts veröffentlichte Athanasius Kircher mehrere Bücher über ägyptische Philosophie, Denkmäler und Hieroglyphen, darunter eines mit dem Titel *Sphinx Mystagoga*. Obwohl sie wenig mehr als gelehrte Sophisterei enthielten, war Kircher zu seiner Zeit eine Koryphäe auf seinem Gebiet. Er gründete das Museo Kircheriano in Rom, das eine Sammlung ägyptischer Objekte, darunter vermutlich auch einige Sphingen, beherbergte. Das Museum – wahrscheinlich die erste Sammlung von Originalgegenständen aus dem alten Ägypten – gibt es nicht mehr; die Objekte wurden in alle Winde zerstreut, einige Stücke sind jedoch noch in der Ägyptischen Sammlung des Vatikans zu sehen. Unterdessen hatten sich auch andere Sammler auf dem gleichen Gebiet betätigt, so vor allem Farnese in Rom, der Herzog der Toskana und van Werle in Amsterdam.

Ägypten-Mode

Dann brach die Zeit der Nahostreisenden an. Einer der ersten war der Naturforscher und Orientalist Tito Livio Burattini, der Ägypten zwischen 1637 und 1640 besuchte. Er inspirierte den italienischen Radierer Stefano della Bella, der in den vierziger Jahren des 17. Jahrhunderts eine Zeichnung der Großen Pyramide und des Sphinx von Gize anfertigte. Während seines Aufenthalts in Ägypten lernte Burattini den Engländer John Greaves kennen. Der Professor für Geometrie am Gresham College in London veröffentlichte 1646 seine *Pyramidographia.* Zwischen 1698 und 1701 bereiste der Benediktinermönch Bernard de Montfaucon (1655 bis 1741) Italien und brachte zwischen 1719 und 1724 ein zehnbändiges Werk mit dem Titel *Antiquité Expliquée* heraus, in dem er beschrieb, was er auf seinen Reisen gesehen hatte. Obwohl Montfaucon niemals selbst in Ägypten gewesen war, erkannte er die Bedeutung dieses Landes und insbesondere den klar umrissenen Stil seiner Kunst, während er einen Großteil des Werkes von Kircher und anderen früheren Autoren, die über Hieroglyphen geschrieben hatten, als spekulativen Hokuspokus verwarf. Sein Sammelwerk enthielt zahlreiche Illustrationen, darunter eine eigenartige blinde Sphinx mit Falkenkopf, liegend und flügellos, aber mit einem aus Mondsichel und Stern gebildeten Kopfschmuck. Johann Bernhard Fischer von Erlach (1656–1723) veröffentlichte 1721 in Wien seinen *Entwurff einer historischen Architektur.* Bildtafel IV dieses Werkes zeigt die Große Pyramide von Gize und eine große Sphinx sowie zwei weitere kleine Sphingen im Hintergrund. Die große Sphinx sieht trotz der ägyptisierenden Perücke griechisch aus mit dem üppigen Hängebusen und den grazil nach unten geneigten Vordertatzen. Fischer von Erlach war von architektonischen Leistungen der Vergangenheit fasziniert und hatte bei seinen Forschungen peinliche Genauigkeit walten lassen. Unter jeder Bildtafel führte er seine schriftlichen Quellen an, wobei er oft bis zu Herodot und Diodor zurückging. Das Buch erschien 1730 in England unter dem Titel *A Plan of Civil and Historical Architec-*

Bildtafel mit dem Titel »Das Zweite Weltwunder, die Pyramiden von Ägypten« (1737) in *Entwurff einer historischen Architektur* von J. B. Fischer von Erlach. Der »erstaunliche Kopf einer Sphinx« (mit D bezeichnet), »aus einem einzigen Stein gehauen, auf einer dieser gigantischen Figur angepaßten Basis« wirkt recht authentisch, vor allem, weil der Körper von Sand bedeckt ist. Die »römische Sphinx« (E) hingegen, ein weibliches Wesen mit Schmollmund, großen, vollen Brüsten, riesigen nach hinten abfallenden Flügeln und grazil nach unten geneigten kleinen Vordertatzen war einzigartig und mit nichts zu vergleichen, was bisher dagewesen war, sei es ägyptisch, griechisch oder auch römisch.

ture. Der Däne F. L. Norden veröffentlichte seine *Travels in Egypt and Nubia* 1755 in Frankreich und 1757 in England. Er hatte die Altertümer, die er beschrieb, mit eigenen Augen gesehen. Die *Observations on Egypt* des Engländers Richard Pococke, der Ägypten zur selben Zeit erkundete wie Norden, waren etwa zehn Jahre früher erschienen. Beide Bücher wurden viel gelesen und häufig konsultiert, vor allem das von Norden, das eine große Zahl detaillierter Illustrationen ägyptischer Motive, von Obelisken, Pyramiden und Sphingen, enthielt, so daß diese im 18. Jahrhundert zu einem recht vertrauten Anblick wurden.

Nun tauchten Sphingen nach und nach als modische Dekorationselemente in allen möglichen Umgebungen, vor allem aber in Gärten, auf, und dies nicht nur auf dem Kontinent, sondern auch in England. Weshalb ausgerechnet Gärten als so geeignet für das Aufstellen von Sphingen galten, ist nicht klar; möglicherweise handelte es sich nur um ein zufälliges Zusammentreffen der einsetzenden Vorliebe für großartige Gartenlandschaften und für den Orientalismus, vor allem die klassische Antike, der zu Ausflügen in das Reich der Phantasie herausforderte. Griechische Sphingen – zur Hälfte Frau, zur Hälfte Tier, hinreißend schön, aber jenseits menschlicher Erkenntnis und geheimnisvoll – eigneten sich hervorragend für solche Phantasien. Man konnte sie mit anderen wunderlichen Phantasiewesen kombinieren – mit Faunen etwa oder Engeln mit aufgeblasenen Wangen und Beinen voller unmöglicher Grübchen. In Frankreich ließ Nicolas Fouquet, Finanzminister Ludwigs XIV., das prachtvolle Barockschloß Vaux-le-Vicomte bauen und beauftragte Le Nôtre mit der Gestaltung der Parkanlagen; auf einigen der darin aufgestellten Sphingen reiten Engel. Nachdem Fouquet in Ungnade gefallen war, holte der König Le Nôtre nach Versailles, wo dieser sich zu noch größeren Leistungen angespornt sah. Versailles wartete mit zahlreichen ägyptisierenden Elementen auf, zu denen auch Sphingen gehörten. Einige dieser Sphingen erhielten die Gesichtszüge von gerade in höchster Gunst stehenden Schönheiten wie Madame de Pompadour oder Madame du Barry, und ihre Hälse waren auf elegante Weise gestreckt, so daß ein großes Stück wogender Stein- oder Bleibüste zu sehen war. Versailles seinerseits beeinflußte die Gestaltung von Gärten in ganz Westeuropa. Fischer von Erlach ließ einige vollbusige liegende Sphingen im Hof des 1710 erbauten Palais Trautson in Wien aufstellen. Sein Zeitgenosse und Rivale Lukas von Hildebrandt plazierte sie *en filade* im Belvedere, wo sie, mit vollen, sich zum Himmel reckenden Brüsten, aufrecht dasitzen. In dem zwischen 1763 und 1775 in Veitshöchheim bei Würzburg angelegten Park sieht man Sphingen, die so weit vom alten Ägypten entfernt sind, wie es nur möglich ist. Sie sind in marmorne Musselingewänder gehüllt, die, vor der Brust geknüpft und gelegentlich mit Quasten verziert, bis auf ihre Hinterbacken reichen, mit Löckchen, Rosetten und Spitzenaufschlägen geschmückt, und ihre runden Rokokogesichter blicken den Vorübergehenden heiter und gelassen an. Nüchterner und sachlicher, wie es einem – von Josef Munggenast zwischen 1730 und 1733 umgestalteten – Benediktinerkloster zukommt, waren die zurückhaltenden Sphingen im österreichischen Stift Altenburg. Chiswick House vor den Toren Londons beherbergt von William Kent entworfene Sphingen auf Sockeln; einige schöne Exemplare sind auch in Blickling in Norfolk zu sehen. Doch obwohl Quellen wie die oben aufgeführten zur Verfügung standen, die exakte Beschreibungen lieferten und die man hätte zu Rate ziehen können, schien es mehr Spaß zu machen, Sphingen zu erfinden als einfach authentische Vorbilder zu kopieren. Weibliche Sphingen waren ganz offenkundig für eine romantische Gartenlandschaft weitaus geeigneter und fließende Stoffe und gewinnende Mienen weitaus ersprießlicher für ein heimliches Rendezvous als ein bedrohlich wirkendes schwarzes Granitungeheuer, das zum Sprung ansetzt. Diese anmutigen Chimären sollten ein unbeschwertes, verspieltes, in erster Linie aber exotisches Element bilden.

Das exotische Element in seiner prägnantesten Form wurde vielleicht in den Werken Giovanni Battista Piranesis verkörpert, der die letzte Blüte des Rokoko mit ägyptischem Einschlag hervorbrachte. Piranesi hatte antike und moderne gedruckte Quellen studiert, darunter die Mensa Isiaca und Fischer von Erlach, und er hatte in und um Rom, wo er arbeitete, seine Augen offen gehalten. Seinem Scharfblick, seinem hervorragenden zeichnerischen Können und seiner lebhaften Vorstellungskraft entging nichts. 1769 veröffentlichte er *Diverse Maniere d'Adornare I Cammini*. Ein großer Teil des Werkes war dem ägyptischen Stil gewidmet und beschrieb ägyptische Motive, die in der zeitgenössischen Innenausstattung Verwendung fanden; eines der berühmtesten ägyptischen Interieurs war das von Piranesi für das Caffè degl'Inglesi an der Piazza di Spagna entworfene, wo auf einer Wand ein Paar männlicher Sphingen Rücken an Rücken auf einem Ziergiebel abgebildet war. Das Buch enthielt auch mehrere Entwürfe für die

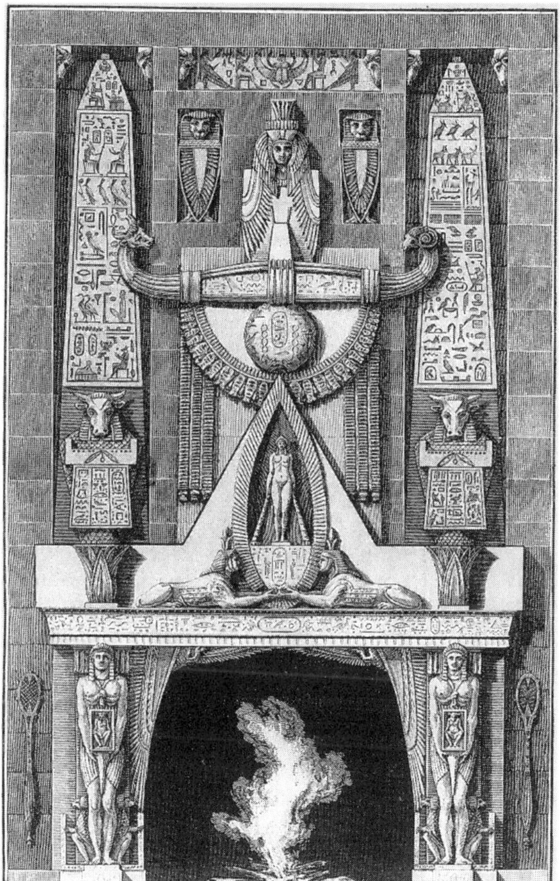

Entwurf für einen Kamin im ägyptischen Stil von Piranesi (1769). Zwei liegende Sphingen mit menschlichen Armen berühren sich an den Fingerspitzen. Sie tragen eine stilisierte Form der Doppelkrone Ober- und Unterägyptens und das ägyptische Königskopftuch. Von den Ohren abwärts ist seitlich am Gesicht ein Band zur Befestigung des Zeremonialbarts zu sehen, doch sind sie bartlos. Die gewölbte Brust bedeckt ein mit nachgemachten Hieroglyphen verziertes Gewand. Sie sind in eine ägyptisierte Szene eingebunden: Man beachte die Lotosblumen, Apisstiere und den geflügelten Skarabäus.

Gestaltung von Kaminen unter Einbeziehung von Sphingen. Ein Entwurf zeigt zwei geflügelte Sphingen, die einander über ein monströses bärtiges Gesicht hinweg ansehen. Das Gesicht des Monsters in der Mitte und die beiden ausgebreiteten Flügel der Sphingen bilden eine vollkommene geflügelte Sonnenscheibe. Piranesis Werk hatte weitreichenden Einfluß auf seine Zeitgenossen in Italien, Frankreich und England, wo Robert Adam (1721 bis 1792) den Eingangsbereich von Syon House mit Sphingen schmückte und John Nash 1797 das oberste Geschoß von Southgate Grove in Middlesex mit einer Sphinx krönte. Wedgwood stellte u. a. Sphingen, Lotosblumen, Kleopatrafiguren und Hieroglyphen auf enkaustischer roter Töpferware dar, die damals schwarz dekoriert wurde.

1752 war jedoch ein Buch von Anne-Claude-Philippe de Caylus mit dem Titel *Receuil d'antiquités égyptiennes, étrusques, grecques et romaines* erschienen, und zusammen mit einem anderen, in England veröffentlichten Werk, Stuarts und Revetts *The Antiquities of Athens*, leitete es eine Entwicklung ein, die tiefgreifende Auswirkungen auf die Art und Weise haben sollte, wie die Menschen die antike Welt betrachteten. Die beiden Werke verhalfen dem Klassizismus zum Durchbruch, der im Begriff war, einer Woge gleich über die moderne Welt hinwegzurollen, und der eine realistische Betrachtung der antiken Welt förderte, da diese Stilrichtung auf persönlichen Entdeckungen und Ausgrabungen, auf exakten Maßangaben und genauen Berechnungen beruhte und die Frivolitäten des Rokoko verwarf. Ägyptens großartige Monumente galten nun als gediegene Denkmäler von strenger Schlichtheit, die man nicht nach gerade vorherrschender Mode verschönern oder verniedlichen durfte. Sie gaben Anregung für die Gestaltung von Grabmälern und Gebäuden, die mit dem Tod in Zusammenhang standen. In Rom, wo er 1777 eingetroffen war, gestaltete Jean-Louis Desprez Entwürfe für vier solcher Phantasiebauten, gewaltige, gewichtige Prototypen mit abschreckenden liegenden Sphingen, die authentisch aussehende Perücken trugen, im Profil jedoch die markanten Adlernasen der Römer zeigten. Etienne-Louis Boullée (1728–99) verfaßte eine Abhandlung über

Von Ferdinand Dietz (1708–77) für den Trierer Schloßgarten entworfene Rokokosphinx. Wie ihr Gegenstück, liegt auch sie auf einer Barke mit geschwungenem Bug, auf dem ihre mächtigen Löwenpranken mit tückischen Krallen ruhen. Alles andere an den beiden Sphingen ist übertrieben weiblich: die reizenden Gesichter mit verzücktem Lächeln, die spitzengesäumten Gewänder mit Rüschen und Quasten, die Blumenkränze auf Locken und Schwänzen, die edelsteingeschmückten Armbänder, Ohrringe und Halsketten. Sie dienen jedoch nicht nur zur Dekoration: Zu beiden Seiten des Garteneinganges zum ehemals kurfürstlichen Schloß postiert, fungieren sie auch als Wächterinnen.

Architekturstile in den achtziger Jahren des 18. Jahrhunderts, in der er sich lobend über die großartigen Ideen und Symbole der Ägypter äußerte. Sein Zeitgenosse Antoine-Chrysostome Quatremère de Quincy verglich die Architektur Ägyptens mit jener Griechenlands; auch wenn er zu dem Schluß kam, daß erstere nicht frei von Mängeln gewesen sei, bewunderte er doch ihre Einheitlichkeit und ihre beruhigende Monotonie. Claude-Nicolas Ledoux (1735–1806) veröffentlichte 1804 sein Werk *Architecture*, in dem er die geometrische Schlichtheit der Pyramiden lobte. In

Detail einer von Benjamin Vulliamy (1747–1811) entworfenen und bei Wedgwood 1799 für Anna Maria Borough angefertigten Marmoruhr. Die Schmuckplatte aus Jasperware krönen liegende Bronzesphingen, deren herabhängende Vorderpranken an die Pfoten eines Schoßhundes erinnern. Wedgwoods erster Katalog mit ägyptisierenden Motiven erschien 1773.

England entwarf der Architekt Charles Tatham (1772–1842) zahlreiche von Ägypten inspirierte Bauten, darunter ein Pyramidenmausoleum mit Eckpavillons, die von Sphingen bewacht wurden.

Zur gleichen Zeit fanden ägyptische Riten und Motive in die immer größer werdende freimaurerische Gemeinschaft Eingang. Ihre Verbindungen mit dem alten Ägypten gingen natürlich auf das früheste Altertum zurück: Das Maurerhandwerk hatte seinen Ursprung in Ägypten, und dort, so glaubte man, hätten auch die Israeliten ihre diesbezüglichen Fertigkeiten erworben. Der erste Name, den man mit dieser Entwicklung verbindet, ist der von Carl Friedrich Koppen, der 1778 ein Werk über die Initiation ägyptischer Priester mit dem Titel *Crata Repoa, oder Einweihung der ägyptischen Priester* veröffentlichte. Dann gründete Graf Cagliostro, der sich zwar als Schwindler und Abenteurer entpuppte, aber den Osten bereist hatte, in Paris eine Loge mit einem Isis geweihten Tempel, in dem ägyptische Rituale vollzogen wurden. Bald darauf gehörten auch in anderen Logen ägyptische Rituale zur gängigen Praxis. Ignaz von Born gründete 1781 in Wien eine Loge und gab ab 1784 das *Journal für Freimaurer* heraus, dessen erste Ausgabe einen langen Artikel über ägyptische Mysterien enthielt. Mozart war einst Lehrling in dieser Loge gewesen, später dann einer anderen, ebenfalls in Wien, beigetreten; damals komponierte er *Die Zauberflöte* (1791) mit allen ihren Bezügen und Anspielungen auf altägyptische Rituale und auf Isis und Osiris. Auf der Titelseite der Originalpartitur befanden sich einige ägyptische Motive, darunter recht authentische Hieroglyphen, aber keine erkennbare Sphinx.

Von Napoleon zu Tutanchamun

Dies war der Stand der Wiedergeburt des alten Ägypten und das verbreitete »Sphinx-Bild« zur Zeit des großen Wendepunktes – Napoleons Expedition an den Nil im Jahr 1798. Denn die Berichte über diesen Feldzug, die etwa ein Vierteljahrhundert später erschienen, sollten die Ansichten der Menschen über das alte Ägypten und die mächtigen Symbole, die es hervorgebracht hatte, für alle Zeiten verändern. Zwei Veröffentlichungen waren dafür verantwortlich. Die erste war Dominique Vivant Denons *Voyage dans La Basse et La Haute Egypte* aus dem Jahr 1802. Eine englische Fassung erschien 1803, und noch im gleichen Jahr kam eine gekürzte Version in New York heraus. Das zweite Werk, *La Description de l'Egypte*, war und bleibt eine der grundlegenden Quellen für das Studium des alten Ägypten und seiner Denkmäler, die es in ebenjenem Zustand beschreibt, in dem sie sich am Ende des 18. Jahrhunderts befanden. *Die Beschreibung Ägyptens* erschien zwischen 1809 und 1828 in zwanzig Bänden; elf davon waren bebildert mit Hunderten von Kupferstichtafeln und Tausenden Einzelabbildungen. Beide Werke enthielten detaillierte und genaue Beschreibungen und Maßangaben, nicht nur von Baudenkmälern, sondern auch von Objekten wie Sphingen, die sorgfältig gezeichnet für die Nachwelt festgehalten wurden. Sie waren eine Quelle der Inspiration.

In London richtete der Architekt und Designer Thomas Hope einen Teil seines Hauses in der Duchess Street im ägyptischen Stil ein. Bei der Fertigstellung im Jahr 1804 wurde die Öffentlichkeit zugelassen, um es zu bestaunen. Hope bezog seine Anregungen hauptsächlich von Piranesi und Denon, allerdings war er auch selbst in Ägypten gewesen. 1807 veröffentlichte er *Household Furniture and Interior Decoration*, einen Band mit Entwürfen für mehrere Möbelstücke, darunter eine schöne steinerne Bank mit Sphingen zu beiden Seiten und einer mit stilisierten Lotosblüten dekorierten Rückenlehne. Angesichts von Piranesis Phantasiereichtum ist es vielleicht nicht verwunderlich, daß die Sphingen nicht sehr ägyptisch aussehen: Sie sitzen, haben vorstehende Brüste und S-förmig geschwungene Schwänze, die in buschigen Quasten enden. Denons Einfluß ist an den authentisch aussehenden Perücken und den ernsten Mienen erkennbar. 1812 wurde die berühmte, von Peter Frederick Robinson entworfene »Egyptian Hall« in Piccadilly eröffnet. Ihr Vorbild war der von Denon so sorgfältig der Nachwelt überlieferte Tempel von Dendera und ihr zentrales Motiv ein Naos; dieser war von einem ägyptischen Hohlkehlensims gekrönt, den zwei Schwanz an Schwanz liegende Sphingen trugen. Dieses Gebäude diente als Vorlage für einen Bau in Penzance, Cornwall, wo etwa zwanzig Jahre später ein praktisch identisches »Egyptian House« errichtet wurde, das allerdings durch die Ersetzung strenger ägyptischer Fassadenfiguren an den Gebäudeseiten durch ausgesprochen dralle, rotwangige Mädchen aus Cornwall einen Zug ins Bizarre erhielt. Unglücklicherweise wurden auch die Sphingen durch Einhörner ersetzt. In Bristol begann man 1836 mit dem Bau der von Isambard Kingdom Brunels entworfenen Clifton-Hängebrücke. Fertiggestellt wurde sie allerdings erst 1864, und damals verzichtete man auf einige der ursprünglich vorgesehenen ägyptisierenden Details, so leider auch auf die liegenden Sphingenpaare, die die Pylone krönen sollten. Der Kunsttischler Thomas Sheraton (1751–1806) nahm Entwürfe im ägyptischen Stil in sein Werk *The Cabinet-Maker, Upholsterer and General Artist's Encyclopaedia* (1804–06) auf und entwarf 1828 für Prinz Karl von Preußen zwei Prunksessel mit geflügelten Sphingen. Von dem schottischen Architekten William Henry Playfair (1789–1857) stammen die Pläne zu der zwischen 1823 und 1833 erbauten Royal Scottish Academy in Edinburgh mit Sphingen über dem Giebel; in den vierziger Jahren des 19. Jahrhunderts wurde in Biddulph Grange in Staffordshire ein exotischer »Egyptian Court« im Garten angelegt. Vor dem dramatischen Hintergrund dunkelgrüner gestutzter Eiben starren sich zwei ausgesprochen häßliche und plumpe Sphingen über einen Pfad hinweg an, der zu einem steinernen Pylon führt, in dem eine

Abbildung aus *Histoire de l'art égyptien [. . .]* (1878) von A. C. T. E. Prisse d'Avennes. Die ursprüngliche Wandmalerei, auf der diese Darstellung beruht, befindet sich im thebanischen Grab des Rechmire, des Ersten Wesirs von Thutmosis III. (1479–1425 v. Chr.), und zeigt Bildhauer, die an einem Sphinx (oben Mitte), an Kolossalstatuen und an einem Altar arbeiten.

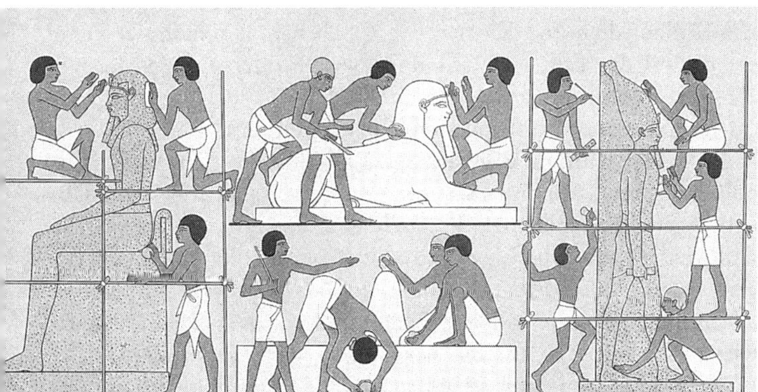

Statue des ägyptischen Gottes Bes steht. Alle diese Entwürfe zeigten unverkennbar, daß Denon und die *Description* ihre Wirkung nicht verfehlt haben.

Auch David Roberts *Egypt and Nubia* mit seinen wunderschönen Aquarellen der romantischen Ruinen jener Länder hielt das Interesse an Ägypten wach. Selbst Königin Viktoria kaufte ein Exemplar des zwischen 1846 und 1849 erschienenen Werks.

In Frankreich war der Einfluß von Denon und der *Description* vielleicht sogar noch größer. Der von Jean Marie Nicolas Bralle (1785–1863) entworfene und von vier gewaltigen Sphingen flankierte Ägyptische Brunnen auf der Place du Châtelet läßt Vertrautheit mit dem alten Ägypten erkennen. In einem anderen, eher häuslichen Bereich überwachte Denon persönlich die Arbeit an den Entwürfen für das ägyptische Tafelservice aus Sèvres, das zwischen 1810 und 1812 für Kaiserin Josephine angefertigt, dann aber 1818 dem siegreichen Herzog von Wellington zum Geschenk gemacht wurde (in dessen Londoner Residenz, Apsley House, es heute ausgestellt ist). Außer den Tellern, auf denen verschiedene Szenen und Objekte, darunter Sphingen, in dunklen Brauntönen auf weißem Hintergrund abgebildet sind und deren königsblaue Ränder goldene Hieroglyphenzeichen zieren, gehörte zu dem Speiseservice ein Tafelaufsatz, der aus zwei Pylontoren bestand; vor jedem Pylon standen zwei Kolossalfiguren, dahinter befanden sich Säulenhallen und Kioske, vier Obelisken, ein zentraler Tempel im Stil des Edfu-Tempels und zwei Widdersphingenalleen – alles aus Biskuitporzellan hergestellt. Die Versuchung, nicht zu essen, muß nahezu unwiderstehlich gewesen sein.

In Italien wurde das großartige Ensemble der Piazza del Popolo zwischen 1816 und 1820 von Giuseppe Valadier (1762–1839) entworfen und vollendet. Es stellt eine authentische ägyptische Kulisse dar samt Obelisken und echten ägyptischen Sphingen, die gelassen von ihrem Aussichtspunkt auf den Sockeln, auf denen sie ruhen, herabblicken. In Deutschland und Österreich gab es ägyptische Brücken, und für die Aufführung der *Zauberflöte* an der Berliner Oper im Jahr 1816 entwarf der berühmte preußische Architekt Karl Friedrich Schinkel das Bühnenbild. Im 2. Akt, in

Sarastros Garten, liegt ein monumentaler ägyptischer Sphinx auf einem Podest in einem See. Die Szene ist zwar in romantisches Licht getaucht, doch die Details seiner Perücke wirken authentisch.

Nun, da das alte Ägypten so viel von sich preisgegeben hatte und seine Schätze publiziert und allgemein zugänglich waren, stand Entwerfern, Architekten und Künstlern ein reicher Fundus zur Verfügung, aus dem sie schöpfen konnten. Sie konnten ernst-

Teller des Tafelservice aus Sèvres (1810–12), das für Kaiserin Josephine als Andenken an Napoleons Ägyptenfeldzug angefertigt und 1818 von Ludwig XVIII. dem Herzog von Wellington zum Geschenk gemacht wurde. Es gab 66 Nachspeisenteller: Dieser zeigt den Kopf des Großen Sphinx von Gize vor den Pyramiden. Winzige menschliche Figuren verdeutlichen das Größenverhältnis. Zu dem Service gehörte auch ein Tafelaufsatz aus Biskuitporzellan, der aus zwei Tempeln, vier Obelisken, zwei Pylonen, vier Memnon-Statuen und zwei Alleen von je neun widderköpfigen Sphingenpaaren bestand.

Bühnenbild (von Karl Friedrich Schinkel) für eine 1816 in Berlin gegebene Aufführung von Mozarts *Zauberflöte* mit einem ägyptisierten liegenden Kolossalsphinx auf einer Insel in einem See. Die nachdenkliche Miene des Untiers, die gedämpften Farben und das Mondlicht unterstreichen das Geheimnisvolle der Szene.

hafte Quellen zu Rate ziehen, während es ihnen weiterhin freistand, phantasievolle Interpretationen zu bevorzugen. Dies wurde nirgends deutlicher als in der die zweite Hälfte des 19. Jahrhunderts prägenden Mode, sich ägyptische Grabmonumente bauen zu lassen. Obelisken und Pyramiden übten gleichermaßen Anziehungskraft aus auf eine Zeit, die vom Tod in gewisser Weise genauso besessen war wie die alten Ägypter selbst, und es gibt eine Reihe schöner Beispiele ägyptisierender Grabmäler, und zwar sowohl in England (hier vor allem auf dem Friedhof von Kensal Green in London und in Bradford) als auch auf dem Kontinent. Gelegentlich wachen auch Sphingen an dem abschreckenden Ort, doch galten sie wohl als zu wild, zu frivol und letztlich als zu heidnisch, um wirklich in den Rahmen einer Grabstätte zu passen.

Wesentlich angemessener waren sie dem Themse-Ufer, wo 1878 am Victoria Embankment ein ägyptischer Obelisk aus rotem Granit aufgestellt wurde. G. Vulliamy gab zwei riesige Bronzesphingen in Auftrag, die ihn flankieren sollten, und in einer kühnen, vereinnahmenden Geste wurden auch noch das ägyptische Ensemble ergänzende Sitzbänke angefertigt. Diese bestehen aus polierten Holzbrettern, die an beiden Enden von einbeinigen stehenden Sphingen mit Flügeln gestützt werden. Ihre Hinterläufe sind nicht zu sehen, sie tragen die Rückenlehne.

Sphingen als Wächter für bedeutende Gebäude in Auftrag zu geben, wurde recht populär, vor allem auf dem Kontinent: Zahlreiche imposante Kunstgalerien, Bürogebäude und selbst Opernhäuser haben hier ihr Sphingenpaar vor dem Eingang stehen, wo es im wesentlichen die gleiche Funktion erfüllt wie im Altertum, nämlich groß und abschreckend zu wirken. Ein besonders häßliches Paar wurde von der millionenschweren deutschen Industriellenfamilie Krupp für ihre Villa im Essener Stadtteil Bredeney, die Villa Hügel, in Auftrag gegeben. Die beiden Sphingen sind offenbar Zwitterwesen: Sie haben authentisch aussehende strenge

Detail einer Halskette aus dem späten 19. Jh. im ägyptischen Stil mit emaillierten Sphinx-Motiven. Der mit Lotosblumen und -blüten verzierte Skarabäus in der Mitte ist von zwei nach außen blickenden Halbsphingen mit blau emaillierten Perücken flankiert. Über Skarabäen hinweg, die auf der Hieroglyphe für »Gold« thronen, blicken ihnen zwei sitzende Sphingen auf den gleichen Symbolen entgegen. Beide Sphingen haben ihre rot, grün und blau emaillierten Flügel angehoben und tragen Perücken und Uräusschlangen, aber keine Bärte.

männliche Gesichter mit Perücken, aber keine Bärte, und große, spitze Brüste. Am sonderbarsten wirkt jedoch ihre Haltung: Die Vorderbeine stehen in steilem Winkel von der Brust ab, als hätten die Sphingen gerade eben scharf gebremst und seien dabei weitergerutscht, bis sie schließlich zum Stehen kamen. Geschaffen wurden sie von dem Bildhauer Max Demert.

Im 20. Jahrhundert verursachte die Entdeckung des Grabes von Tutanchamun im Jahr 1922 eine Woge von nahezu hysterischer Ägyptomanie, deren konkreteste Manifestation wahrscheinlich Lichtspieltheater waren, denn die beiden Manien, das alte Ägypten und der Film, traten etwa zur selben Zeit auf und erlangten die gleiche Popularität. Soweit sich feststellen läßt, hatte keines dieser Lichtspieltheater eine Sphingenallee oder auch nur ein Sphingenpaar als Wächter. Sphingen beschränkten sich auf die Innenausstattung, die teilweise recht aufwendig und sorgfältig recherchiert war. Ansonsten blieb die Wirkung Tutanchamuns eher ephemer: Gartenwicken, Zigaretten und eine Ragtimemelodie erhielten seinen Namen. Die Entdeckung des Grabes fiel mit dem Aufkommen einer neuen Modeerscheinung in der Kunst – Art déco – zusammen, die ihrerseits durch die 1925 in Paris abgehaltene »Exposition Internationale des Art Décoratifs et Industriels Modernes« berühmt wurde. Die damals entdeckte Vorliebe für farbenfrohe, geometrische Dekoration fand im ägyptischen Stil, insbesondere in seinen Schmuckrändern, einen natürlichen Verbündeten. Der grazilere, von fließenden, geschwungenen Linien geprägte Jugendstil hatte, vor allem im Schmuckdesign, in neubelebten Linien und Farben bereits neue Anstöße bekommen.

Die Anziehungskraft und Rolle von Sphingen

Was war es, das Sphingen über fünf Jahrtausende hinweg eine solche Anziehungskraft verlieh? Warum waren sie über so lange Zeit hinweg ein derart mächtiges Symbol, und warum sind sie dies auch noch heute? Sie sind ein Symbol, das, obgleich fremdartig, sofort erkennbar ist, vertraut wie die Katze, die zusammengerollt auf dem Kaminvorleger liegt. Dennoch bleiben sie rätselhaft, ein schöner Gegenstand nur, selbstbeherrscht, zurückgezogen, ja unergründlich. Kein Mensch hat je geglaubt, daß es diese Wesen einmal wirklich gegeben hat, daß sie einst das Land durchstreiften – im Unterschied zu anderen Fabelwesen, von denen man dies ja durchaus glaubte. Selbst die verführerische Sphinx der griechischen Sage war in Wirklichkeit eine Chiffre.

Sphingen leben nur in der Phantasie, jenseits menschlicher Erfahrung und Kontakte. Sie haben keine Persönlichkeit; sie sind weder glücklich noch traurig. Sie tanzen und trinken nicht, singen nicht, pflanzen sich nicht fort. Vor allem schweigen sie. In der Literatur ist ihr Hauptzug ihr Schweigen, in der Kunst ihre Reglosigkeit. Sie sind ein Symbol für das Unergründete und Unergründliche.

Kontext und Geschichte haben ihnen verschiedene Rollen zugewiesen – zunächst als Monster, das, mit einem Gegenstück an einem Tor aufgestellt, ungebetene Besucher – wirkliche wie aus dem Reich der Geister stammende – abschrecken sollte, dann als Beschützer der Toten, eine etwas freundlichere Rolle. Später wurden Sphingen wieder todbringend, waren auf der Suche nach menschlichen Leichnamen, dann galten sie als weiblich, raffiniert, Rätsel aufgebend und rachsüchtig. In etruskischer Umgebung verspielt, wurden sie, einmal nach Rom gelangt, wieder monumental, blieben dann während der gesamten Renaissance geheimnisvoll und unerforschlich. Sie waren Beschützer von Grabstätten, waren mit dem Tod verbunden. Dann legten sie plötzlich Rüschen an und begaben sich hinaus in Parkanlagen, wo sie Liebende in schattige Lauben lockten. Auch in Innenräumen traf man sie an, vor allem bei Flammen und Feuer: als Kamingitter, auf Kaminsimsen, wo sie Kerzenleuchter und Kerzen in die Höhe hielten. Sie waren auch gestrenge Wächter über die Zeit, herablassend spendeten sie Tinte aus marmornen Tintenfäßchen. Sie schwebten auf Spiegelrahmen, funkelten gefährlich von kristallenen Fingerschalen und blickten wachsam von vergoldeten Porzellantellern. Dann wendete sich das Blatt erneut: Nur für die nüchterne Umgebung von Gräbern, Brücken, Brunnen und Opernhäusern schienen sie jetzt noch geeignet. Später machte Tutanchamun alles Ägyptische zu einem modischen Zubehör.

In welchem Kontext auch immer, die Rolle der Sphingen blieb stets die gleiche: Sie sollten ihrer Umgebung eine authentische antike Atmosphäre verleihen. Und was unter »antik« zum jeweiligen Zeitpunkt auch verstanden wurde, die Sphingen erwiesen sich stets als unendlich anpassungsfähig, konnten bedrohend, mystisch, schauerlich, dekorativ, ergötzlich, exotisch, ja sogar erotisch wirken. Unabhängig von dem Ort, an dem sie sich befanden, bewahrten sie ihre Integrität, ihre Würde, ihre Stärke und Macht; mit ihrem archaischen Charme, ihrer Eleganz und ihrer Zweigeschlechtlichkeit verkörpern sie das ungelöste Rätsel der ältesten und jüngsten Vergangenheit.

Halbmenschliche Wesen

Helen King

Manche der beliebtesten und langlebigsten Wesen innerhalb des Fabelbestiariums werden in halbmenschlicher/halbtierischer Form dargestellt. Zu diesen Wesen gehören die Sphinx ebenso wie die Meerjungfrauen in der See und die Sirenen und Harpyien am Himmel. Welche Bedeutung ordnet man diesen Wesen zu, und weshalb werden sie eher dem weiblichen als dem männlichen Geschlecht zugerechnet?

Abgrenzungen und Definitionen

Jede menschliche Kultur ist darauf angewiesen, die für das »Menschsein« als unentbehrlich erachteten Eigenschaften zu definieren. Es muß festgelegt werden, welches Verhalten als sozial verträglich gilt, gerade dann, wenn man mit Kulturen in Kontakt tritt, die einen abweichenden, einem anderen Wertesystem entstammenden sozialen Umgang kennen. In vielen Kulturen und

Einer der Löwen mit Menschenkopf und Flügeln vor dem Palast des Assurnasirpal II. in Nimrud, 9. Jh. v. Chr. Die Löwen bewachten die Eingänge, um die bösen Mächte in Schach zu halten.

Epochen bestand eine der beliebtesten Methoden zur Definition des Menschseins darin, Vergleiche zur Tierwelt zu ziehen, welcher man Eigenschaften zuschrieb, die der vermuteten spezifischen Menschenart diametral entgegengesetzt waren. So gelten dort, wo die monogame Ehe zu einer bestimmenden menschlichen Eigenschaft erhoben worden ist, »die Tiere« als promisk, vielleicht unter Ausklammerung von ein oder zwei in sozusagen primitiver Monogamie lebenden Arten – Ausnahmen, die die Regel bestätigen. Wo eine aus landwirtschaftlichen Produkten und gekochtem Fleisch bestehende Ernährung das Menschsein definiert, müssen die Tiere per definitionem wild wachsende Pflanzen und rohes Fleisch fressen. Wer sich trotz menschlichem Äußeren »tierisch« verhält, der riskiert Ächtung – oder Schlimmeres.

Das Tierreich ist jedoch nicht nur »das Andere«, es kann ihm durchaus auch eine gewisse Nähe zu unserer eigenen Welt attestiert werden. Die Welt der Tiere läßt sich unterteilen in mehr oder weniger »tierische« Wesen, vom Dschungel bis zum Bauernhof, von den wilden und zügellosen Tieren bis zu den zahmen, die so »menschlich« sind, daß sie sogar bei uns im Hause leben und an unserem Leben teilnehmen dürfen. In ganz ähnlicher Weise wurde in den westlichen Kulturen seit dem 18. Jahrhundert zusehends auch das »Menschsein« klassifiziert, von den zivilisiertesten bis zu den tierischsten Formen.

Ob es sich nun also um einen klaren Gegensatz zwischen »den Tieren« und »uns Menschen« handelt oder um eine vom »tierischsten« zum »menschlichsten« reichende Kette: immer werden mit der Schaffung von Mischwesen, die die Grenzen überschreiten, indem sie Teile beider Wesen in sich tragen, die Ähnlichkeiten zwischen Mensch und Tier anerkannt und ausgeleuchtet. Wo aber finden sich solche Kreaturen? Wie andere Phantasiewesen leben Hybriden gerne an den Rändern der bekannten Welt, und meist bekommen nur Forscher und Handelsleute sie zu Gesicht. Wer ihnen begegnet, mag sich, wie Odysseus und seine Seeleute, in seinem Menschsein bedroht fühlen. Geschöpfe, die in ihrem eigenen Körper Grenzen überschreiten, treten häufig als Bewacher wichtiger Orte oder äußerer Grenzen auf. Es wird sich zeigen, daß bei allen vier in diesem Kapitel untersuchten Wesen – dem Kentauren, der Sirene, der Harpyie und der Meerjungfrau – ein Zusammenhang mit Grenzen besteht: zwischen dem Lebendigen und dem Toten, zwischen dem Bekannten und dem Unbekannten, zwischen dem Erlaubten und dem Verbotenen.

Was ihren Ursprung angeht, so könnte man menschlich-tierische Hybriden, seien sie nun furchterregend oder phantastisch, einfach als notwendige Elemente der Schöpfung betrachten; im westlichen Weltbild des Mittelalters verstand man das Phantastische als integralen Bestandteil der Welt; die Macht eines Gottes, der solche merkwürdige Wesen schaffen konnte, wurde dadurch noch unterstrichen, und die Menschen wurden daran erinnert, daß Gott Herr der Lage blieb. Man könnte sie aber auch als das Ergebnis der Kreuzung zwischen Mensch und Tier deuten, womit die fragwürdige Natur jeder Art Trennung von Mensch und Tier demonstriert würde. Unter diesen Wesen befindet sich der Minotauros, von den Schultern aufwärts Stier, darunter Mensch; er kam auf die Welt, nachdem der Erfinder Dädalus aus Athen für Pasiphae, die Königin Kretas, ein kuhartig geformtes Gerät konstruiert hatte, mittels dessen jene ihr Verlangen nach einem Stier stillen konnte. Schließlich mögen sie ihre Herkunft auch der Paarung zwischen Göttern und anderen Wesen verdanken, in welchem Falle sie für sich Göttlichkeit beanspruchen können. In der griechischen Mythologie entstammt eine ganze Reihe von Ungeheuern den Kindern der Erde und des Meeres. Einige davon, wie Chimäre und Echidna, sind Einzelwesen; andere, wie die Harpyien und die Gorgonen, treten in Gruppen auf. In sämtlichen Fällen verschaffen uns menschlich-tierische Hybriden Einblick in die uns mit den Tieren verbindenden Eigenschaften, insbesondere unsere Sexualität, die als »tierisch« gilt, weil wir sie als gefährliche und unbändige Kraft wahrnehmen. Die Heldensagen, die uns vom Sieg über solche Mischwesen berichten, geben uns die Gewißheit, daß zu guter Letzt die menschliche Zivilisation über die wilden Tiere, der Geist über den Körper den Sieg davonträgt.

Doch man kann den Zusammenhang mit der großen Fruchtbarkeit und unbändigen Kraft in der Tierwelt auch in günstigerem Licht sehen. So führen manche Familien und Nationen ihren Ursprung auf ein Tier zurück. Im klassischen Altertum verfolgten sowohl Herodot wie Diodorus Siculus den Ursprung des skythischen Volks zurück auf eine Vereinigung zwischen dem Gott Zeus oder dem Helden Herakles und einer Frau, die von der Hüfte abwärts eine Schlange war; auch Keith Thomas ist auf mehrere im 18. Jahrhundert in England lebende Familien gestoßen, die ihre Abstammung von einem Bären oder einer Hündin herleiteten. Ganz ähnliches gilt für bestimmte Tierfrauen; lange als Verkörperung der bedrohlichen weiblichen Reize angesehen, eigneten feministische Schriftstellerinnen sie sich in jüngerer Zeit als Metaphern für weibliche Stärke an.

Das früheste umfassende Zeugnis halbtierischer/halbmenschlicher Wesen, mittels derer sich eine Kultur selbst definierte, stammt aus dem Griechenland des 5. Jahrhunderts v. Chr. Page duBois hat darauf hingewiesen, daß damals die kulturell bedeutendsten Ungeheuer jene waren, die sich aus Mann und Tier zusammensetzten: erwähnenswert sind besonders die Kentauren (Mann/Pferd) und die Satyrn (Mann/Ziege). Die Selbstdefinition der Griechen erkundete die Grenzen zwischen dem »Selbst« und dem »Anderen«, wobei unter dem »Selbst« der männliche griechische Staatsbürger verstanden wurde. Dieser war nicht Barbar, nicht Frau, nicht Tier. Sowohl den Barbaren wie den Frauen und Tieren – welche allesamt negativ besetzt und vom ordentlichen Leben in der Stadt ausgeschlossen waren – schrieb man viele gemeinsame Züge zu. So hielt man etwa die Barbaren für weibisch; nach dem im 1. Jahrhundert v. Chr. wirkenden Schriftsteller Diodorus Siculus verbrachte Sardanapal, der letzte Assyrerkönig, wie eine Frau die ganze Zeit im Hause, wo er Wolle spann und Frauenkleider trug. Frauen selbst galten, gerade weil sie ihre Begierden angeblich mangelhaft beherrschten, als tierisch. Im 8. Jahrhundert v. Chr. befand der Dichter Hesiod, dessen Werk – wie dasjenige Homers – in der Antike eine Art Bibel war, die erste Frau, Pandora, habe »das Gemüt einer Hündin«; gierig verzehre sie alles, womit sie der Mann nur versorgen könne. In der frühen griechischen Gynäkologie betrachtete man die Gebärmutter zuweilen als zügelloses Tier, das sich zur Befriedigung seiner Gier nach Feuchtigkeit im ganzen Körper bewege. Im Bild der Amazone verbindet sich das Weibliche und das Barbarische, doch als weibliche Krieger dienen sie auch der Erforschung der männlich-weiblichen Grenze. In einer von Diodorus Siculus überlieferten Fassung halten sich die Amazonen für das Wollspinnen und die Kinderaufzucht zahme Männer, die sie, auf daß sie nicht entfliehen, vorsichtshalber lähmen. In einer anderen Fassung aus dem 1. Jahrhundert v. Chr. erzählt der Geograph Strabon, die Amazonen träfen sich einmal jährlich mit den Männern eines Nachbarstamms, um sich fortzupflanzen; gleich Tieren würden diese Amazonen eine Paarungszeit kennen und im Freien kopulieren.

In allen drei ausgeschlossenen Formen bedrohten sie potentiell und real die geordnete Harmonie der männlichen Stadt. Ungeachtet ihres Status als Außenseiterinnen waren Frauen für die Fortpflanzung unverzichtbar. Hatte man sie aber erst einmal in die Stadt gelassen, dann störten sie deren ruhigen Tageslauf, denn man glaubte, sie seien unvernünftiger und dämonischen Kräften zugänglicher. Barbaren konnten, dies hatte der persische Überfall auf Athen im Jahre 480 v. Chr. gezeigt, in Kriegszeiten in die Stadt eindringen. Im klassischen griechischen Denken rückten selbst die Amazonen immer näher; einst ein exotischer Stamm an den nordöstlichen Rändern der griechischen Welt, glaubte man nun mehr und mehr, sie hätten einmal sogar Athen angegriffen.

Kentauren

Die von Kentauren ausgehende Bedrohung wird im Mythos durch ihre gewalttätigen, oft von Trunkenheit begleiteten Handlungen illustriert, die die geregelten Tauschformen, auf denen die Gesellschaft basiert, gefährden: den Austausch von Frauen und die Gastfreundschaft. Die berühmteste Kentaurengeschichte ist auf den Metopen des Parthenon dargestellt: die Lapithenhochzeit, welche von den Kentauren grob gestört wurde, als sie die beim Fest anwesenden Frauen zu rauben trachteten. Im arkadischen Bassai sind auf dem Fries im Innern des Apollon-Tempels, der auf das späte 5. Jahrhundert v. Chr. zurückgeht, zwei Schlachten zwischen Zivilisation und Barbarei abgebildet: Kentauren gegen Lapithen und Griechen gegen Amazonen. In keiner von beiden gibt es einen Sieger, beide Kämpfe werden als endlos betrachtet.

Metope am Parthenon (447–443 v. Chr.); ein Grieche im Kampf mit einem der Kentauren, die das Hochzeitsfest des thessalischen Lapithenkönigs Peirithoos und seiner Braut Hippodameia grob störten. Die betrunkenen Kentauren versuchten nicht nur die Braut, sondern sämtliche anwesende Frauen zu rauben.

Auf einem *Dinos*, einer großen Weinschale, ist ein etwas anderer Kentaurentypus bei einem Hochzeitsfest zu sehen: Chiron trifft als Gast zur Hochzeit des Peleus ein. Später zieht Chiron das Kind des sterblichen Peleus und der unsterblichen Thetis auf – den Helden Achill. Athen, 580 v. Chr.

Paul Baur hat darauf hingewiesen, daß in der griechischen Welt die möglicherweise auf die Hethiter zurückgehende visuelle Vorstellung des Pferdemanns historisch vor den diversen griechischen Sagen über diese Wesen steht. Auf den frühesten griechischen Darstellungen sieht man einen Männerkörper, dem das Hinterteil eines Pferdes angesetzt ist, und nicht einen Männerrumpf auf einem Pferdeleib. Im ersten Fall gibt es manchmal sogar zwei Arten von Genitalien (vorne die des Menschen, hinten die des Pferdes), wodurch die Sexualität dieses Wesens noch zusätzlich betont wird. Beide Typen, jener mit den Beinen des Menschen und jener mit den Vorderfüßen des Pferdes, finden sich in der griechischen Kunst Seite an Seite.

Der einzige »gute« Kentaur in der griechischen Mythologie ist Chiron, der anders als die anderen verheiratet, unsterblich und auf den Gebieten der Medizin und Jagd erfahren ist. Seine Abkunft unterscheidet sich fundamental von der aller anderen Kentauren.

Der von Duris bemalte *Psykter*, Teil einer aus inneren und äußeren Behältern bestehenden Weinkühlvorrichtung, zeigt einen Satyr, der aufgefordert wird, die Kraft seiner Erektion zur Schau zu stellen. Seine Gefährten haben keine Erektionen – um diese zu verhindern, ist ihre Vorhaut womöglich mit Bändern zusammengeschnürt. Athen, 500–490 v. Chr.

Er ist der Sohn des Kronos und der Philyra, während die anderen entweder einer Verbindung zwischen dem berauschten Ixion und der Nephele – einem Wolkenabbild von Hera – oder einer Vereinigung zwischen Kentauros, Sohn des Ixion und der Nephele, und den Stuten Thessaliens entspringen. Auf Abbildungen trägt Chiron einen Bart und eine Tunika; er führt einen Kiefernast mit sich, an dem mehrere erbeutete Hasen hängen; in der archaischen Periode sind seine Vorderbeine stets menschlich. In der Sagenwelt zog er eine Reihe von Helden auf, so etwa Achill und Herakles (die später beide Ungeheuer töten sollten); dem Asklepios brachte er die Heilkunst bei. Es scheint, als eigne sich für das Unterrichtsverfahren, das ein Individuum von der Kategorie Knabe zur Kategorie Mann reifen läßt, am besten ein Wesen, das selbst sonst getrennte Kategorien übergreift. Napier hat festgestellt, daß die heiteren, tanzenden, singenden und sexuell ständig erregten Satyrn, ähnlich wie wilde Halbmenschen in vielen anderen Kulturen, noch mit einer anderen Art Grenze assoziiert werden, nämlich dem Wechsel der Jahreszeiten, tauchen sie doch auch im Zusammenhang mit jahreszeitlichen Festen auf.

So machen halbmenschliche/halbtierische Wesen in ihrem Verhalten deutlich, was es heißt, Mensch zu sein; indem sie sowohl in ihrem Körper wie in ihrem Tun Grenzen überschreiten, führen sie vor, wo genau diese Grenzen zu liegen haben. Kentauren reißen betrunken den Grenzpfahl zwischen zivilisiertem und unzivilisiertem Verhalten nieder, doch hybride Wesen können dadurch, daß sie mit ihrem Körper das scheinbar Gegensätzliche versöhnen, auch zu einer sanften Annäherung zwischen sozialen Kategorien und Jahreszeiten beitragen.

Sirenen

Zum ersten Mal finden die Sirenen literarisch in Homers *Odyssee* Erwähnung, als Odysseus im 12. Buch zweien von ihnen begegnet. Beschrieben wird dort zwar ihr schöner, todbringender Gesang, nicht aber ihre Abkunft und äußere Erscheinung. Möglicherweise sind sie einst menschliche Jungfern gewesen; in einigen antiken Sagen waren sie die Gefährtinnen der Persephone; entweder ließen sie sich Flügel wachsen, um auf dem Meer nach jener Ausschau zu halten, nachdem Hades, der Herr der Unterwelt, sie entführt hatte, oder sie wurden mit ihrer Vogel-Frau-Gestalt dafür bestraft, daß sie Hades nicht von seinem Raub hatten abhalten können. Neben den Flügeln sind ihnen manchmal noch Arme beigegeben, damit sie ihren Gesang auf Musikinstrumenten begleiten können. Im 4. Jahrhundert n. Chr. beschrieb Servius in seinem Homer-Kommentar drei Sirenen – die eine sang, die zweite spielte Pfeife und die dritte Leier. Auf einer athenischen Vasenmalerei aus dem 5. Jahrhundert findet sich eine Sirene, die Odysseus auf der Pfeife vorspielt; auf einer weiteren sind zwei Sirenen beim Leierspiel zu sehen, derweil Euripides' *Helena* sie als »jungfräuliche

Töchter der Erde« anspricht und sie bittet, mit den Flöten und Pfeifen in ihre Wehklage einzustimmen. Der Dichter Pindar meinte, die Flöte komme klanglich dem Gesang der Sirenen am nächsten. Spätere klassische Mythenschreiber versuchten einen Stammbaum der Sirenen zu entwerfen, welcher eine Verbindung herstellte zwischen ihren musikalischen Talenten und ihrem traditionellen Aufenthaltsort, einer Insel entweder vor Sorrent oder zwischen Italien und Sizilien. Ihre Mutter war eine Muse – meist entweder die leierspielende Terpsichore, Muse der Chorlyrik und des Tanzes, oder Melpomene, Muse der tragischen Dichtung – und ihr Vater der Meeresgott Phorkys oder der Flußgott Acheloos.

Obwohl bei Homer nichts über ihr Aussehen steht, erscheinen die Sirenen als Vögel mit Frauenköpfen auf Vasenmalereien, die Odysseus' Begegnung mit ihnen zeigen; die frühesten dieser Vasenmalereien stammen aus dem 6. Jahrhundert v. Chr. In gleicher Form tauchen sie auch auf athenischen Grabmälern der klassischen Periode auf. Zuvor jedoch stellte man bereits Parfümgefäße aus Ton her, die die Form von Vögeln mit Frauenköpfen hatten; dadurch wurde möglicherweise zwischen dem Zauber des Sirenengesangs und der verführerischen Macht des Dufts eine Verbindung hergestellt. In Laurence Binyons Ode *The Sirens* (1924) wird dieser Zusammenhang durch den Aufenthaltsort – »eine ferne Gewürzinsel« – ausgedrückt.

Ovids Dichtung, entstanden zu Beginn der römischen Kaiserzeit, führt die griechische Tradition fort, derzufolge Sirenen die Begleiterinnen der Persephone sind, die sich Flügel wachsen ließen und nun ein jungfräuliches Antlitz, Flügel und eine menschliche Stimme in sich vereinen. In seiner »Liebeskunst« hingegen spricht er von *monstra maris*, Meeresungeheuern, welche mit ihrem Gesang Boote anhalten. Das Wort »Meeresungeheuer« läßt vermuten, daß ihr natürliches Element nicht die einer Insel vorgelagerten Felsen sind, sondern der Ozean selbst, und dieser Zusammenhang mag die spätere Verwandlung der mit Flügeln versehenen Sirenen in jene mit Fischschwänzen, also Meerjungfrauen, erklären.

Nur zwei Gestalten der Sagenwelt gelang es, der Macht des Sirenengesangs, welcher laut dem römischen Dichter Martial den

Dieses Parfümgefäß aus Ton, ein Vogel mit Frauenkopf, stellt möglicherweise eine Verbindung zwischen der verführerischen Macht des Dufts und dem Zauber des Sirenengesangs her. Der Fund stammt aus Korinth, 7. oder 6. Jh. v. Chr.

Tod reizvoll erscheinen läßt, zu widerstehen: Orpheus und Odysseus. Orpheus übertönte den Gesang mit seiner eigenen Musik; Odysseus strich seinen Reisegenossen Bienenwachs in die Ohren und ließ sich selbst an den Schiffsmast binden, um dem Gesang trotzdem lauschen zu können. Dies waren jedoch nicht die ersten Niederlagen der Sirenen. Einst hatte Hera sie dazu überredet, sich mit den Musen an einem Musikwettkampf zu messen. Die Sirenen unterlagen, und die Musen rupften ihnen – nur die Mutter der Sirenen verschonten sie – die Federn aus und machten daraus Kronen.

Frühchristliche Autoren fügten den klassischen Sagen ihre eigenen Interpretationen hinzu. Seit dem 5. Jahrhundert n. Chr. benutzte man die Sage von Odysseus und den Sirenen als drohendes Beispiel dafür, daß Sicherheit nur im Schiff der Kirche zu finden

Eine Sirene, Füße und Flügel offensichtlich die eines Vogels, der Körper aber der einer reifen Frau, unmittelbar vor dem Beischlaf mit einem schlummernden Schäfer. Wird in diesem Marmorrelief aus hellenistischer oder römischer Zeit der Traum oder der Alptraum des Schlafenden veranschaulicht? Das Vorhandensein menschlicher Arme neben den Flügeln könnte darauf hindeuten, daß es sich bei dieser Figur um eine Harpyie handelt; sie symbolisiert, ganz unabhängig von ihrer genauen Identität, die sexuellen Gelüste von Vogelfrauen.

Bildausschnitt von einer korinthischen Trinkschale um 600 v. Chr.; zwei halbmenschliche/halbtierische Wesen – eine Sirene und eine Sphinx – stehen einem Greif gegenüber.

sei, wo man sich das Wachs der rechtmäßigen Doktrin in die Ohren streiche und sich mit dem Tau der göttlichen Gnade oder den Ketten der Tugend an den Mast – das Kreuz – binde. Andere christliche Autoren glaubten, das Wachs sei die Philosophie, dank welcher der Geist der Versuchung widerstehe. Die Geschichte diente auch Anführern als Lehrstück dafür, daß man für das Wohl seiner Gefolgschaft zu sorgen habe. Es fällt auf, daß bei Homer weder Wachs noch Tau Odysseus' eigene Idee war; beides wurde ihm von der Zauberin Kirke anempfohlen. Dieser Punkt, welcher die Glaubwürdigkeit der Allegorie von Odysseus und Christus erheblich schmälern würde, wird in christlichen Kommentaren geflissentlich übersehen.

In der christlichen Symbolik steht die Sirene für Wollust oder, allgemeiner formuliert, für die Freuden dieser Welt. Die christliche Bildersprache betont im Mittelalter die bedrohliche Weiblichkeit der schrecklichen Sirenen. So schreibt im 11. Jahrhundert Marbode de Rennes über die Frauen als Wurzel allen Übels, und am Beispiel der Sirenen ermahnt er die Männer, sich »vor den honigsüßen Giften, dem lieblichen Gesang und dem Sog der dunklen Tiefen« in acht zu nehmen. Und im 12. Jahrhundert bemerkte der Homer-Kommentator Eustathios, die Sirenen seien »nichts weiter als die Erinnerung eines griechischen Seefahrers an ein Freudenhaus für Matrosen«. Die sexuellen Gelüste der Sirenen lassen sich bis in die hellenistische Zeit zurückverfolgen; auf Marmorreliefen und Lampen sehen wir eine Sirene mit den Armen eines Menschen und den Flügeln und Füßen eines Vogels, die sich zum Beischlaf mit einem auf dem Rücken liegenden Schäfer anschickt. In Tennysons Gedicht »The Sea-Fairies« (›Die Meernymphen‹) wird aus dem Sirenengesang geradezu eine sexuelle Aufforderung:

> Oh hither, come hither, and be our lords,
> For merry brides are we:
> We will kiss sweet kisses, and speak sweet words,
> O listen, listen, your eyes shall glisten
> With pleasure and love and jubilee.

(So kommt nur, ach kommt, schließt mit uns den Bund / denn lustige Bräute sind wir: / Süß sind unsre Küsse, süß ist unsre Kund', / Euer Ohr, es soll lauschen, euer Aug' sich berauschen / an Lust, Liebe und Pläsier.) Es handelt sich hier nicht einfach um eine moderne Interpretation: In der *Suda*, dem enzyklopädischen Lexikon aus dem 10. Jahrhundert n. Chr., locken die Sirenen ihre Beute »mit bestimmten lüsternen Liedern« an.

Wie Pandora, die erste Frau, deren von den Göttern ersonnenes schönes Äußeres den Geist einer Hündin verbergen soll, verwendet man auch die Sirene zunehmend als Symbol für den Kontrast zwischen der Welt der Sinneswahrnehmung und der darunter liegenden Wirklichkeit. Marbode de Rennes warnt: »Laßt euch nicht von der Anmut ersonnener Äußerlichkeit verführen«. Die Sirene im 19. Gesang von Dantes *Purgatorio* stottert, schielt und hat verkrüppelte Hände und Füße; doch als Vergil sie betrachtet, wird sie redegewandt und schön – aber Vergil enthüllt von neuem die Wirklichkeit, indem er ihre Kleider zerreißt, worauf ihn ein fürchterlicher Gestank wachrüttelt.

Eine andere Einschätzung der Sirenen vertrat Cicero; nicht der Gesang, so behauptete er, wecke das größte Verlangen, sondern dessen Inhalt: »Nicht die Süße ihrer Stimmen oder die Ungewöhnlichkeit und Vielgestaltigkeit ihres Gesangs war es, was die vorbeiziehenden Reisenden anzog, sondern ihr zur Schau gestelltes Wissen; es war die leidenschaftliche Gelehrsamkeit, die die Männer an den felsigen Gestaden der Sirenen festhielt. [. . .] Was die Sirenen vortragen, ist *Wissen*.« Auch dafür finden wir Bestätigung bei Homer, der sagt, die Sirenen hätten Odysseus mit folgenden Worten zum Zuhören aufgefordert: »Wir *wissen* alles, was sich auf der schwer leidenden Erde zuträgt.« In Binyons Werk *The Sirens* lockt die »peinigende Süße« ihres Gesangs den Zuhörer »hinter die Schranken des Wissens« in Bereiche, in die sich der Mensch nicht vorwagen sollte. Man kann das Wissen der Sirenen einfach als Fähigkeit interpretieren, die Zukunft vorauszusagen – so geschehen im 16. Jahrhundert in Camoes' Epos über die portugiesischen Entdeckungsfahrten, *Die Lusiaden*, in dessen zweitem Gesang Venus und die silbrigschwänzigen Nereiden der nahe der afrikanischen Küste in Bedrängnis geratenen Flotte Vasco da Gamas zu Hilfe eilen. Große Teile des zehnten und letzten Gesanges, in dem die Seeleute mit den Nereiden schmausen, handeln von einer Sirene, die in ihrem Gesang große, noch nicht geborene Helden weissagt. Dagegen hält Hugh Lloyd-Jones fest, das Wissensgeprahle gegenüber Odysseus sei nur ein weiteres Beispiel für die Verführungskraft der Sirenen. Sie wüßten genau, welche Worte jedes einzelne Opfer in Beschlag nehme, und ihnen sei bewußt, daß der neugierige Odysseus nach nichts so dürste wie nach Wissen.

Eine andere Tradition konzentriert sich stärker auf die Musik als auf die Worte. Platon stellt in seinem Er-Mythos am Schluß seines *Staates* eine Sirene auf jede der acht Sphären; eine jede singt konstant einen einzigen Ton, und die Moiren stimmen in diese Musik der Vergangenheit, Gegenwart und Zukunft ein. So wird aus dem Gesang der Sirenen reines Wissen, Sphärenmusik – eine

Ein *Stamnos* oder Weinkrug aus Athen (ca. 460 v. Chr.), auf dem Odysseus dem Sirenengesang widersteht; eine der bezwungenen Sirenen scheint sich von ihrem Felsenheim in den Tod zu stürzen. Ob sich Sirenen je wegen einer Niederlage umbringen würden, wird von Giuseppe di Lampedusa in seiner Erzählung *Die Sirene* thematisiert (siehe S. 261 f.).

später von Milton im Gedicht »At a Solemn Music« übernommene Interpretation, denn er ruft ihnen zu: »Blest pair of Sirens, pledges of Heav'ns joy / Sphere-born harmonious sisters, Voice and Verse.« (Gesegnetes Paar der Sirenen, Verheißung himmlischer Freuden / Kinder der Sphären, harmonische Schwestern, Stimme und Strophe.)

Für Francis Bacon lag in seinem Werk *The Wisdom of the Ancients* die Stärke des Gesangs in seiner musikalischen Komplexität, der Verknüpfung einer »Vielfalt melodischer Weisen«. Der karibische Poet und Dramatiker Derek Walcott stellt in seiner unlängst erschienenen Bühnenfassung der *Odyssee* fest, nach dem Gesang der Sirenen sei »jede Musik Lärm«.

Harpyien

Plinius nahm in seiner *Naturgeschichte* die Sirenen in das Kapitel über Fabelwesen auf. Er selbst bestritt zwar deren Existenz, doch zitierte er Dinon, dessen Sohn Kleitarch sie auf seinen Reisen an der Seite Alexanders des Großen in Indien lokalisiert hatte. Laut Dinon »verzücken sie die Menschen mit ihrem Gesang, und wenn jene dann tief in Schlaf gefallen sind, reißen sie sie in Stücke«. Hier scheint sich die Sirene nicht von der Harpyie zu unterscheiden, auch wenn sonst Lloyd-Jones' Ansicht vorherrscht: »Würde man an einer Dinner-Party von der Gastgeberin gefragt, ob man lieber neben einer Harpyie oder neben einer Sirene zu sitzen wünsche, entschiede man sich für die Sirene«.

Harpyien, oder wörtlich »Rafferinnen«, haben die Gestalt von Frauen mit Flügeln und Armen, während Sirenen meistens Vögel mit einem Frauenkopf sind. Ihre Herkunft liegt im Dunkeln: Sie sind Töchter von Thaumas, Poseidon oder Typhon und von Elektra. Sie werden, wie Frauen im frühgriechischen Denken überhaupt, durch unersättliche Freßgier gekennzeichnet – eine Freßgier, die sie schier rasend macht; so schreibt Athenaios: »Zahllos waren die Abendtafeln, die sie besudelten, indem sie sich mit reißenden Mäulern und gierigen Lippen über sie hermachten.«

Darstellung einer Harpyie aus dem 17. Jh. Zu jener Zeit führte das Interesse an Ungeheuern – ob es sich nun um nichtmenschliche Wesen handelte oder um solche, die von einer menschlichen Frau auf die Welt gebracht werden konnten – zu einer Überfülle von Illustrationen in medizinischen und naturwissenschaftlichen Werken, und auch für die traditionellen Wesen der klassischen Mythologie wurden neue Bilder geschaffen.

Ihr Hauptopfer in der klassischen Mythologie war Phineus von Thrakien. Der mit Blindheit geschlagene Phineus – Preis für seine Unsterblichkeit, Vergeltung, weil er seine Wahrsagegabe mißbraucht und dem Menschen die göttlichen Geheimnisse offenbart hatte, oder Rache für die Mißhandlung seiner ersten Frau –, wurde von den Harpyien entweder in ferne Gefilde zu fremden Menschen verschleppt oder am Essen gehindert und seiner Speisen beraubt. Wie Apollonios Rhodios im 3. Jahrhundert v. Chr. in seinem Epos *Die Argonauten* schrieb: »Die Harpyien raubten ihm mit ihren Krummschnäbeln unaufhörlich die Speisen von Mund und Händen [. . .] und sie hüllten alles in einen ekelerregenden Gestank.« Der von ihnen hinterlassene Geruch wird als Verwesung beschrieben. Phineus erfuhr Rettung, als er den Argonauten ein Festessen ausrichtete, bei dem die Boreassöhne die Harpyien schließlich in die Flucht schlugen. Jene suchten Zuflucht auf den Strophadeninseln, von denen aus sie später, wie Vergil berichtet, Äneas und die anderen geflüchteten Trojaner angriffen. Vergils Harpyien haben Klauenfüße, und ihre Menschenarme enden in Krallen; sie machen sich über die Speisen der Trojaner genauso her wie über das Essen des Phineus. Sie sind schmutzig und laut, stinken nach Verwesung und haben ständig Durchfall. Doch wie die Sirenen verfügen sie über wahrsagerische Kräfte: Sie verkünden, daß sich Italien als Äneas' Bestimmungsort erweisen werde.

In mancher Hinsicht stehen Sirenen und Harpyien, trotz der Ähnlichkeit ihrer Vogelfrauen-Gestalt, in direktem Gegensatz zueinander: Haben die Sirenen einen süßen Gesang und lassen sich mit Wohlgeruch assoziieren, so geben die Harpyien mißtönende Geräusche von sich – sie stoßen »mit einem schrillen Geschrei« herab –, und man verbindet mit ihnen einen faulen Gestank. In anderen Belangen ähneln sie sich dagegen sehr. Nicht bloß verfügen sie beide über ein Wissen um die Zukunft, sie stehen auch mit der Unterwelt in Verbindung; in manchen Fassungen erhielten die Sirenen ihre Gestalt, weil es ihnen nicht gelang, Persephone vor dem Herrn der Unterwelt zu schützen; auch auf griechischen Vasen finden sie sich mit Persephone zusammen. Harpyien »raffen« die Seele, um sie zum Hades zu bringen; wie die Sirenen erschei-

Tafel am »Harpyiengrab«, einer lykischen Totensäule aus dem 5. Jh. v. Chr., auf der eine Vogelfrau menschliche Seelen in die Unterwelt zu bringen scheint. Diese Tafel und eine ähnliche zweite flankieren einen Mittelteil, auf dem ein junger Krieger seinen Helm einem Helden oder Gott darreicht.

nen auch sie oft auf Grabmälern. Das berühmteste Beispiel dieser Art ist die als »Harpyiengrab« bekannte lykische Totensäule aus dem frühen 5. Jahrhundert v. Chr.; auf ihr sind vier Figuren abgebildet, die alle Kopf, Arme und Brüste einer Frau, aber Beine, Flügel und Schwanz eines Vogels haben. Jede trägt einen kleinen weiblichen Menschen; womöglich handelt es sich jeweils um die Seele – diese Vermutung wird durch die trauernde Frau, die neben einer der Figuren sitzt, untermauert. Die Vogelfrauen halten ihre Schützlinge zärtlich, fast so, als würden sie sie stillen, während die menschlichen Wesen sich an ihren Trägerinnen festklammern, als fürchteten sie herunterzufallen.

In solchen Darstellungen wurde der Beweis für eine Verbindung zwischen den Sirenen und Harpyien und den Seelenvögeln der ägyptischen Mythologie gesehen; Wandmalereien dieses Seelenvogels (*bai*) reichen bis ins 13. Jahrhundert v. Chr. zurück. Auch in anderen Kulturen finden sich Vögel mit Menschenköpfen, bei denen andere Bedeutungen ins Blickfeld geraten. In der islamischen Kunst und Literatur finden wir die Murgh-i-adami, zwei pfauenähnliche Vögel mit Menschengesichtern, die auf Fragen, die man ihnen stellt, wahrheitsgemäß antworten. Eva Baer ist in der mittelalterlichen islamischen Literatur und im Volksglauben auf vier verschiedene Arten menschenköpfiger Vögel gestoßen, die alle in fernen, unzugänglichen Gegenden vermutet werden; in der Kunst jener Zeit allerdings sind alle vier durch einen einzigen Typus vertreten, der offensichtlich auf der klassischen Harpyie beruht, die auf koptischen Stoffen erstmals im 8. Jahrhundert n. Chr. auftaucht. Den Gipfel ihrer Popularität erreichen diese Vögel zwischen dem 11. und 13. Jahrhundert n. Chr.; oft tauchen sie in Gerichtsszenen auf, wo sie Majestät und Glückseligkeit zu repräsentieren scheinen. Als Bewacherin von Weltgegenden, die dem Menschen unzugänglich sind, erscheint die Harpyie Mitte des 7. Jahrhunderts in einem Manuskript: Ein Seefahrer landet auf einer Insel, die von vier Affen, einer Sphinx und einem menschenköpfigen Vogel bewohnt wird. In manchen Fassungen der Alexandersage begegnet Alexander der Große zwei Vögeln mit Menschenköpfen; in der armenischen Version wird er zur Rückkehr aufgefordert, da er in ein Land gelangt ist, zu dem nur die Götter Zutritt haben. In der aus dem 3. Jahrhundert n. Chr. stammenden griechischen Version trifft Alexander diese Vögel auf den Inseln der Seligen an; was seine Soldaten dort auch in die Finger bekommen, alles erweist sich als Gold oder Perlen. Alexanders Koch trinkt unwissentlich aus einem Bach, dessen Wasser Unsterblichkeit verleiht. Später trinkt auch Alexanders Tochter Kale vom Wasser, das der Koch zurückgebracht hat, und wird vom mißgünstigen Alexander ver-

In manchen Fassungen der Alexandersage trifft Alexander der Große auf zwei Vögel mit Menschenköpfen, die die Grenze zwischen der diesseitigen Welt und Gegenden, zu denen nur die Götter oder die Toten Zutritt haben, bewachen. Armenisches Manuskript, 1544.

stoßen; von nun an trägt sie den Namen Neraida, weil ihr das Wasser Unsterblichkeit geschenkt hat. Dies verbindet sie, wie sich zeigen wird, mit den klassischen Meerjungfrauen, den Nereiden.

Auch in nicht-westlichen Kulturen kennt man unheilvolle Vogelfrauen. In der Mythologie der Maori spießt Kura ngaituku, die groß wie ein Baum ist und sowohl Flügel wie Arme hat, Vögel mit ihren Nägeln auf. Sie fängt einen Jungen namens Hatupatu und trägt ihn zu sich nach Hause; dort stiehlt er all ihre schönen, wertvollen Kleider und sucht das Weite. Bei seiner Heimkehr ist er vom Jungen zum Mann gereift, was darauf hindeutet, daß auch hier eine Verbindung zwischen hybridem Tiermenschen und dem Übergang von einer Altersgruppe zur anderen hergestellt wird.

Meerjungfrauen

Im Bestiarium des Isidor von Sevilla aus dem 7. Jahrhundert n. Chr. bezeichnet das lateinische Wort »siren« noch ein Wesen, das halb Frau und halb Vogel ist und Flügel und Krallen hat. Doch schon im 10. Jahrhundert n. Chr. können »Sirenen« auch Frauen sein, die unterhalb des Nabels Fischgestalt haben. Es existieren sogar Manuskripte, in denen der Text eine Vogelfrau beschreibt, während auf der dazugehörigen Illustration eine Fischfrau zu sehen ist. Manche mittelalterlichen Bestiarien gestehen die Begriffsverwirrung ein und sprechen von verschiedenen Sirenenarten – Vogelfrauen, Fischfrauen und sogar Schlangenfrauen.

Laut Edmond Faral geht der Sirenentypus der Fischfrau auf das *Buch der Ungeheuer* zurück, welches vermutlich im späten 7. oder frühen 8. Jahrhundert von Aldhelm von Malmesbury verfaßt wurde. Möglich, daß Aldhelm deren Äußeres so auslegte, daß es mit Ovids Bild der »Meeresungeheuer« übereinstimmte, und auch Homers Stillschweigen über die Herkunft der Sirenen – gezeugt von einem Fluß- oder Meergott – spricht für die Vorstellung, daß es sich um Fischfrauen handelte.

Doch erst im späten 12. Jahrhundert wird in der westlichen Zivilisation die Fischfrau-Sirene zur Norm. Dazu ist es vermutlich nicht ganz zufällig gekommen. Die meisten europäischen Handelsrouten im Atlantik und Mittelmeer führte man bis in die frühe Neuzeit den Küsten entlang. Im Mittelmeerraum dienten dem Matrosen viele Inselchen und gebirgige Küstenstriche als Seezeichen. Möglicherweise waren die Sirenen auf ihren Felsen dem Lotsen, der sich beim Umfahren der Küste nach Seezeichen umsah, ein passendes Objekt seiner Furcht, derweil sich die Meerjungfrauen besser zu eignen begannen, sobald sich die Schiffe im Ozean weiter von der Küste entfernten – und mit Beginn des 16. Jahrhunderts sogar den Nordatlantischen Ozean überquerten, wobei sie von besserer Ausrüstung unterstützt wurden, u. a. dem Kompaß, der etwa im Jahre 1200 in Gebrauch kam.

Ebenso bedeutsam ist wohl die in die westliche Kultur eingeführte Assoziation von Frauen mit Wasser. Für Aristoteles und die Anhänger der hippokratischen Schule waren Frauen physisch feuchter als Männer. Da ihr schwammiges Fleisch der Nahrung mehr Flüssigkeit entziehe, so glaubten sie, sei die Menstruation zur Beseitigung des Überschusses unerläßlich. Die See gilt entsprechend als das sozusagen weibliche Element, und dieser Glaube findet seinen traditionellen Ausdruck darin, daß die Anwesenheit von Frauen an Bord eines Schiffes für ein Unglück gehalten wird; ist die See aber weiblich, dann sollte die ihrer Herr werdende Schiffsbesatzung aus Männern bestehen. Dort, wo weibliche Figuren als Galionsfiguren verwendet werden, ist mindestens eine Brust entblößt, denn von einer nackten Frau glaubt man, sie könne einen Sturm auf hoher See besänftigen; das Skiff der Marie Antoinette trug als Galionsfigur eine Meerjungfrau. Die Vorstellung, daß weibliche Ungeheuer im Element des Wassers eher zu Hause seien, mag in all dem ihren Ursprung haben.

Eine andere Erklärung für die Transformation der Vogel- in Fischsirenen könnte in der klassischen Sage liegen, die davon erzählt, wie sich die Sirenen mit den Musen an einem Gesangswettkampf maßen, unterlagen und von den Siegerinnen gerupft wurden. In Edmund Spensers 1596 erschienener *Faerie Queene* finden

Eine Meerjungfrau als Galionsfigur am Skiff der Marie Antoinette (1755–93); da den Meerjungfrauen häufig die Macht zugeschrieben wird, Stürme nach Belieben zu entfesseln oder zu besänftigen, erscheint es höchst vernünftig, sich vor Antritt einer Segelreise dem Schutz einer Meerjungfrau zu empfehlen.

wir eine Version, die uns vielleicht das »fehlende Glied« liefert. Im 12. Gesang muß Sir Guyon den verschiedensten Wonnen, die er auf seiner Reise antrifft, »widerstehen«. Die ihm begegnenden Meeresungeheuer betrachtet er nicht als Zeugnisse für den Reichtum der göttlichen Schöpfung, ganz im Gegenteil; es sind »gräßliche Abbilder der Entstellung«, weit schrecklicher als alles, was auf dem Festland erblickt werden kann. Guyon vernimmt dann das erbarmungswürdige Klagen einer »betrübten Maid«, die von einer Insel um Hilfe ruft; es wird ihm geraten, nicht auf sie zu achten, da sie hinterlistig sei und ihn bloß in den Ruin treiben werde. Er gehorcht und gelangt nun an die felsige Bucht, wo fünf Meerjungfrauen leben. Spenser erklärt, dies seien einst »feenhafte Damen« gewesen, welche die Musen törichterweise zum Machtkampf herausgefordert hätten; einmal geschlagen, waren sie

[...] deprived
Of their proud beauty, and th'one moiety
Transform'd to fish, for their bold surquedry.

([...] ihrer stolzen Anmut beraubt, und die eine Hälfte / verwandelt in einen Fisch, der dreisten Anmaßung Lohn.) Seit jener Zeit aber setzten sie ihr musikalisches Talent dazu ein, Reisende anzulocken, um sie zu töten. Wo bei Spenser Frauen in Meerjungfrauen verwandelt werden, da werden in der klassischen Version Frauen in Vogelfrauen verwandelt und anschließend wegen ihres Versagens im Wettstreit mit den Musen gerupft; ohne Federn scheinen sie keine Vögel mehr zu sein, und so nehmen sie nach und nach die Gestalt von Fischen an.

In der kirchlichen Kunst des Mittelalters leben Vogelsirenen – darunter auch einige männliche mit Bärten und einige kriegerische in Rüstungen – Seite an Seite mit Meersirenen, welche häufig einen kurzen Rock oder Gürtel tragen, um die Nahtstelle zwischen Menschen- und Fischleib zu bedecken. Die Sirenen und Kentauren erscheinen oft zusammen, wobei die Kentauren mit Pfeil und Bogen auf die Sirenen Jagd machen. Hatten die christlichen Schreiber schon die Geschichte von Odysseus und den Vogelsirenen auf-

In der sakralen Architektur des Mittelalters wird die klassische Bedeutung der Sirenen und Kentauren von christlicher allegorischer Interpretation überlagert. Die Sirenen repräsentieren die Leidenschaft und werden häufig von Kentauren mit Pfeil und Bogen zur Strecke gebracht. Dieses Beispiel eines jagenden Kentauren, Mitte des 12. Jh.s entstanden, stammt aus Serrabone, Ostpyrenäen, Frankreich.

genommen und mit einer Moral versehen, so wurden nun auch die Fischsirenen zu Trägerinnen von Allegorien; beispielsweise soll eine Sirene, die einen Fisch umklammert, die von Leidenschaft umklammerte Seele symbolisieren.

Für das Studium der Hybriden besonders aufschlußreich sind die 1531 erschienenen *Emblemata* des Andreas Alciatus. Als Emblem Nr. 116 enthält es die Abbildung von Sirenen, die dem Odysseus ihre Musik vorspielen. In seiner Bilderklärung läßt Alciatus die multiple, sowohl den klassischen Vogel wie die mittelalterliche Meerjungfrau einbeziehende Identität der Sirene anklingen: »Vögel ohne Federn, Jungfrauen ohne Beine, Fische ohne

Flossen – was mag das sein? Es widerspricht aller Natur, diese je vereinigt zu haben.« Die Botschaft, die er dem Bild entnimmt, ist einfach: »Die Frau ist eine Falle.« Über die Sirenen meint er spottend, von den Musen seien sie gerupft worden und Odysseus hätte sich einen Spaß mit ihnen gemacht und vorgeführt, daß von Dirnen nichts zu lernen sei. In der gesamten Überlieferung wird nur einmal von einer Meerjungfrau berichtet, die zugleich Vogel, Fisch und Frau war: Im Jahre 1812 nämlich will ein gewisser Mr. Toupin aus Exmouth eine Meerjungfrau mit »kurzen, runden, breiten Federn« gesehen haben, die »wilde Weisen« sang. Doch die Ansicht, daß Meerjungfrauen über gewisse vogelhafte Züge verfügen, scheint sich hartnäckig gehalten zu haben. Im Jahre 1730 wurde in London eine geflügelte Meerjungfrau ausgestellt, die man angeblich in der Gegend von Exeter eingefangen hatte.

Auch die Harpyie machte in den mittelalterlichen Bestiarien einen Wandel durch; sie mutierte sogar zum Pferdemann mit Löwenleib, Schlangenflügeln und Pferdeschweif. In mittelalterlichen enzyklopädischen Lexika symbolisiert sie die Habsucht. Man sagt ihr auch Grausamkeit nach – sie tötet den erstbesten Menschen, geht anschließend ans Wasser, wo sie beim Betrachten ihres Spiegelbilds gewahr wird, daß sie eine Mitkreatur umgebracht hat. Vom Gewissen gequält, wird ihr Gram jedes Mal von neuem entfacht, wenn sie ihr Spiegelbild erblickt, und in manchen Fassungen bringt sie sich um. In Dantes *Inferno* tauchen Kentauren und Harpyien im siebten Höllenring der Gewalttaten auf. Die Kentauren – unter ihnen auch der im Grunde gütige Chiron – bewachen die Seelen jener, die sich der Gewalt gegen andere schuldig gemacht haben, während die Harpyien auf jene achtgeben, die gegen sich selbst Gewalt geübt haben, wozu auch die Selbsttötung gehört.

In der griechischen und römischen Kunst und Literatur, wo eine »Sirene« noch unbestritten ein Vogel war, gab es auch Meernymphen, die jedoch nicht unbedingt eines Fischschwanzes bedurften. Ino ›mit den zierlichen Knöcheln‹, die bei Homer dem Odysseus beisteht, lebt im Meer, ohne jedoch aufgrund ihrer charakteristischen Züge eine Meerjungfrau sein zu können. Meerjungfrauen haben ihre eigenen Attribute – langes Haar, Kamm und Spiegel –, manche Züge teilen sie aber auch mit den Sirenen; Schönheit des Gesangs oder der Stimme, Gabe an Prophetie und Assoziation mit dem Tod. In der hellenistischen und römischen Grabkunst sind Prozessionen von Nereiden oder Meernymphen zu sehen, die auf Meerestieren, darunter auch Seekentauren, reiten und so die Seelen der zu den Inseln der Seligen gebrachten Toten symbolisieren. Doch die prophetische Gabe der Meerjungfrauen, Stürme vorauszusagen, geht einher mit ihrer Fähigkeit, solche zu verursachen. In griechischen Volkssagen aus dem 19. Jahrhundert hält ein Wesen namens Gorgona, halb Fisch, halb Frau, besonders samstagnachts auf dem Schwarzen Meer vorüberfahrende Schiffe an und fragt: »Lebt Alexander?« Erfolgt nicht die richtige Antwort (»er lebt und herrscht über die Welt«), dann vernichtet sie mit einem Sturm die gesamte Besatzung. Ist sie aber mit der Antwort zufrieden, dann besänftigt sie die See, spielt auf ihrer Leier und singt dazu. Wie die Sphinx lockt auch dieses halbweibliche Wesen Menschen mit Rätseln in die Falle.

Meerjungfrauen können, wie Sirenen und Harpyien auch, den Tod bringen. Im Volksmärchen stellen sie oft die Güte von Sterblichen auf die Probe und reagieren unbarmherzig, wenn diese den Anforderungen nicht genügen. In einem schottischen Volksmärchen bringt eine Meerjungfrau einen Säugling aus Rache um, weil ihr liebster Fels zerbrochen ist. Die Geschichte der Melusine aus dem 14. Jahrhundert handelt von einer Meerjungfrau oder Schlangenfrau, die einen Sterblichen heiratet und ihn reich zu machen verspricht, dafür aber jeden Samstag allein zu sein wünscht. Eines Tages bricht ihr Mann dieses Tabu und findet sie in ihrer Meerjungfrauengestalt im Bad, worauf sie entflieht.

Auch außerhalb der westlichen Kulturen können im Wasser lebende weibliche Wesen ähnliche Attribute wie die Meerjungfrauen haben, wenn auch ohne die jenen eigentümliche Halbfischgestalt. In der hawaiischen Mythologie ist Hina eine Frau, die auf dem Meeresgrund lebt, von wo sie aber fortgeht, um mit einem menschlichen Häuptling zusammenzuleben; ihre Brüder dagegen können auch Fischgestalt annehmen. In indischen Legenden sind die Apsaras Wassernymphen, die dem Gott Indra folgen; ihrer

Matsya, hier als Statue aus dem 18. oder 19. Jh., ist die Fisch-Inkarnation Vishnus, jenes hinduistischen Gottes der Ordnung und fürstlichen Macht; es handelt sich nur um eine von vielen halbmenschlichen/halbtierischen Inkarnationen dieser Gottheit. Vishnu kann kraft seiner göttlichen Macht sonst unbeständige Bilder in Einklang bringen.

Gestalt nach Menschen, teilen sie mit den Meerjungfrauen Schönheit, musikalisches Können und das Wissen um die Zukunft. Ein weiterer Wesenszug von ihnen ist die Promiskuität: Sie sind »himmlische Kurtisanen«. Jalpari, eine Flußfee im Pandschab, tötet jeden Mann, der ihre sexuellen Anträge zurückweist.

Einen Zug teilen Sirenen und Harpyien allerdings nicht mit den Meerjungfrauen: ihren Reichtum; in ihrem Königreich unter dem Wasser nämlich haben sie Schätze angehäuft – die Ladungen untergegangener Schiffe. Dies ruft die alte Bewacherrolle der halbmenschlichen/halbtierischen Wesen in Erinnerung. Zur Bewachung von Türen und Pforten benutzte man seit früher Zeit menschlich-tierische Hybriden; Menschen mit Adlerkopf oder Flügeln ebenso wie Löwen mit Flügeln und Menschenköpfen verwehren bösen Mächten den Eintritt – so zu sehen am Palast des Assurnasirpal II. in Nimrud, entstanden im 9. Jahrhundert v. Chr. Frauen, und ganz besonders Jungfrauen, sind die besten Hüterinnen von Schätzen; die Griechen verwendeten die Karyatiden (Töchter der Karya) als Säulen am Erechtheion, in dem die Schätze Athens aufbewahrt wurden; die Römer gaben Testamente und andere wichtige Dokumente in die Obhut der vestalischen Jungfrauen, in der Meinung, eine Frau, die ihre Jungfräulichkeit bewahre, könne auch andere Dinge bewahren.

Im Schatz der Meerjungfrau verbindet sich so möglicherweise das Bild von Jungfrau und hybridem Wesen. Dies würde auch erklären, weshalb die Beziehungen von Meerjungfrauen zu sterblichen Männern häufig unter keinem glücklichen Stern stehen; die Meerjungfrau bleibt ungeachtet ihrer Reize eben doch eine Jungfrau und darf nicht angerührt werden. Die Sirenen, sowohl »jungfräuliche Töchter der Erde« wie Huren, teilen diese Verbindung von Unnahbarkeit und Verführungskraft.

Wie aber steht es mit den Männchen dieser Gattung? Sind Meerjungfrauen und Sirenen nur für sterbliche Männer unerreichbar, oder für männliche Wesen überhaupt? Wassermänner (oft auch Tritonen genannt) haben zwar ihren Platz in Kunst und Literatur, aber sie kommen weit weniger häufig vor als Meerjungfrauen; genauso finden sich zwar auf manchen frühen griechischen

Das um 1580 in Italien angefertigte Canning-Juwel, benannt nach Lord Canning, der es während seiner Zeit als »Vizekönig von Indien« (d. h. britischer Gouverneur) erwarb. Der Torso des Wassermanns besteht aus einer einzigen Perlenblase und ist mit Gold, Edelsteinen und Email verziert. Im 16. Jh. waren Juwelen, auf denen Meerjungfrauen, Wassermänner, Drachen und Wasserschlangen zu sehen waren, sehr in Mode.

Vasen und in der Kunst des Mittelalters bärtige männliche Sirenen, doch in der Literatur konnten sie sich nicht durchsetzen. Die übliche Gestalt ist jedenfalls die der Halbfrau, auch wenn man den Mann als die ursprüngliche Form bezeichnen könnte. Der babylonische »Weise« Oannes, von akkadischer, vielleicht bis ins Jahr 5000 v. Chr. zurückreichender Abkunft, war ein Fischmensch oder Ziegenfisch, obwohl man ihn auch als ganzen Mann findet, der lediglich einen Fischkopf als Mütze und eine Fischhaut als Umhang trägt. Er galt als Kulturbringer und stieg allmorgendlich aus dem Meer, um die Menschen in den schönen Künsten und Wissenschaften zu unterweisen; indem er Züge von Tier und Mensch in sich vereinigt, erinnert er an Chiron, den idealen Erzieher. Auch Atargatis, Mondgöttin der Syrer, und Derketo, Mondgöttin der Philister, waren halb Frau und halb Fisch.

In der Renaissance kehrt der Wassermann zurück, und zwar dank eines neu entfachten allgemeinen Interesses an Meermenschen, verknüpft mit einer Tendenz, die Mythologie rational zu deuten; Meerjungfrauen müssen sich auf irgendeine Weise fortpflanzen, wodurch Männer nötig werden. Im 16. Jahrhundert kamen kunstvolle Juwelen mit Meerjungfrauen und Wassermännern in Mode; das berühmteste davon ist wohl das Canning-Juwel; der Körper des Wassermanns besteht aus einer einzigen Perlenblase, die ihre Form erhält, nachdem in die Perle eingekapseltes organisches Material sich zersetzt und die Perle aufbläht. In seinem Gedicht »The Forsaken Merman« (›Der verlassene Wassermann‹) aus dem Jahre 1849 kehrt Matthew Arnold das übliche Muster vom sterblichen Mann, der eine Meerjungfrau liebt, von dieser jedoch verlassen wird, um: Bei ihm ist die sterbliche Frau »grausam« und »treulos«. »Der Klang einer fernen Glocke« ruft sie auf, ihren Wassermann und die Kinder hinter sich zu lassen, um ihre Seele zu retten. Grausamkeit wird hier nicht einfach der Meerjungfrau, sondern weiblichen Wesen generell zugeschrieben. In einer eindringlichen Neubearbeitung des Themas Wassermann und sterbliche Frau, in Jane Yolens Kurzgeschichte *The Lady and the Merman*, verliebt sich eine unattraktive Frau in einen Wassermann, dessen »Schönheit und Kraft [. . .] ganz Bewegung und Licht« ist.

Schließlich stürzt sie sich in die See, um mit ihm zu sein: »Das Wasser tauchte ihr Gesicht in Silber, und das ganze Meer spiegelte sich in ihren Augen. Sie war schön, zum ersten – und zum letzten Mal.«

Das Auftreten von Meerjungfrauen und Wassermännern beschränkt sich jedoch nicht auf Kunst und Literatur. An diesen Wesen fällt ganz besonders auf, wie oft sie von Menschen gesichtet wurden; das unterscheidet sie von anderen halbtierischen/halbmenschlichen Hybriden. Unter den frühesten und bedeutendsten Dokumenten befinden sich diejenigen in Plinius' *Naturgeschichte*. Plinius, ehemaliger Befehlshaber der römischen Flotte, erwähnt zwei Begebenheiten, bei denen vor der spanischen Küste ein auf einer Muschel spielender Triton und eine Nereide, die ein »trauriges Lied« sang und starb, gesichtet wurden, daneben aber auch eine Vielzahl toter Nereiden, die der Legat des Augustus in Gallien diesem meldete. Eine Reihe von *equites* – Mitglieder jenes Ritterstands, der in der römischen Gesellschaft Handel und Gewerbe kontrollierte – erblickten im Golf von Cadiz ebenfalls einen »Meeresmenschen« und berichteten, er klettere in der Nacht auf Schiffe. Von diesem Wesen wurde behauptet, es sei seiner Erscheinung nach ganz und gar Mensch. Unter der Herrschaft des Tiberius schließlich, so erzählt Plinius, seien von der Flut Meeresungeheuer in großer Zahl, darunter auch viele Nereiden, an Land gespült worden.

Plinius' Unterscheidung zwischen Nereiden und Tritonen einerseits und dem »Meeresmenschen« andererseits macht deutlich, daß erstere zum Teil Fischgestalt haben. Plinius erklärt ausdrücklich, daß diese zwar den herkömmlichen Beschreibungen entsprächen, daß er aber von den Nereiden sagen könne, sie seien selbst an den menschlichen Körperteilen behaart. Wo von gesichteten Meerjungfrauen die Rede ist, treffen wir immer wieder auf diese zweideutige Haltung, die zwar die aus Kunst und Literatur vertrauten Bilder bestätigt, aber doch eine leise Skepsis beimischt, um die wissenschaftliche Überlegenheit von Augenzeugenberichten über Mythen zu demonstrieren. In Plinius' Werk wird das Meer als ein äußerst fruchtbares, jedoch bedrohliches und unberechenbares Element geschildert, und die Seefahrt gilt ihm als tollkühne, unnatürliche Betätigung; hier jedoch scheint er eher neugierig interessiert als furchtsam. Dies war im 1. Jahrhundert n. Chr. offensichtlich die vorherrschende Reaktion auf Meerjungfrauen, in einer Periode, in der der Wiederaufbau der Kriegsflotte unter Augustus und die Eroberung Englands – einschließlich des als »Äußeren Ozean« bezeichneten Ärmelkanals – unter Claudius zu einer veränderten Einstellung gegenüber dem Meer führte. Dies sollte allerdings nicht überbewertet werden, zogen es doch Caligulas Truppen vor zu meutern, als den Äußeren Ozean nach Großbritannien zu überqueren.

Im späten 6. Jahrhundert n. Chr. wurde an den Ufern des Nils ein Paar Tritonen erblickt – ein Ereignis von großem Gewicht, wie sich zeigen sollte, auch wenn die Berichte über die Gestalt dieser Wesen uneinheitlich sind. Conrad Lycosthenes' Verzeichnis der Wunder, mit dem Gottes Allmacht demonstriert und die Ungläubigen bekehrt werden sollten, erschien Mitte des 16. Jahrhunderts;

Der Bericht über die im Jahre 586 n. Chr. gesichteten »Nilungeheuer« (hier die Illustration Aldrovandis aus dem 17. Jh.) hört sich in *Das Jüngste Gericht wartet auf alle Menschen* (1581) folgendermaßen an: »Im Nil sah man Lebewesen sowohl männlicher wie weiblicher Natur, die, soweit ihre Flanken menschliche Gestalt hatten und von Gott mit einem Fluch belegt waren, von des morgens bis zur neunten Stunde zu sehen waren.«

die Sichtung der Nilungeheuer wurde darin auf das Jahr 586 datiert. In der Ausgabe von 1557 wird dieselbe Illustration eines Tritons und einer Sirene sowohl für Plinius' Berichte wie für die Ereignisse am Nil verwendet. Kunstvollere und detailgetreuere Ausführungen derselben Illustration finden sich ab Mitte des 16. Jahrhunderts bei den Naturhistorikern und Medizinern Conrad Gesner, Ulisse Aldrovandi und Ambroise Paré. Das Männchen trägt einen ernsten Gesichtsausdruck, hat einen Bart und klar gegliederte Arme. Das Weibchen hat ein freundliches Gesicht, langes Haar und Brüste. In Parés *Monstres tant terrestres que marin, avec leurs portrais* wird das Weibchen erst drei Tage nach dem Männchen gesichtet; in Aldrovandis *Monstrorum historia* erscheinen sie offenbar gemeinsam, und die Illustration zeigt sie auch Arm in Arm.

Sehr häufig wurden Meerjungfrauen mit dem Aufkommen von Handelsverkehr und Entdeckungsreisen gesichtet, ganz besonders seit dem späten 16. Jahrhundert, also parallel zu den ersten Kolonisationsanstrengungen in der Neuen Welt, der Suche nach einer nordwestlichen Route Richtung China und der Umsegelung der Welt. Dies hing mit dem Begriff des »Phantastischen« zusammen – stoßen doch Menschen, die bis ans Ende der Welt reisen und neue Reiche entdecken, auf höchst seltsame Dinge, und erweisen sich vermeintlich unwahrscheinliche und übertriebene Geschichten als wahr.

Stephen Greenblatt hat darauf hingewiesen, daß sich Begegnungen mit der Neuen Welt nicht in Widerspruch zu klassischen Berichten von Wundern und Mysterien setzten, sondern diesen vielmehr neues Leben einhauchten. Kolumbus stellte seine Seereisen, indem er das Phantastische heraufbeschwor, in die Tradition der reisenden Helden des Altertums seit Odysseus' Zeiten. Die klassische Tradition wiegt so schwer, daß der Reisende einfach Meerjungfrauen und andere Fabelwesen sehen *muß*. Haben sich auch das erwartete Gold und die Gewürze nicht eingestellt, so kann Kolumbus doch von Menschen mit Schwänzen oder Hundenasen und von Einäugigen berichten. Er unterscheidet zwischen dem Phantastischen und dem Monströsen; das Phantastische ist normal, wenn auch ungewöhnlich schön, reich oder fruchtbar, während das Monströse die Norm verletzt. Vor der Küste Haitis, so berichtet er, habe er drei Meerjungfrauen (*serenas*) gesehen, »die sich recht hoch im Wasser aufrichteten«. Doch wie Plinius erhob auch er, als er sein eigenes Erlebnis danebenhielt, gegen das herkömmliche Bild der Meerjungfrau Widerspruch und notierte in sein Tagebuch, sie seien »nicht so anmutig, wie sie dargestellt werden, denn im Gesicht ähneln sie in gewisser Weise dem Manne«.

Auch im 17. Jahrhundert sichteten Forschungsreisende Meerjungfrauen, so zum Beispiel Sir Richard Whitburne bei seiner Entdeckung Neufundlands im Jahre 1610: Im Gegensatz zu Kolumbus fand er sie schön, mit »blauen Strähnen, welche Ähnlichkeit mit Haaren hatten, wenn es auch gewiß keine Haare waren«. Diese Meerjungfrau legte ihre Hände an die Seite des Boots wie der Meeresmensch bei Plinius. Im Jahre 1614 sichtete Kapitän John Smith vor den karibischen Inseln eine Meerjungfrau; auch sie war anziehend, mit »langem grünen Haar«. Matrosen auf dem Schiff von Henry Hudson bekamen in der Nähe von Nova Zembla eine Meerjungfrau zu Gesicht, und Hudson selbst schilderte 1625, sie habe »die Männer ernst angeblickt«; ihre Haut sei weiß gewesen und ihr Haar lang und schwarz.

Bis in die Neuzeit, ja bis ins 20. Jahrhundert, sind Meerjungfrauen im Zusammenhang mit Handel und Entdeckungsfahrten immer wieder aufgetaucht. Der Schriftsteller und Matrose Ernle Bradford hörte im September 1943 vor den Galli-Inseln Meerjungfrauen singen, und einer von Eric de Bisschops Matrosen sah am 3. Januar 1957 auf dem Deck eine Meerjungfrau mit »Haaren« aus Seetang. De Bisschop schildert den Vorgang in *Tahiti-Nui*: Noch ein paar Tage zuvor habe die Mannschaft sich darüber unterhalten, daß Matrosen, die zu lange auf See gewesen seien, Meereswesen erblickt hätten. Als man nun auf die Meerjungfrau zugegangen sei, habe sie zu leuchten begonnen, sei ins Meer gesprungen und habe einen starken Fischgeruch hinter sich gelassen. Über dem Haupteingang des britischen Warenhauses Selfridges steht eine Statue aus dem Jahre 1931, auf der »die Königin der Zeit« von zwei Meernymphen, die einen zunehmenden und einen abneh-

Die Statue der »Königin der Zeit«, die 1931 über dem Eingang des britischen Warenhauses Selfridges errichtet wurde. Die beidseits der Hauptfigur stehenden Meernymphen könnte man als Symbole für Handel, »bewährte Geschäftsgrundsätze« und die Herrschaft über die Gezeiten (dargestellt durch den zunehmenden und den abnehmenden Mond) interpretieren.

menden Mond in Händen halten, flankiert wird. Gordon Selfridge pflegte zu sagen: »Ich bin ein Abenteurer«, und auf einer Firmenreklame vom 17. März 1909 hieß es: »Schon beim Einkauf der riesigen Warenlager aus allen Ecken der Welt wurden bewährte Geschäftsgrundsätze angewandt, die Vertrauen schaffen.« Die Meernymphen verkörpern hier den Abenteurergeist, die Herrschaft über die Meere (durch des Mondes Herrschaft über die Gezeiten), eine Fülle von Handelsgütern und »bewährte Geschäftsgrundsätze« – das Bewachen der Reichtümer.

Doch nicht immer können Berichte von gesichteten Meerjungfrauen als Seemannsgarn, das bloß die von klassischen Sagen geweckten Erwartungen befriedigt, gewertet werden. Vielfach hat sich das Phantastische näher der Heimat zugetragen als in Plinius' Berichten oder im Falle der Meerjungfrau vom Nil. Im Jahre 1403 soll eine Meerjungfrau in der Nähe des holländischen Edam durch einen geborstenen Deich geschwommen sein; fünfzehn Jahre habe man sie gefangengehalten und ihr beigebracht, zu spinnen und vor dem Kreuz niederzuknien; sie habe nie ein Wort gesprochen und immer wieder ins Meer zu entkommen versucht; diese Geschichte findet sich in John Swans *Speculum Mundi.* Im Jahre 1678 wollen Seeleute im Bristol-Kanal einen Wassermann erblickt haben, und ihr Kapitän meldete, »Gesicht und Kopf« seien »ganz ähnlich wie bei einem Manne«. Auch sonst kam es in Großbritannien zu vielen ähnlichen Begegnungen, ganz besonders an den Küsten Cornwalls, Wales' und Schottlands und häufig in der Nähe von Inseln. Eine Zwergmeerjungfrau, so groß wie ein drei- oder vierjähriges Kind, aber mit »außergewöhnlich stark entwickelten Brüsten«, wurde 1830 vor den Hebriden gesichtet. Ein paar Tage später wurde ihr Leichnam angespült, und man beerdigte sie, in ein Leichentuch gehüllt, in einem Sarg. Eine im Jahre 1881 in einer Bostoner Zeitung beschriebene Meerjungfrau weist Züge auf, die an eine Harpyie erinnern; ihre Arme endeten in »Klauen, die viel eher den Krallen eines Adlers ähneln als Fingern mit Nägeln«.

Manche Meerjungfrauen wurden eingefangen, obwohl sie in Gefangenschaft kaum je lange weiterlebten. Die berühmteste unter ihnen ist die Meerjungfrau von Ambon, die vor Borneos Küste gefangen und von François Valentijn, einem Kaplan der holländischen Kolonialmacht, beschrieben wurde. In Louis Renards 1754 erschienenem Buch über Fische wird sie mit blauen Augen und Schwimmhäuten zwischen den Fingern abgebildet; im Vorwort jener Ausgabe wird dargelegt, daß erstens die seltenen Begegnungen nicht als Beweis für die Nichtexistenz von Meerjungfrauen gelten könnten, und daß man zweitens einfach deshalb nie auf tote Meerjungfrauen stoße, weil ihre menschliche Erscheinung es wohl auch mit sich bringe, daß ihr Fleisch so schnell verwese wie das des Menschen. Die Meerjungfrau von Ambon soll angeblich in einem Wassergefäß vier Tage und sieben Stunden überlebt haben und da-

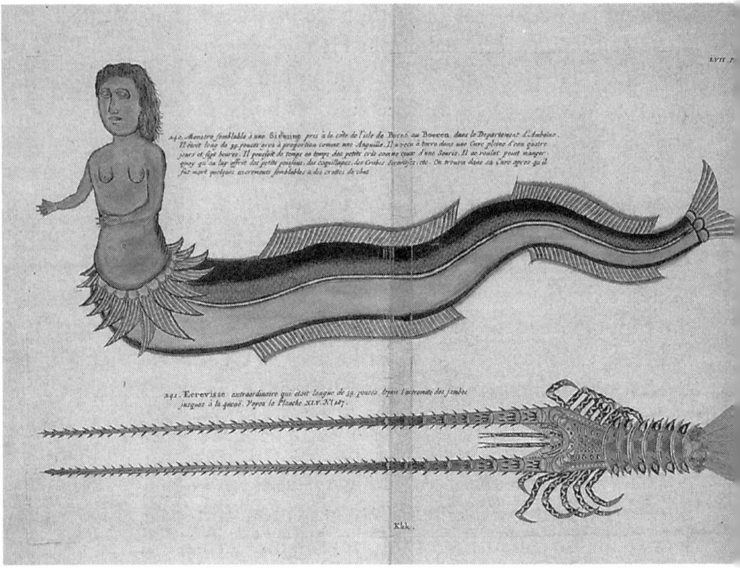

Die »Meerjungfrau von Ambon«, hier zusammen mit einem »außergewöhnlichen Panzerkrebs« in einem Buch aus dem Jahre 1754. Sie soll im frühen 18. Jh. gefangen worden sein; diese Illustration wurde angeblich vom lebenden Vorbild abgezeichnet. Diese höchst farbenreiche Meerjungfrau konnte bloß vier Tage am Leben erhalten werden, da sie jede Nahrungsaufnahme verweigerte.

bei von Zeit zu Zeit Klagelaute in der Art einer Maus von sich gegeben haben. Den Fisch, den man ihr zu essen gab, verschmähte sie; ihre Exkremente ähnelten denen einer Katze.

Die erbärmlichen Schreie einer gefangenen Meerjungfrau, welche ihre Finder manchmal veranlassen, sie ins Meer zurückzuwerfen, tauchen in diesen Geschichten immer wieder auf; ihren Ursprung haben sie, so vermute ich, in Plinius' Beschreibung der an der gallischen Küste angespülten Nereide. Die erste englische Übersetzung des Plinius' stammt aus dem Jahre 1601, doch bereits in früheren Zusammenfassungen seines Werks tauchen die Verweise auf die Meerjungfrauen auf. Der englische Übersetzer Philemon Holland gab Plinius' *cantum tristem*, den »traurigen Gesang«, als »erbärmliches Klagen« (»piteous moan«) wieder. Auch Plinius' »Meeresmensch«, der seine Hände an die Seite des Boots legt, taucht in den Berichten der Matrosen wieder auf. Die zwergenhaften Meerjungfrauen von lediglich einem Meter Länge, z. B. diejenige in den Hebriden, mögen ihre Herkunft Parés Bericht von einem »Meeresungeheuer« verdanken, das am 3. November 1523 in der Nähe vom Rom angespült worden sein soll, so groß wie ein Kind von fünf oder sechs Jahren, über dem Nabel, von den Ohren abgesehen, von menschlicher Gestalt, darunter ein Fisch. Die Ohren von Meeresmenschen ähneln auf Stichen aus dem 16. Jahrhundert denen des Bären. Neben ihrem Fischschwanz haben sie manchmal noch verkümmerte Beine mit Schwimmfüßen.

Die verfügbaren visuellen Vorstellungen, für literarische Schilderungen seit Plinius' Tagen von entscheidendem Einfluß, begünstigten auch Ausstellungen gefälschter Meerjungfrauen. Meerjungfrauenhäute waren zwar schon im 16. Jahrhundert zur Schau gestellt worden, doch seit dem späten 18. Jahrhundert wurden regelmäßig ganze Körper präsentiert. Diese waren aus der ausgestopften Haut eines Affen und dem Rumpf und Schwanz eines Lachses zusammengesetzt. Ein etwas anderes Bild bot um das Jahr 1820 Robert S. Hawker, der Vikar von Morwenstow, als er mehrere Nächte lang vor der Küste von Bude auf einem Felsen saß – mit nacktem Oberkörper und einer Perücke aus Seetang, seine Beine in Ölzeug gehüllt – und dabei vor einer so empfänglichen wie leichtgläubigen Menschenmenge sang. Als er glaubte, den Scherz nun doch zu weit getrieben zu haben, stimmte er »God Save the King« an und machte einen Kopfsprung ins Meer.

In Volksliedern des 19. Jahrhunderts erhielt sich das Thema der Ehe mit einer Meerjungfrau lebendig. Das Lied »Oh! 'Twas in the broad Atlantic« erzählt von einem jungen Seemann, der während eines Sturms über Bord geht und in den Atlantik fällt, dort aber mit einer Meerjungfrau als Braut weiterlebt. Der Refrain lautet:

Singing, rule Britannia, Britannia rule the waves!
Britons never, never, never shall be married to a mermaid
At the bottom of the deep blue sea.

(Singt! Herrsche, Britannien, Britannien, herrsche über die Wogen! / Nie und nimmer heiratet ein Brite eine Meerjungfrau / auf dem Grund der tiefen, blauen See.)

Die bis heute berühmteste Geschichte einer Meerjungfrau ist Hans Christian Andersens Märchen *Die kleine Meerjungfrau*. Hier erscheint die Meereswelt als ausgesprochene Spiegelwelt; wie in der unseren gibt es auch hier Schlösser, Parks und Gärten, nur fliegen zum offenen Fenster statt Schwalben Fische herein. Bei aller Schönheit und allem Gesangstalent ist die kleine Meerjungfrau doch untypisch für ihre Gattung, denn unsere Welt fasziniert sie. Als sie bei einem Schiffsunglück einem Prinzen das Leben rettet, verliebt sie sich in ihn; schließlich trifft sie mit der Meerhexe eine Übereinkunft: Für ein Paar menschliche Beine opfert sie ihre Zunge. Jeder Schritt schmerzt die kleine Meerjungfrau, als würde sie auf Messern gehen, und ihre Füße bluten auch wirklich. Es gelingt ihr nicht, die Liebe ihres Prinzen zu gewinnen, doch als er eine andere heiratet, schlägt sie die Gelegenheit, ihn zu töten, aus und stirbt. Man hat diese Fabel als Kastrationsgeschichte gelesen; um den Prinzen heiraten zu können, muß sie sich von ihrem Schwanz trennen, als sie dies aber tut, wird sie stumm. Der Verlust der Stimme kann als Symbol für das Schweigen gedeutet werden, das Frauen befällt, wenn sie die Bedingungen des patriarchalen Systems akzeptieren.

In Deutschland haben besonders Undine (im Gefolge von Fouqués Erzählung), Lorelei, die schöne Lau die Literatur und Kunst seit der Romantik beherrscht (vgl. die Anthologie *Undinenzauber*, hrsg. von F. R. Max).

In der Literatur und Kunst des 20. Jahrhunderts halten sich verschiedene Aspekte der Tier/Frau-Hybriden aus klassischer und späterer Zeit hartnäckig am Leben, und sowohl Fisch- wie Vogelsirenen werden oft auf Inseln vor Sizilien angesiedelt. In *The Story of the Sirens* verwendet E. M. Forster die Idee des Sirenengesangs, welcher Ausdruck eines für Menschen nicht ertragbaren Wissens um die Zukunft ist. Ein sizilianischer Bootsführer namens Giuseppe erzählt von seinem älteren Bruder; jener habe die Sirene erblickt, als er zur Unterhaltung englischer Gäste nach Geld getaucht sei. Wieder oben, sei er ein verlorener Mensch gewesen, »unglücklich, weil er alles wußte. Jedes Lebewesen machte ihn unglücklich, weil er wußte, daß es sterben würde.« Hier gebietet die Sirene über wirkliche Macht; Giuseppes Bruder heiratet eine Frau, die Gleiches erlebt hat, doch sie wird von einem Priester ermordet, der fürchtet, ihr ungeborenes Kind könnte die Sirene aus dem Meer locken, sie heiraten und eine neue Weltepoche ins Leben rufen.

Giuseppe di Lampedusa kehrt in der 1957 erschienenen Erzählung *Die Sirene* zurück zum Bild von der Sirene/Meerjungfrau als

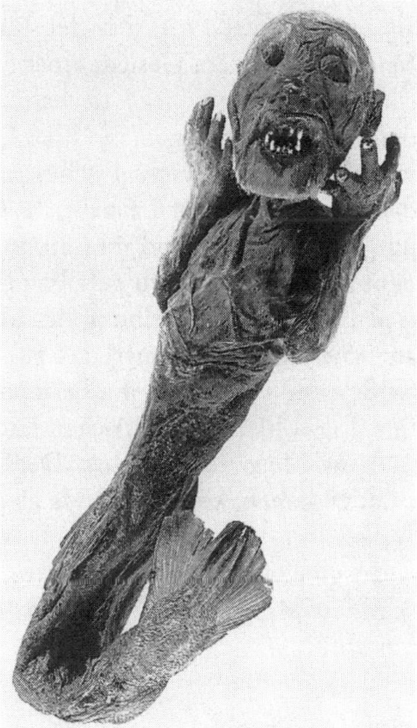

Gefälschte Meerjungfrauen stellte man her, indem man den oberen Torsoteil eines Affen an einen Fischschwanz annähte. Dieses Exemplar stammt vermutlich aus dem Japan des 18. Jh.s und befindet sich im Britischen Museum, London.

sexuell verfügbarer, jedoch bedrohlicher Frau. Der Erzähler Paolo Corbèra lernt in einer Bar einen emeritierten Professor für griechische Literatur kennen. Der Professor haßt die Frauen, die er als krankhafte, schmutzige und verdorbene Wesen ansieht, und er sehnt sich nach seiner Lieblingsspeise, Seeigeln, »diesen nach Salz und Algen duftenden Abbildern weiblicher Organe«. Schließlich besucht Corbèra den Professor in dessen Wohnung, wo sich unter den aufgestellten Kunstwerken auch eine Vase befindet: Sie zeigt »Odysseus, an den Schiffsmast gebunden, die Sirenen, die sich vom hohen Fels auf die Klippen stürzen und zerschellen zur Sühne dafür, daß sie sich die Beute haben entgehen lassen« (siehe Abb. S. 235). Das seien Dummheiten, beharrt der Professor: Keiner entfliehe den Sirenen, und selbst wenn ihnen jemand entwischt wäre, würden sie sich auf keinen Fall umbringen. Nun erzählt der Professor Corbèra seine Geschichte. Mit vierundzwanzig Jahren habe er sich bei Augusta in Sizilien in einem Ruderboot befunden, als er bemerkte, wie sich der Rand des Bootes jäh senkte. Ein Mädchen mit dem Gesicht einer Sechzehnjährigen und einem Lächeln, das »eine nahezu tierhafte Freude am Dasein« verriet, sei dem Wasser entstiegen. Sie hieß Ligäa, und unterhalb der Leisten war ihr Leib der eines Fisches mit zweigeteiltem Schwanz. Ihre drei Reize waren ihr Lächeln, ihr Geruch – »nach Meer, nach ganz junger Wollust« – und ihre Stimme. Auf griechisch bietet sie sich dem Professor an: »Du gefällst mir, nimm mich.« Hier klingt Alfred Bennetts Beschreibung der Meerjungfrau aus dem Jahre 1953 an: »Sie ist das Flüstern, das zu vernehmen alle Männer, ob bewußt oder unbewußt, herbeisehnen.« Der Professor willigt ein, und Ligäa bleibt drei Wochen lang bei ihm, bevor sie ihn verläßt und ins Meer zurückkehrt. Der Professor, unfähig, eine andere Frau zu lieben, kehrt am Ende zu seiner Ligäa zurück – er geht ins Wasser.

In einer modernen feministischen Version des Sirenenmythos schildert Margaret Atwood eine Sirene, die ihr Vogelkleid abstreifen will:

I don't enjoy it here
squatting on this island
looking picturesque and mythical
with these two feathery maniacs.

(Hier gefällt es mir nicht / kauernd auf dieser Insel / mein malerisch-märchenhaftes Aussehen / und diese zwei gefiederten Närrinnen.)
Ihr Lied,

[...] a boring song
but it works every time

([...] ein langweiliges Lied / doch seine Wirkung verfehlt es nie), erinnert an die Worte, die des Professors Ligäa sprach, denn es ist einfach eine jedem männlichen Zuhörer unwiderstehliche Aufforderung, näherzukommen und ihr zu helfen, wie nur er es kann. Mary Daly und Jane Caputi bewerten in ihrem feministischen Wörterbuch *Webster's First New Intergalactic Wickedary* den Sirenengesang positiv, denn er führe »herumstreifende Mägdlein in die Sphären tiefer Erinnerung«; heute jedoch gelte es vielmehr die im Gewand von Popsängern auftretenden männlichen Sirenen zu fürchten, seien doch diese »kleinen Sir Sirens aus Siredom [...] spukhafte Süßholzraspler, die Frauen in den Zustand des schlafenden Todes« einlullten, indem sie ihnen die einengenden Rollen schmackhaft machten, die ihnen die Gesellschaft auferlege.

In der modernen Kunst, in Magrittes *Invention Collective*, sehen wir eine sexuell verfügbare Meerjungfrau, oben Fisch und unten Frauenleib. Mit dieser »Meerjungfrau für den praktischen Mann« wird das sonst kaum lösbare Problem umgangen, wie denn genau ein Mann einem Wesen mit Fischschwanz beischlafen soll. Diese bedeutende Frage wurde vor dem 20. Jahrhundert kaum je explizit gestellt, auch wenn man die zweischwänzigen Meerjungfrauen des Mittelalters und späterer Perioden als indirekte Antwort auffassen könnte. Alfred Bennett stellte 1953 fest: »Die Leidenschaft, mit der Männer Meerjungfrauen verehren und anbeten,

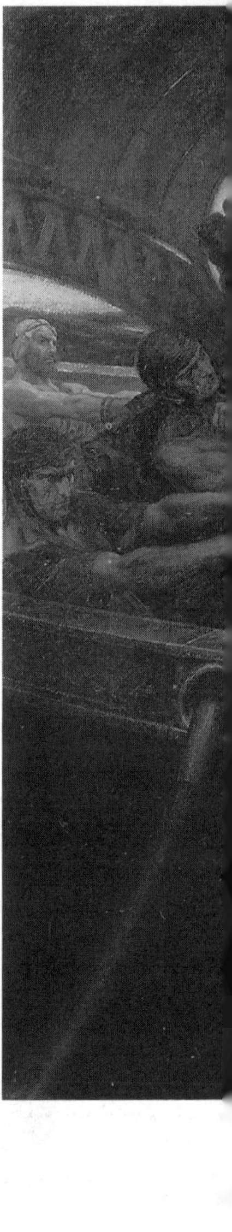

Eine ungewöhnliche Lösung der technischen Schwierigkeiten beim Geschlechtsverkehr mit Meerjungfrauen: Auf Herbert Drapers Gemälde *Odysseus und die Sirenen* (1909) verwandeln sich die Schwänze der Meerjungfrauen-Sirenen, als diese an Bord von Odysseus' Schiff klettern, in Beine.

mag ja zu gut drei Vierteln fleischlicher Natur sein, doch sexuelle Beziehungen zu ihnen haben sie nicht.« In den seltenen Fällen, wo sie solche doch hätten, sei dies derart »schwierig und peinlich«, daß sich die Männer darüber ausschwiegen. Auf Herbert Drapers Gemälde *Odysseus und die Sirenen* (1909) wird uns eine andere Lösung präsentiert; die Fischschwänze werden in Menschenbeine verwandelt, als die Meerjungfrauen aus dem Wasser steigen und auf Odysseus' Schiff klettern. In Derek Walcotts Bühnenfassung der *Odyssee* begegnet Odysseus zwei Meerjungfrauen, die gemeinsam mit ihm ins Bett zu gehen vorschlagen. Odysseus fragt sie, ob Fische denn »ein technisches Problem« darstellten, doch die erste Meerjungfrau antwortet schlicht: »Es findet sich schon ein Weg.«

In den letzten Jahren hat Patrick Woodroffe seine eigene Mythologie über die Süßwasser-Jungfrau, *Nympha pisciforma*, geschaffen. Wird diese gefangen, kann sie sich »totstellen«; bleibt sie zu lange in dieser Lage, setzt reale Verwesung ein, bei der selbst die Gräten vernichtet werden und bloß scheinbar gewöhnliche Fischschuppen zurückbleiben. Die Männchen dieser Gattung leben im Meer; nur einmal im Jahr – ein Anklang an die Amazonensage – kommen sie für die Paarung mit den Weibchen zusammen. Woodroffe beschreibt u. a. auch die gewöhnliche Meerjungfrau, *Siren pulcella*, welche vorbeifahrende Seefahrer bezirzt.

Die Sirene/Meerjungfrau treibt also in unserem Bewußtsein weiter ihr Wesen. Das Geschöpf, welches Tier und Frau in seinem Körper vereint, ist so mächtig wie gefährlich, es kennt die Zukunft und führt die Männer in den Tod. Ein solches Wesen zu lieben heißt, sein Leben hinzugeben, ob tatsächlich oder metaphorisch; Meerjungfrauen verlangen unbedingte Hingabe, müssen doch ihre sterblichen Ehemänner mit ihnen in der Meereswelt leben. Der Anblick der Tierfrau ist so unwiderstehlich wie furchterregend; sie ist zugleich verführerische Jungfrau und sexuell unersättliche Hure. Alfred Bennett drückte es in seiner Würdigung der Meerjungfrau so aus: Sie ist »das Wolkenkuckucksmädchen«, aber auch »(wie alle Frauen) raffiniert wie ein chinesisches Mosaikspiel«. Ihr hybrider Körper verfügt über alles, wonach sich Männer sehnen (das jungfräuliche Antlitz der Sirene und das schöne Haar der Meerjungfrau) und verknüpft es mit dem Allerabscheulichsten (bei der Harpyie die Gewalt und der ständige Durchfall, bei der Meerjungfrau die fischigen Extremitäten). Während Frauen im westlichen Denken seit Hesiod als »ein schönes Übel« gelten, äußerlich anziehend, aber innerlich verdorben, kehren die Tierfrauen ihre wahre Natur auch nach außen, den Männern ein Fingerzeig dafür, was andere Frauen in ihrem Inneren tragen. Sie bewohnen das Grenzgebiet zwischen Meer und Land – Vogelsirenen und Meerjungfrauen haben eine Vorliebe für Felsen – und überschreiten die Grenzen zwischen dem Bekannten und dem Unbekannten, zwischen Leben und Tod. Wie andere Wesen, in denen sich zwei normalerweise getrennte Kategorien vereinigen, verfügen sie über bestimmte Kräfte; doch in den Tierfrauen steckt die Bedeutung, daß Frauen und Tiere nicht wirklich voneinander getrennt werden können, sondern oft den gleichen Heißhunger und eine ähnliche Gleichgültigkeit gegenüber zivilisiertem Verhalten haben.

Lexikon

Aigamuxa, menschenfressende Ungeheuer der namibischen Wüste, deren Augen sich nach hottentottischer Mythologie am Spann ihrer Füße befinden. Deshalb müssen sie zum Sehen einen Fuß hochhalten.

Ameisenlöwe, Mischwesen mit dem Vorderteil eines Löwen und der Hinterpartie einer großen Ameise, das weder Pflanzen noch Fleisch verzehren kann.

Amemait, eine Kombination aus Löwe, Krokodil und Flußpferd; in mittelalterlichen Bestiarien ein Symbol der Vergeltung.

Amphisbaena, eine Vogel-Schlange, die klassische Autoren als zweiköpfig beschreiben. Der eine Kopf sitzt am Ende des Schwanzes, so daß das Tier in beide Richtungen gleichzeitig blicken kann. Wenn der eine Kopf schläft, bleibt der andere wach.

Ananta, ›die endlose‹, tausendköpfige göttliche Weltschlange der Hindu-Mythologie, auf deren endlosem Knäuel der Gott Vishnu im kosmischen Urozean ruht. Zeitweise nahm sie als Balarama, der Halbbruder Krishnas, menschliche Gestalt an; später speit sie giftiges Feuer, um die Schöpfung zu vernichten. Die Götter benutzen sie als Seil, um mit diesem den Ozean zur Bereitung von *Amrita*, dem Trank der Unsterblichkeit, zu quirlen.

Anzu, gigantischer löwenköpfiger Sturmvogel der Sumerer, auch Imdugud genannt, der den Göttern die Tafel des Schicksals stiehlt. Der Kriegsgott Ninurta verfolgt ihn bis zu seinem Nest auf einem unzugänglichen Berg, wo er den mächtigen Vogel schließlich mit einem Pfeilschuß ins Herz erlegt.

Ninurta verfolgt Anzu; Darstellung auf einem neuassyrischen Rollsiegel, 9.–7. Jh. v. Chr.

Aries, ein Widder der griechischen Mythologie, dessen Vater der Meeresgott Poseidon war. Sein dem Zeus geweihtes Vlies wurde in einem heiligen Hain zu Kolchis am Schwarzen Meer von einem Drachen bewacht, bis es dem Helden Jason, dem Führer der Argonauten, gelang, den Drachen zu überlisten und sich des Goldenen Vlieses zu bemächtigen. Aries wurde später zum Sternbild des Widders.

Audhumla, die Urkuh der germanischen Mythologie, die den ersten Menschen aus einem Salzblock leckte.

Bai ma, weißes chinesisches Pferd mit einem Horn, dem Schwanz eines Stiers und dem Gebrüll eines Tigers.

Baku, ein mächtiges Ungeheuer mit einem Elefantenleib, dem Schwanz eines Stiers und den Füßen eines Tigers, welches sich von bösen Träumen nährt. In Japan gilt es als Talisman gegen die Pest.

Basilisk, eine Schlange, die in der *Naturgeschichte* des Plinius einen bläulichen Fleck in Form einer Krone auf der Stirn trägt und später von den Christen als Symbol des Antichrist angesehen wurde. In mittelalterlichen Bestiarien erscheint er als König der Schlangen; er besitzt den Schwanz einer Schlange sowie Kopf, Füße und Flügel eines Hahns. Es hieß, er schlüpfe aus dem Ei eines Hahns, das von einer Kröte oder einer Schlange ausgebrütet werde. Sein Blick ist tödlich, kann aber durch einen Spiegel oder einen polierten Schild auf das Tier zurückgeworfen werden.

Bi-bi, in China ein geflügelter Fuchs, dessen Schrei dem einer Wildgans ähnelt.

Bixie, ein geflügeltes chinesisches Ungeheuer, das der ***Chimäre** ähnelt. Es besitzt ein oder zwei Hörner sowie Körper und Schwanz eines kleinen Löwen.

Bo, chinesisches Pferd, welches ein Horn und die Zähne und Klauen eines Tigers besitzt; sein Körper ist weiß, der Schwanz schwarz. Das Tier ist gegen Waffen unempfindlich; es macht ein Geräusch wie eine Trommel.

Bonnacon, ein asiatisches Ungeheuer mit dem Körper eines Pferdes, dem Kopf eines Stiers und riesigen krummen Hörnern. Das Tier verteidigt sich, indem es ein Feuer schnaubt, das alles verbrennt, was es berührt.

Basilisk mit dem Wappenschild der Stadt Basel, Druckermarke, Holzschnitt, 1511.

Bukentauros, Stiermensch, ein Wächter mit Kopf und Oberkörper eines Menschen, mit Unterkörper und Hörnern eines Stiers (vgl. auch *__Lamassu__, *__Minotauros__).

Caladrius, weißer Vogel, dem im Mittelalter die Gabe der Weissagung zugesprochen wurde. Wenn er einen Kranken sieht, der genesen soll, kann er die Krankheit auf sich ziehen und fliegt dann davon; wenn er aber jemanden erblickt, der sterben muß, wendet er den Kopf ab.

Callitrice, äthiopisches Mischwesen, halb Mensch, halb Ziege, mit Bart und breitem Schwanz.

Camazotz, eine mordende Fledermaus, im Maya-Epos *Popol Vuh* Gegner der Heldenzwillinge bei ihrem Abstieg in die Unterwelt.

Camazotz, von einer Vase der Maya, 7.–9. Jh.

Catoblepas oder Cathapleb, afrikanisches Tier, möglicherweise vom Gnu abgeleitet, das in den klassischen Schriften zur Naturgeschichte beschrieben wird. Es hält seinen Kopf zum Erdboden gesenkt; wer in seine Augen schaut, muß sofort sterben.

Chemosit, halb menschlicher, halb vogelartiger Dämon der Nandi in Ostafrika, der ein Bein und zwölf Hinterteile besitzt und sich vom Fleisch menschlicher Kinder nährt.

Chimäre, ein feuerspeiendes Ungeheuer mit dem Kopf eines Löwen, der Hinterpartie eines Drachen und dem Mittelabschnitt einer Ziege. (Es heißt auch, die Chimäre habe drei Köpfe, einen von jedem dieser Tiere.) Ihre Eltern sollen *__Echidna__ und *__Typhon__ gewesen sein. Sie lebte in Lykien und soll schließlich von dem griechischen Helden Bellerophon auf seinem Schlachtroß, dem geflügelten *__Pegasos__, erschlagen worden sein (vgl. auch *__Bixie__).

Bellerophon verfolgt die Chimäre; Terrakotta-Schmuckplatte aus Melos, um 450 v. Chr.

Da Aido Hwedo, Weltenschlange, Abkömmling der zweigeschlechtlichen Schöpfergottheit Mawu-Lisa bei den Fon in Benin. Ihre 7000 Windungen stützen die Erde von oben und unten. Sie wird im Regenbogen sichtbar, der männliche Teil ist rot, der weibliche blau.

Damballah Wedo, mächtiger Schlangengott der Voodoo-Mythologie, erscheint verschlungen mit seiner Frau Ayida als Regenbogen am Himmel über Haiti.

Delphyne, ein Drache mit dem Oberkörper einer Jungfrau, bewacht den seiner Sehnen und Muskeln beraubten Zeus während des Kriegs mit den Titanen und wird schließlich von Hermes und ***Pan** überlistet, die Zeus seine Stärke zurückgeben.

Dzoavits, ein riesiges Ungeheuer in der Mythologie der Shoshonen in Nevada und Utah. Er stiehlt die zwei Kinder der Taube, wird aber schließlich vom Dachs überlistet.

Eber, mehrere ungeheure Eber verwüsteten griechische Landstriche und wurden von Helden getötet: Der Kalydonische Eber, den die Göttin Artemis aus Rache für die Vernachlässigung ihrer Verehrung in das Land schickte, wurde schließlich von Meleager erlegt; die riesige Sau Phaea verwüstete Krommyon, ehe sie von Theseus getötet wurde; Herakles' vierte Arbeit bestand darin, den Erymanthischen Eber zu fangen.

Herakles übergibt dem furchtsamen Eurystheus den Erymanthischen Eber; schwarzfigurige Amphore aus Athen, um 530 v. Chr.

Echidna, Mischwesen der griechischen Mythologie, halb Schlange, halb Frau mit schönen Augen und einem Appetit nach rohem Fleisch. Aus der Verbindung mit *__Typhon__ Mutter des *__Kerberos__, der *__Chimäre__, der Lernäischen *__Hydra__ und anderer Wesen.

Empusa, seine Form veränderndes weibliches Gespenst, das im Hades, der griechischen Unterwelt, lebt und sich von Menschenfleisch ernährt. Am häufigsten erscheint sie bei Frauen und Kindern, oft in der Gestalt eines jungen Mädchens, um ihre Opfer zu sich zu locken.

Erichthonios, manchmal auch Erechtheus, Mischwesen, halb Mensch, halb Schlange. Sohn des griechischen Gottes Hephaistos und der Gaia (Erde). Als legendärer vierter König Athens richtete er die Panathenäen ein und erfand den vierspännigen Wagen, wofür er später als Fuhrmann unter die Sternbilder versetzt wurde.

Fafnir, giftiger Drache der altnordischen Mythologie, der den Schatz der Zwerge stiehlt und später von Sigurd (Siegfried) erschlagen wird.

Faun, hörnertragendes Mischwesen aus Mensch und Ziege. Wird mit der wilden Natur, der Fruchtbarkeit und der altrömischen Gottheit Faunus identifiziert (vgl. auch *__Pan__, *__Satyr__).

Fei-yi, chinesische Schlange mit einem Kopf, zwei Körpern, sechs Füßen und vier Flügeln.

Fênghuang, siehe *__Phönix__.

Fenrir, wilder Wolf der altnordischen Mythologie, Sohn des Gottes Loki und einer Riesin. Mit einer unsichtbaren Kette angebunden, wird er sich beim Ragnaroekr, dem Weltuntergang, losreißen, die Sonne verschlingen und nach dem Mond schnappen, dann mit seinem Vater Loki am Endkampf teilnehmen und den Odin töten, bevor er selbst erschlagen wird (siehe auch *__Jormungandr__).

Ga-gaah, eine weise Krähe, der göttliche Vogel bei den Irokesen im nordöstlichen Nordamerika, fliegt aus dem Königreich der Sonne mit einem Maiskorn in ihrem Ohr. Hahgwehdiyu, der gütige Schöpfergott, pflanzt die Saat in den Körper der Erdgöttin, wodurch diese Gabe zur Hauptnahrung der Menschen wird.

Gaja-simha, ein asiatisches Mischwesen aus Elefant und Löwe.

Garm, in der nordischen Mythologie ein Wachhund der Unterwelt.

Garuda, das Reittier des Hindugottes Vishnu. Als goldener Sonnenvogel, Vogel des Lebens und Feind aller Schlangen bezeichnet, hat er den Schnabel und die Schwingen eines Falken, den Körper, die Arme und Beine eines Menschen. Kambodschanische Tempel wurden so gebaut, als ruhten sie auf seinem Rücken.

Geryon, ein geflügelter Gigant mit drei, in der Taille zusammengewachsenen Oberkörpern. Seine Herde roter Rinder, die von dem zweiköpfigen, schlangenschwänzigen Hund Orthos (einem Bruder des *__Kerberos__) gehütet werden, wird von Herakles als die zehnte seiner Arbeiten fortgetrieben.

Herakles und der Riese Geryon mit seinen drei Körpern, schwarzfigurige Amphore aus Athen, um 540 v. Chr.

Ghul, in arabischen Sagen ein Ungeheuer, das seine Gestalt verändern kann. Es haust an einsamen Stellen und stellt Reisenden nach, die es von seinen Gefährten weglockt, um sie anschließend zu verzehren.

Glaistig, Mischwesen, halb Frau, halb Ziege, aus dem schottischen Hochland. Obwohl sie im allgemeinen den Farmern gegenüber hilfsbereit sind, nehmen sie doch manchmal die Form eines bösen Wassergeistes an (vgl. auch ***Urisk**).

Gorgonen, drei geflügelte, schlangenhaarige und scharfklauige weibliche Ungeheuer der griechischen Mythologie namens Stheno, Euryale und Medusa. Von diesen war allein Medusa sterblich und auch die häßlichste der drei, denn Athena rächte sich an ihr, weil sie mit dem Meeresgott Poseidon geschlafen hatte, und verwandelte ihr Haar in ein Schlangennest. Der Anblick der Medusa verwandelte den Betrachter in Stein. Der Held Perseus schlug ihr den Kopf ab, indem er nur ihr Spiegelbild in einem polierten Schild ansah (vgl. auch das Kapitel »Halbmenschliche Wesen«).

Gorgonenhaupt, Schale aus Korinth, frühes 7. Jh. v. Chr.

Grendel, ein Ungeheuer im angelsächsischen *Beowulf*-Epos aus dem 7. Jh. »Grimm und gierig und schrecklich grausam«, der »grausige Schleicher der Grenze, der Herrscher des Moors, des Fenns und der Feste«, wird schließlich von dem Kriegerfürsten Beowulf erschlagen.

Hamsa, kambodschanischer Ganter, Reittier des Brahma.

Harpokrates, Mischwesen aus Mensch und Krokodil; eine griechische Version des ägyptischen Gottes Horus, als Kind dargestellt.

Harpyien, böse Dämonen der griechischen Mythologie, teils Frauen, teils Vögel. Alle Menschen, die spurlos verschwanden, sollten in die Klauen der Harpyien gefallen sein. Ursprünglich Personifikationen der Stürme und als schöne geflügelte Mädchen gebildet, wurden sie später als häßliche, laute Vögel mit den Klauen eines Geiers und Kopf und Brust einer Frau beschrieben. Geschickt, um die Schüsseln des Phineus mit ihrem Unrat zu beschmutzen, werden sie schließlich von Jason und den Argonauten vertrieben.

Hekatoncheires, drei Giganten der griechischen Mythologie mit hundert Armen und Schlangenbeinen, die den Olympischen Göttern bei ihrem Kampf mit den Titanen helfen und später unter dem Ätna begraben werden.

Hemikynes, Menschen mit Hundeköpfen und -stimmen, die nach griechischer Quelle am Ufer des Schwarzen Meers lebten.

Hippogryph, Mischwesen aus Pferd und Greif (siehe das Kapitel »Greifen«).

Hippokampos, ein Seepferd der griechischen Mythologie, teils Pferd, teils Fisch, mit einem Schlangenschwanz. Dargestellt wurde es als Reittier der Nereide Thetis (der Mutter des Achill) und den Wagen des Meergottes Poseidon ziehend. Ähnliche Geschöpfe erscheinen auch bei den Etruskern und im indischen Gandhara. Das Tier wird auch ***Hydrippos** genannt.

Holawaka, mythischer Vogel, der dem in Äthiopien lebenden Volk der Galla göttliche Botschaft brachte.

Hōō, siehe ***Phönix**.

Hyale, schwarzes oder gelbbraunes Tier von der Größe eines Flußpferds, beschrieben in der *Naturgeschichte* Plinius' des Älteren. Es besitzt zwei Hörner, die es in jede Richtung drehen kann.

Der Hippokampos, darüber eine phönizische Galeere, Silbermünze aus Byblos, um 430 v. Chr.

Hydra, vielköpfige Schlange (mit sieben, neun, fünfzig oder hundert Köpfen nach verschiedenen Beschreibungen), Nachkomme der ***Echidna** und des ***Typhon**. Als der Hera heiliges Geschöpf suchte sie die lernäischen Sümpfe heim. Schlug man ihr einen Kopf ab, wuchsen an seiner Stelle zwei neue nach. Schließlich wurde sie von Herakles als dessen zweite Arbeit mit Hilfe seines Neffen Iolaos getötet, indem dieser nach dem Abschlagen der Köpfe die Stümpfe mit Feuer versengte. Herakles tauchte danach seine Pfeile in das giftige Blut des Ungeheuers. Eine ähnliche Gestalt findet sich auch im 3. Jahrtausend v. Chr. in Mesopotamien (***Mušmahhu**).

Hydrippos, siehe ***Hippokampos**.

Ichthyokentaur, Meereskentaur des klassischen Altertums mit menschlichem Körper, der Brust und den Vorderbeinen eines Pferdes und einem Fischschwanz (siehe auch ***Kentaur**).

Illuyankas, Drache, der von dem hethitischen Wettergott getötet wurde (siehe auch das Kapitel »Drachen«).

Imdugud, siehe ***Anzu**.

Itherther, der erste Büffel, von dem nach Ansicht der Kabylen in Algerien alle wilden Tiere abstammen.

Jormungandr, Seeschlange der altnordischen Mythologie, aus der Verbindung des Gottes Loki mit einer Riesin. Sie liegt um die ganze feste Erde herum und beißt sich in den Schwanz. Beim Ragnaroekr, dem Weltuntergang, peitscht das wütende Ungetüm die Meere auf und bläst Giftwolken über Erde und Himmel. Beim Endkampf mit den Göttern wird sie von Thor erschlagen (siehe auch *__Fenrir__).

Kalamakara, Mischbildung aus Löwe und Krokodil (siehe auch *__Makara__).

Kaliya, vielköpfiger Schlangenkönig bei den Hindus, der im Fluß Yamuna lebte und von Krishna überwunden wurde, als dieser ein Knabe war.

Kanker, ein riesiger Krebs der griechischen Mythologie, den Hera absandte, um Herakles an der Tötung der Lernäischen *__Hydra__ zu hindern. Dieser kneift dem Helden mit seinen großen Scheren in die Fersen, wird aber von Herakles erschlagen und unter die Sternbilder versetzt.

Kappa, wilder japanischer Wassergeist, der zwar Menschenfleisch frißt, aber so höflich ist, daß man ihn besiegen kann, wenn man ihn dazu bringt, sich zu verbeugen. Seine Macht beruht nämlich auf einer Flüssigkeit, die er in einer tellerförmigen Vertiefung auf seinem Kopf trägt. Der ortsansässige Geist läßt sich auch dadurch besänftigen, daß man Gurken, eine seiner Lieblingsspeisen, ins Wasser wirft. *Kappa*, ein Roman Ryūnosuke Akutagawas, erzählt von den Abenteuern eines Menschen im Land der Kappas.

Karkadann, islamische Mischbildung aus Nashorn und Einhorn (siehe auch das Kapitel »Einhörner«).

Kentauren, Mischwesen mit dem Oberkörper eines Mannes und dem Unterkörper eines Pferdes. Üblicherweise werden Kentauren mit Sinnenlust und Unzüchtigkeit assoziiert, obwohl Chiron, der bekannteste Vertreter in der klassischen Mythologie, für seine Weisheit berühmt war und später als Bogenschütze unter die Sternbilder versetzt wurde. Ab dem zweiten Jahrtausend v. Chr. treten Kentauren auch in der mesopotamischen Kunst auf (vgl. auch das Kapitel »Halbmenschliche Wesen«).

Ein sitzender Kappa, Netsuke aus Holz, Japan, spätes 18. Jh.

Kerberos, menschenköpfiger Hund, der die Pforten des Hades hütet, der griechischen Unterwelt. Als Sohn des ***Typhon** und der ***Echidna** wurden ihm zunächst fünfzig Köpfe zugeschrieben. Später galt er als dreiköpfiger Hund mit einer Mähne aus Schlangenköpfen und mit einem Schlangenschwanz. Orpheus lullt ihn mit seiner Leier in Schlaf, und Herakles schleppt ihn als zwölfte seiner Arbeiten lebend aus dem Hades.

Keren, schwarze geflügelte weibliche Wesen mit großen weißen Zähnen und spitzen Krallen, die Leichen in Stücke reißen und das Blut der Verwundeten und Toten trinken. In Homers *Ilias* sind sie Personifikationen des Todes und bei allen Schlachten zugegen, wo sie das Schicksal der Helden bestimmen. Später betrachtete man sie als die Rachegeister der Toten.

Kerynitische Hirschkuh, arkadische Hirschkuh mit goldenem Geweih und ehernen Füßen, der Göttin Artemis heilig, von Herakles als seine dritte Arbeit lebendig gefangen.

Kilin, siehe *Qilin.

Kimat, der treue Hund des Donnergottes Kadaklan bei den Tingujanern im gebirgigen Inneren von Luzon, der nördlichsten Insel der Philippinen. Als Blitz beißt der Hund in Häuser, Bäume und Felder, immer dann, wenn sein göttlicher Herr eine besondere Zeremonie wünscht.

Zwei Kirins, Netsuke aus Elfenbein, Japan, 18 Jh. (links) und 18.-19. Jh. (rechts).

Kirin, japanisches Äquivalent zum chinesischen *__Qilin__, ein machtvolles Glückssymbol (siehe auch das Kapitel »Einhörner«).

Kitsune, japanischer Fuchs, der in der Tradition die Fähigkeit besitzt, seine Gestalt zu verändern, um Menschen zu betrügen und in die Irre zu führen. In einer Legende verrät sich eine wunderschöne Füchsin dadurch, daß ihr buschiger Schwanz unter dem Kimono hervorlugt. Ein freundlicherer Fuchs fungiert als Bote des Inari, des Gottes der reichen Ernte.

Kitsune (Fuchs als Priester), Netsuke aus Holz, Japan, 18. Jh.

Klapperschlange, ein Hund der indianischen Mythologie, der dem Coyote gehört, dem listenreichen Gott. Sein Biß brachte zum ersten Mal Krankheit und Tod in die Welt.

Kraken, riesige Meeresungeheuer mit langen Tentakeln, die häufig von Seeleuten mit Inseln verwechselt werden. In Alfred Tennysons Gedicht »The Kraken« heißt es, sie schliefen »tief, tief drunten in den Abgründen der See«.

Kriokamp, Mischwesen aus Widder und Fisch, ursprünglich ein Symbol des mesopotamischen Wassergottes.

Kriosphinx, widderköpfiger Löwe (vgl. auch das Kapitel »Sphingen«).

Kukulkan, gefiederte Schlange der Maya, möglicherweise verwandt mit dem Windgott und mit Quetzalcoatl, dem gefiederten Schlangengott der Azteken.

Ladon, hundertköpfiger Drache, Wächter bei den goldenen Äpfeln der Hesperiden (den ›Töchtern des Abends‹, die am Atlasgebirge, im äußersten Westen der Mittelmeerwelt, lebten). Der Drache wird von Herakles bei der Ausführung seiner elften Arbeit erschlagen, die darin bestand, drei der Äpfel zu stehlen.

Lamassu, menschenköpfige geflügelte Stiere und Löwen, als Wächterfiguren an den Türen assyrischer Tempel und Paläste (siehe auch ***Bukentauros** und das Kapitel »Sphingen«).

Lamia, eine frauenköpfige, Kinder stehlende Schlange. In der klassischen Mythologie eine Geliebte des Zeus, die zum schlafunfähigen Ungeheuer wird, nachdem die eifersüchtige Hera jedes ihrer Kinder nach der Geburt getötet hat. Zeus verleiht der Lamia die Macht, ihre Augen nach Belieben herauszunehmen und wieder einzusetzen. Sie ist die Heldin einer Geschichte des Philostratos, die John Keats für sein Gedicht »Lamia« benutzte, worin eine schöne Frau von einem Philosophen als zerstörerisches Gespenst entlarvt wird. Lamien (im Plural) wurden später zu lüsternen, blutsaugenden Frauen, das antike Äquivalent des modernen Vampirs (siehe auch ***Mormo**).

Leviathan, wörtlich: ›gerollt‹; große, schreckliche Seeschlange, im Buch Hiob beschrieben: »Er achtet Eisen wie Stroh und Erz wie faules Holz. [. . .] Er macht, daß der tiefe See siedet wie ein Topf.« Von den Christen des Mittelalters wurde er als der ›König aller Kinder des Hochmuts‹ angesehen und mit der Hölle identifiziert; sein gigantisches Maul war der Höllenrachen.

Ling yu, chinesischer Fisch mit menschlichem Antlitz sowie menschlichen Armen und Beinen.

Long, Drache der chinesischen Folklore, wohltätiger Bringer des Regens und Herrscher über die Wasser der Wolken, der Flüsse, Sümpfe, Seen und Meere. Er besaß »das Geweih eines Hirschs, den Kopf eines Kamels, die Augen eines Dämons, das Genick einer Schlange, die Schuppen eines Fischs, die Klauen eines Adlers, die Pfoten eines Tigers, die Ohren eines Bullen und die langen Schnurrhaare einer Katze« (siehe auch das Kapitel »Drachen«).

Lotan, eine ungeheure urweltliche Schlange oder ein Drache, die bzw. der von Baal, dem mächtigen jungen Vegetationsgott der alten kanaanitischen Mythologie, erschlagen wurde, der auch Gegenstand der mythologischen Texte von Ugarit ist.

Makara, südostasiatisches Wassertier, manchmal das Reittier einer Wassergöttin mit einem gekrümmten Eidechsenkörper und den Kiefern eines Krokodils (siehe auch S. 20 und ***Kalamakara**).

Manticora, wildes Untier, zuerst von dem griechischen Reisenden Ktesias beschrieben. Es besitzt den Körper eines Löwen, aber das Gesicht und die Ohren eines Menschen, drei Reihen Zähne in Ober- und Unterkiefer und giftige Stacheln an seinem Schwanz, die es wie Pfeile abschießen kann.

Manticora, Holzschnitt aus Edward Topsells *Historie of Foure-Footed Beastes* (›Geschichte der vierfüßigen Tiere‹), 1607.

Meerjungfrauen, halbmenschliche Meeresbewohner mit dem Oberkörper schöner Frauen und Fischschwänzen. Die männlichen Pendants heißen Wassermänner oder *__Tritonen__ (siehe auch das Kapitel »Halbmenschliche Wesen«).

Minotauros, Stiermensch, Sohn der Pasiphae (einer Schwester der Zauberin Kirke und Gemahlin des Königs Minos von Kreta) und eines herrlichen weißen Stiers. Dieser war dem Meeresgott Poseidon geweiht, doch Minos unterließ es, ihn dem Gott zu opfern. Aus Rache ließ Poseidon die Pasiphae in eine unnatürliche sexuelle Begierde nach dem Tier verfallen. Minos sperrte den Minotauros in das Labyrinth, einen unterirdischen Irrgarten, den der geniale Baumeister Daidalos errichtete. Dort verschlang er jedes Jahr sieben Jungfrauen und sieben Jünglinge, die der König als Tribut von den Athenern forderte. Schließlich gelingt es Theseus, dem Sohn des Athener Königs, den Minotauros zu besiegen und zu töten. Dabei bediente er sich eines Fadens, den ihm Ariadne, die Tochter des Minos, gab, mit dessen Hilfe er den Ausgang aus dem Irrgarten fand (siehe auch *__Bukentauros__ und das Kapitel »Halbmenschliche Wesen«).

Theseus und der Minotauros, rotfiguriger Krug aus Athen, um 480 v. Chr.

Mokele-Mbembe, höhlenbewohnendes Tier von der Größe eines Elefanten, mit langem Hals, einem einzelnen Horn oder Zahn sowie einem starken, schlangenartigen Schwanz, von dessen Existenz frühe europäische Besucher Westafrikas berichten.

Mormo, weibliches Ungeheuer, mit dem man Kinder erschreckt. Angeblich beißt es in die Beine unartiger Kinder und macht sie auf diese Weise lahm (siehe auch ***Lamia**).

Mušhuššu, ›Wütende Schlange‹ oder Schlangendrachen; eines aus der Armee von Untieren der mesopotamischen Mythologie, das der Urdrache ***Tiamat** hervorbrachte und das schließlich vom Gott Marduk besiegt wurde (siehe auch das Kapitel »Drachen«).

Mušmahhu, siebenköpfiges Schlangenmonster aus Mesopotamien (siehe auch ***Hydra**).

Nāgas, halbgöttliche, vielköpfige Wasserschlangen bei den Hindus, mit menschlichem Gesicht und einem Schopf. Der Hals ist kobraartig verbreitert. Diese Schlangen hüten Schätze und esoterisches Wissen. In der Tempelarchitektur dienen sie als Wächterfiguren an den Portalen von Schreinen. Sie leben in Unterwasserparadiesen auf dem Grund von Flüssen und Seen, wo sie glanzvolle, juwelenschimmernde Paläste voller Gesang und Tanz bewohnen (siehe auch das Kapitel »Drachen«).

Nandi, milchweißer Stier, Wächter vierfüßiger Tiere und Reittier des Gottes Shiva.

Nemeischer Löwe, ein ungeheurer Löwe mit einer harten und undurchdringlichen Haut, Abkömmling der ***Echidna** und des ***Typhon**, den Herakles als erste seiner zwölf Arbeiten tötet. Das Fell des Löwen trug Herakles später über der Schulter.

Herakles im Kampf mit dem Nemeischen Löwen, Silbermünze aus Heraklea, um 330 v. Chr.

Nialyod, Regenbogenschlange und Urmutter des Kunwinjku-Clans bei den australischen Ureinwohnern. Von ihrem Wasserloch aus verschlingt sie Menschen und spuckt sie anschließend als Erscheinungsformen der Landschaft wieder aus.

Nidhoggr, Drache der altnordischen Mythologie, ›der voller Haß Beißende‹; benagt ständig eine der Wurzeln der Weltenesche Yggdrasil.

Nue, monströses japanisches Tier mit dem Körper eines Dachses, dem Kopf eines Affen, den Pfoten eines Tigers und dem Schwanz einer Schlange; wird von dem Krieger Minamoto no Yorimasa getötet, als sein Heulen und Kratzen den Kaiser im Schlaf stört.

Die Tötung des Nue, Malerei auf dem Schild eines japanischen Kabuki-Theaters, um 1870.

Oni, Dämonen des japanischen Shintoismus, die mit Krankheit, Unglück und Mißgeschick assoziiert werden. Ihre Erscheinung ist im wesentlichen menschlich, doch können sie fliegen und haben drei Augen, einen breiten Mund, Hörner und drei scharfe Klauen an Händen und Füßen.

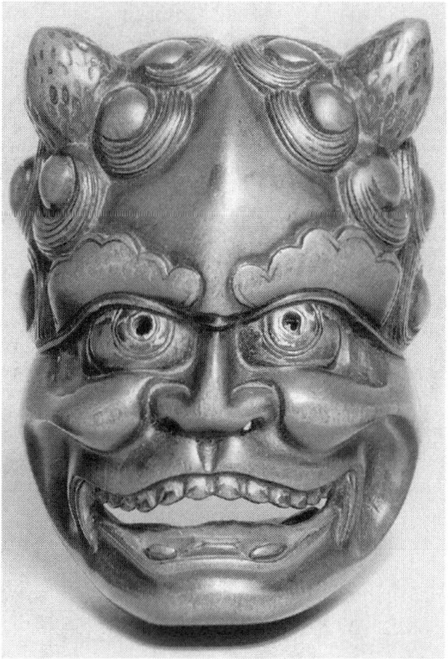

Oni, japanische Holzmaske, 19. Jh.

Opinicus, greifenartiges Tier mit dem Körper und den Beinen eines Löwen, mit Kopf, Hals und Schwingen eines Adlers und dem Schwanz eines Kamels. Manchmal wird es auch ohne Flügel dargestellt.

Pan, griechischer Gott der Schafherden und Hirten. Ein Sohn des Hermes mit spitzen Ohren und den Hörnern und Beinen einer Ziege. In Verbindung mit Fruchtbarkeit stehend, hat er manche lüsterne Eigenschaft mit den *__Kentauren__ gemeinsam. Erfinder der Syrinx (der aus Rohr gefertigten Panflöte). Er suchte Höhlen und einsame ländliche Orte auf, wo er bei Tieren und Menschen eine plötzliche grundlose Furcht, die Panik, hervorgerufen haben soll (siehe auch *__Faun__, *__Satyr__).

Pazuzu, ein assyrischer Dämon, teilweise menschlich, aber mit den Flügeln, Hörnern und Klauen eines Vogels, sowie den Pfoten eines Löwen; wurde mit Stürmen assoziiert und galt als Vorbote von Krankheiten.

Pegasus, Flügelpferd der griechischen Mythologie, das aus dem Blut der *__Gorgone__ Medusa entstanden sein soll, nachdem Perseus dieser den Kopf

Pegasus,
Silbermünze aus Karthago,
um 265 v. Chr.

abgeschlagen hatte. Der Heros Bellerophon zähmt ihn mit goldenem Zaumzeug und reitet ihn im Kampf gegen die *Chimäre. Später versuchte der Held, auf dem Pegasus bis in den Himmel hinaufzureiten, doch Zeus sandte eine Bremse, die das Pferd stach, worauf Bellerophon abgeworfen wurde. Das Flügelpferd erscheint etwa im 13. Jh. v. Chr. auch in Mesopotamien.

Phönix, ein Vogel der antiken ägyptischen Mythologie, der im klassischen Altertum zu einem Symbol der Unsterblichkeit und Auferstehung wurde. Nachdem er fünfhundert Jahre gelebt hat, soll er sich in der arabischen Wüste auf einem Stoß aromatischer Zweige und Gewürze selbst verbrennen, worauf aus seiner Asche sofort ein neuer Phönix steigt. Auf Gedenkmünzen der spätrömischen Kaiserzeit repräsentiert der Phönix die ewige Stadt Rom; westliche Quellen beschreiben ihn als von der Größe eines Adlers, mit glänzend goldenem Gefieder und einer melodischen Stimme. In China ist der Phönix (*fênghuang*) ein Wesen, dessen seltenes Auftreten ein bedeutendes Ereignis vorhersagt. Als verbreitetes dekoratives Motiv trägt er als ein Symbol von Frieden und Reichtum glücksverheißende Attribute und wird mit der Kaiserin und dem weiblichen Prinzip Yin assoziiert. In Japan verbindet sein Name (*hōō*) zwei chinesische Zeichen: *hō* (männlich) und *ō* (weiblich), was seine Bisexualität andeutet. Der Vogel soll nur zu Zeiten einer Frieden und Wohlstand bringenden Regierung erscheinen. In Tibet wird er als ein Pärchen aus Weibchen und Männchen dargestellt, das eine kleine Pfingstrose hält, ein nationales Symbol. Als ab dem 13. Jh. die Mongolen sich in der islamischen Welt festsetzten, wurde der Phönix dort mit dem persischen *__Simurgh__ verbunden.

Chinesische Phönixe, Einlegearbeit aus Perlmutt auf einem Bronzespiegel, Tang-Dynastie, 8.–9. Jh.

Python, eine ungeheure Schlange der griechischen Mythologie, Sproß der Gaia (Erde). Sie versucht Leto anzugreifen, als diese mit dem Zwillingspaar Apollon und Artemis schwanger geht, deren Vater Zeus ist. Sie wird dann von Apollon aus Rache getötet, der daraufhin die Pythischen Spiele begründet und den Beinamen Pythius erhält.

Qilin, auch Ch'ilin, chinesisches Einhorn, eine gute und freundliche Kreatur, die mit dem Yin-Yang verbunden ist, den beiden Kräften, die zusammenhängen und den chinesischen Kosmos aufrechterhalten. Nach einer Legende soll bei der Geburt des Konfuzius im Jahre 551 v. Chr. ein Qilin erschienen sein und ein Stück Jade ausgespuckt haben, auf dem geschrieben stand, der Philosoph werde ein ›ungekrönter Kaiser‹ sein (siehe auch *__Kirin__ und die Kapitel »Drachen« und »Einhörner«).

Qingu, in der sumerischen Mythologie Anführer der Armee aus Ungeheuern, die von dem Urdrachen ***Tiamat** hervorgebracht und von dem Gott Marduk besiegt wurden.

Rakhsh, ein übernatürlich starkes Pferd, das treue Reittier des legendären persischen Helden Rostam.

Rakhsh und Rostam im Kampf mit einem Drachen; aus einer persischen Handschrift des *Shahnameh*, 18. Jh.

Ruch oder Roch, in der arabischen Tradition ein riesiger Sturmvogel, stark genug, um Elefanten fortzutragen.

Salamander, ein kleines, giftiges, eidechsenförmiges Tier, dem die übernatürliche Fähigkeit zugesprochen wurde, unbeschadet durch Feuer zu gehen, weil sein eigener Körper als sehr kalt galt.

Salamander auf einem Siegel des Sir Thomas Smith, Mitte 16. Jh.

Sasabonsam, ein haariges Waldungeheuer der Ashanti in Westafrika mit großen, blutunterlaufenen Augen, dessen Füße in beide Richtungen deuten. Er sitzt in den hohen Ästen von Bäumen und läßt seine langen Beine herunterbaumeln, um unachtsame Jäger zu fangen.

Satyr, in der griechischen Mythologie halb menschliche, halb ziegenartige Wesen der Wildnis. Ihre Wünsche und ihr Verhalten sind tierisch; sie werden mit Dionysos, mit Wein, Orgien und Wollust assoziiert. Der Satyr Marsyas tritt mit Apollon in einen musikalischen Wettstreit ein und wird geschunden, als er ihn verliert (siehe auch *__Faun__, *__Pan__ und das Kapitel »Halbmenschliche Wesen«).

Shan hui, chinesischer Berghund mit menschlichem Gesicht.

Shang yang, ein Vogel mit nur einem Bein, der nach chinesischer Legende Wasser aus den Flüssen in seinem Schnabel aufnimmt und ihn als Regen ausspeit.

Shokuin, menschengesichtiger Drache mit einem über 300 Kilometer langen roten, schuppenbesetzten Körper, einem großen roten Maul, Hör-

Simurgh auf einer spätsassanidischen vergoldeten Silberplatte, Persien, 7.–8. Jh.

nern, einem Pferdeschwanz, Hufen an den Hinter- und Klauen an den Vorderbeinen. In der japanischen Mythologie bringt sein Schlaf die Nacht und sein Erwachen den Tag; sein Einatmen verursacht den Sommer und sein Ausatmen den Winter.

Simurgh, persisches Mischwesen, gebildet aus einem großen Vogel und einem Hund oder einem Löwen; auch Senmurv genannt, wird zuweilen mit dem ***Phönix** assoziiert.

Sirenen, Frauen, Vogelfrauen oder ***Meerjungfrauen** der griechischen Mythologie. Sie singen und spielen so schöne Musik, daß die Seeleute, unachtsam geworden, an den Felsen bei ihrer Insel Schiffbruch erleiden. Odysseus entkam ihnen, indem er die Ohren seiner Mannschaft mit Wachs verstopfte und sich selbst an den Mast seines Schiffes binden ließ. Als sie sich schließlich von der Musik des Orpheus, der mit den Argonauten bei ihnen vorbeisegelte, übertroffen sahen, stürzten sie sich ins Meer und wurden in Felsklippen verwandelt (siehe auch Kapitel »Halbmenschliche Wesen«).

Skorpionmenschen, von der Taille aufwärts menschlich, aber mit dem Unterkörper eines Skorpions, bewachen sie im mesopotamischen *Gilgameschepos* den Zugang zum Berg Khumbaba.

Skylla, sechsköpfiges Meeresungeheuer der griechischen Mythologie mit drei Reihen von Zähnen und zwölf Beinen. Von der Taille abwärts besteht die Skylla aus ständig bellenden Hunden. Durch die eifersüchtige Zauberin Kirke wurde sie aus einer schönen Frau in dieses Ungeheuer verwandelt; sie lebt in einer Höhle an der italienischen Küste bei der Straße von Messina, gegenüber der Charybdis, einem gefährlichen Strudel, und schnappt nichtsahnende Seeleute mit ihren sechs Mäulern von ihren Schiffen.

Sleipnir, achtbeiniges Pferd des altnordischen Gottes Odin.

Steinbock, ursprünglich in der griechischen Mythologie eine weibliche Ziege namens Amalthea, die den Zeus säugte, als er vor seinem Vater Kronos versteckt werden mußte. Als Lohn wird sie schließlich unter die Sternbilder versetzt. Eines ihrer Hörner schenkt Zeus den Nymphen, die halfen, ihn aufzuziehen. Dieses Horn wurde zu einem Symbol der Fruchtbarkeit und des Überflusses, das als Cornucopia oder Füllhorn bekannt ist.

Stiermensch, siehe ***Bukentauros**, ***Lamassu**, ***Minotauros**.

Stymphaliden, Vogelungeheuer der griechischen Mythologie mit ehernen Klauen, Schwingen und Schnäbeln, die ihre Federn als Pfeile abschießen und sich von Menschenfleisch nähren. Sie werden schließlich von Herakles als sechste seiner Arbeiten getötet.

Taotie, chinesisches dekoratives Motiv, bestehend aus einem Gesicht (in den frühesten Beispielen nur aus Augen) mit Hörnern und Klauen; ähnelt vielen anderen realen oder imaginären Tieren, ohne ihnen genau zu entsprechen.

Teelget, riesiges vierbeiniges, menschenfressendes Tier mit dem Geweih eines Hirsches bei den Navajo in Arizona, wird schließlich von dem Helden Nayenezgani besiegt.

Herakles schießt mit seiner Schleuder nach den Stymphaliden; schwarzfigurige Amphore aus Athen, um 530 v. Chr.

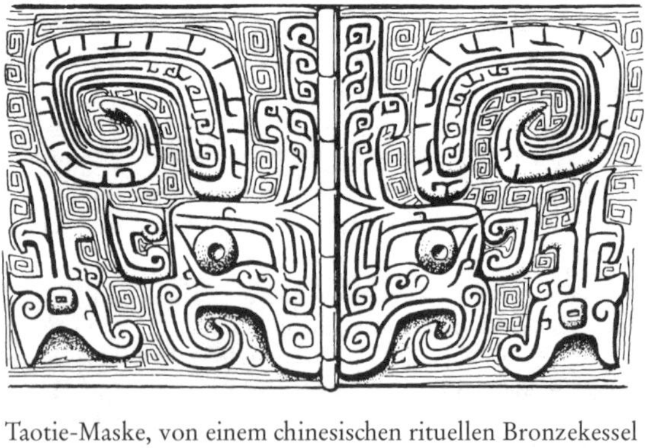

Taotie-Maske, von einem chinesischen rituellen Bronzekessel aus einem Grab der späten Shang-Dynastie, um 1250 v. Chr.

Tengu, einen Phönix verfolgend; Netsuke aus Elfenbein, Japan, 19. Jh.

Tengu, böswillige und prahlerische geflügelte Dämonen in der japanischen Mythologie, entweder halb menschlich mit extrem langen Nasen und den Schwingen und Klauen großer Adler oder gänzlich vogelartig. Berüchtigt für ihre Wut und ihr drohendes Verhalten, werden sie häufig mit der Fechtkunst assoziiert.

Tiamat, weiblicher Drache der mesopotamischen Mythologie, der als große, aufgeblähte Kreatur beschrieben wird; bezeichnet das wässerige Urchaos und wird schließlich zusammen mit ihrer Armee aus Ungeheuern vom Gott Marduk erschlagen (siehe auch *__Mušhuššu__, *__Qingu__).

Tianlu, hirschartiges Wesen aus China.

Tian Wu, siehe *__Wu__.

To, burmesisches Mischwesen aus Löwe und Hirsch.

Triton, Sohn des griechischen Meergottes Poseidon und der Meergöttin Amphitrite, mit menschlichem Oberkörper und dem Unterkörper eines Fisches oder eines Delphins. Oft wird er dargestellt, wie er auf einer gebogenen Muschelschale bläst, womit er das Meer aufrühren oder besänftigen kann (siehe auch ***Meerjungfrauen**).

Tsenahale, große adlerartige menschenfressende Ungeheuer in der Mythologie der Navajo in Arizona, werden schließlich von dem Helden Nayenezgani erschlagen.

Tua, Wächtergeist der Krieger der Iban auf Borneo, meist eine Pythonschlange oder Kobra, zuweilen auch eine Wildkatze oder ein Hirsch.

Typhon oder Typhoeus, hundertköpfiges geflügeltes Ungeheuer der griechischen Mythologie, Sohn der Gaia (Erde) und des Tartaros, aus der Verbindung mit ***Echidna** Vater des ***Kerberos**, der ***Chimäre** und der ***Hydra**, deren Körper in Schlangenschwänzen enden und deren Augen und Mäuler Feuer speien. Nachdem er Zeus herausgefordert hatte, wurde er mit Hilfe eines Blitzstrahls bezwungen und unterhalb des Vulkans Ätna eingekerkert.

Urisk, Mischwesen aus Mensch und Ziege an einsamen Stellen im schottischen Hochland, vor allem in der Nähe von Wasserfällen (siehe auch ***Glaistig**).

Uroboros, der ›Schwanzverschlinger‹, Darstellung einer Schlange oder eines Drachen, der seinen eigenen Schwanz verschlingt, erscheint in der nordeuropäischen Kunst üblicherweise in der Form eines Kreises und symbolisierte Konzepte wie Vollständigkeit, Totalität oder Vollkommenheit (siehe auch ***Jormungandr**).

Uroboros-Randverzierung im *Book of Durrow*, Northumbrien, England, 7. Jh.

Urubutsin, ›Geierkönig‹, wurde nach einer mythischen Erzählung des Kamaiura-Stammes der Amazonas-Region Brasiliens vom Sonnengott Kuat betrogen, um ihm das Tageslicht als Lösegeld für seine Freiheit zu entreißen.

Usumgal, schlangenartiges Ungeheuer, das in der sumerischen Dichtung erwähnt wird, dient als preisendes Epitheton und als Metapher für einen Gott oder König.

Visionsschlange, Maya-Bild einer sich aufrichtenden und sich windenden Schlange, meist mit einem einzelnen Kopf und deutlicher Musterung; aus ihrem Maul werden Götter und Helden ausgespuckt. Oft wird sie in Rauchwolken dargestellt, die von einem Blutopfer emporsteigen (siehe auch *Xiuhcoatl**).

Vritra, Drachengottheit der Hindu-Mythologie, die durch Zurückhaltung des Wassers in ihrem Körper eine Dürre verursacht, bis sie vom Regengott Indra mit einem Blitz erschlagen wird, wodurch der Monsun kommt.

Vucub Caquix, Vogelungeheuer, auch ›Sieben-Ara‹ genannt, das über die dämmerige, zwielichtige Welt herrscht, die in der Mythologie der Maya auf die Überflutung folgt. Im Epos *Popol Vuh* wird es von den Heldenzwillingen besiegt.

Wakonda, mächtiger Donnervogel der nordamerikanischen Indianerstämme an den Großen Seen, der den Donner durch das Schlagen seiner Schwingen erzeugt.

Wakonda, Donnervogel und Blitzmotiv, Gebiet der Großen Seen, Nordamerika, 19. Jh.

Werwolf, wolfsartige Kreatur, entsteht in der Regel durch Verwandlung aus einem Menschen.

Windigo, sehr starkes, bösartiges Ungeheuer in der Mythologie der nordamerikanischen Algonquin-Indianer, von menschenartiger Gestalt, ernährt sich von Menschenfleisch.

Wishpoosh, großes, seebewohnendes, biberartiges Ungeheuer bei den Nez Percé in der Nordwestpazifikregion Nordamerikas, wird in einem Titanenkampf von dem Trickster-Gott Coyote besiegt.

Wititj, große Schlange bei den australischen Ureinwohnern, deren Speichel die Regenwolken des ersten Monsuns im Jahr bildet.

Wu, chinesischer Himmelsgeist mit dem Körper eines Tigers, acht Füßen und Schwänzen und acht Menschenköpfen (auch *tian wu* genannt).

Wyvern, zweibeiniger geflügelter Drache (siehe auch das Kapitel »Drachen«).

Xanthos, eines der zwei unsterblichen Rosse des griechischen Helden Achill, das andere heißt Balios; Sproß der *__Harpyie__ Podarge und des Westwinds. Es erhält die Gabe der Rede, um Achill vor seinem drohenden Tod zu warnen.

Xiuhcoatl, aztekische Feuerschlange oder Türkisschlange mit einem gegliederten Körper und einer scharf rückwärts gerichteten Schnauze; wird mit dem Feuer und der Sonnenhitze sowie dem zentralmexikanischen Feuergott Xiuhtecuhtli assoziiert (siehe auch *__Visionsschlange__).

Yali, zusammengesetztes löwenartiges Ungeheuer, erscheint oft als dekoratives Architekturmotiv.

Zaltys, harmlose grüne Schlange, die bei den indogermanischen Balten (Litauern, Letten und Altpreußen) als Fruchtbarkeitssymbol verehrt wurde. Die Aitvaras, eine fliegende und leuchtende Zaltys, galt als Vorbote des Reichtums.

Zinnoberroter Südvogel, mythischer chinesischer Vogel (siehe auch *__Phönix__).

Ziz, im hebräischen Mythos der größte aller Vögel, der, wenn er fliegt, das Licht der Sonne verdunkelt.

Literaturhinweise

Allgemeine Literatur

Aelian: On the Characteristics of Animals. [Griech./ Engl.] Übers. von A. F. Scholfield. 3 Bde. London/Cambridge (Mass.) 1958–59.

Ameisenova, Z.: Animal-Headed Gods, Evangelists, Saints and Righteous Men. In: Journal of the Warburg and Courtauld Institutes 12 (1949) S. 21–45.

Anderson, M. D.: History and Imagery in British Churches. London 1971.

Barber, R. W. / Riches, A.: A Dictionary of Fabulous Beasts. London 1971.

Bernheimer, R.: Wild Men in the Middle Ages. London 1952.

Borges, J. L. / Guerrero, M.: Einhorn, Sphinx und Salamander. El libro de los seres imaginarios / Das Buch der imaginären Wesen. Übers. von U. de Herrera, E. Aron und G. Haefs. Frankfurt a. M. 1993. (J. L. B.: Werke in 20 Bänden. Hrsg. von G. Haefs und F. Arnold. Bd. 8.) – Rev. Fassung von: J. L. B. / M. G.: Einhorn, Sphinx und Salamander. Ein Handbuch der phantastischen Zoologie. München 1964.

Browne, T.: Pseudodoxia Epidemica. In: T. B.: Works. Hrsg. von C. Sayle. London 1927.

Bunt, C. G. E.: The Lion and the Unicorn. In: Antiquity 4 (1930).

Clébert, J. P.: Bestiaire fabuleux. Paris 1971.

Cooper, S. C.: An Illustrated Encyclopaedia of Traditional Symbols. London 1984.

Costello, P.: The Magic Zoo. The Natural History of Fabulous Animals. London 1979.

Cotterell, A.: A Dictionary of World Mythology. Oxford 1986.

Debidour, V.-H.: Le Bestiaire sculpté du Moyen Age en France. Paris 1961.

Dennys, R.: The Heraldic Imagination. London 1975.

Dessenne, A.: Le sphinx: étude iconographique. Bd. 1: Des origines à la fin du second millenaire. Paris 1957.

Druce, G. C.: The Mediaeval Bestiaries and their Influence on Ecclesiastical Art. In: The Journal of the British Archaeological Association N. S. 25 (1919) S. 41–82. 26 (1920) S. 88–106.

Fabeltiere. Die geheimnisvolle Welt der Mythen und Sagen. Hrsg. von der Time Life Redaktion. Augsburg 1995.

Farson, D. / Hall, A.: Mysterious Monsters. London 1978.
Gierlichs, J.: Drache, Phönix, Doppeladler. Fabelwesen in der islamischen Kunst. Berlin 1993.
Gould, C.: Mythical Monsters. London 1886.
Hart, G.: Egyptian Myths. London 1990. – Dt. unter dem Titel: Ägyptische Mythen. Stuttgart 1993.
Hicks, C.: Animals in Early Medieval Art. Edinburgh 1993.
Huber, R.: Treasury of Fantastic and Mythological Creatures: 1,087 Renderings from Historic Sources. New York 1981.
James, M. R.: The Bestiary. Oxford 1928.
Janson, H. W.: Apes and Ape Lore in the Middle Ages and Renaissance. London 1952.
Klingender, F.: Animals in Art and Thought to the End of the Middle Ages. London 1971.
Lloyd-Jones, H.: Mythical Beasts. London 1980.
Lum, P.: Fabulous Beasts. London 1952.
Marle, R. van: Iconographie de l'art profane au Moyen-Âge et à la Renaissance et la Décoration des demeures. Bd. 1: La vie quotidienne. La Haye 1931. Bd. 2: Allégories et symboles. La Haye 1932.
McCall, H.: Mesopotamien Myths. London 1990. – Dt. unter dem Titel: Mesopotamische Mythen. Stuttgart 1993.
McCulloch, F.: Medieval Latin and French Bestiaries. Chapel Hill 1962.
Mode, H.: Fabeltiere und Dämonen in der Kunst. Die phantastische Welt der Mischwesen. Stuttgart [u. a.] 1973.
Monsters and Demons in the Ancient Medieval Worlds. Hrsg. von A. E. Farkas. Mainz 1987.
Mundus mirabilis fictus. Phantasie und Wirklichkeit in der Welt der Fabelwesen. Hrsg. von J. Kastner. Passau 1994.
Mythical and Fabulous Creatures. A Source Book and Research Guide. Hrsg. von M. South. Westport (Conn.) 1987.
Piccard, G.: Wasserzeichen Fabeltiere. Greif, Drache, Einhorn. Stuttgart 1980.
Plinius: Historia naturalis. [Lat./Dt.] Hrsg. und übers. von R. König in Zs.arb. mit G. Winkler. München 1973 ff.
Riedl-Dorn, C.: Wissenschaft und Fabelwesen. Ein kritischer Versuch über Conrad Gessner und Ulisse Aldrovandi. Mit einem Beitrag von H. Grössing. Wien/Köln 1989.
Rowland, B.: Animals with Human Faces. London 1974.
Schiffler, B.: Die Typologie der Kreaturen. Frankfurt a. M. 1976.
Schöpf, H.: Fabeltiere. Graz 1988.
White, T. H.: The Book of Beasts, being a Translation from the Latin Bestiary of the Twelfth Century. (Cambridge Univ. Library MS Ii.4.26.) London 1954.
Wittkower, R. W.: Allegory and the Migration of Symbols. London 1977.

Drachen

Allen, J. / Griffiths, J.: The Book of the Dragon. London 1979.
Creel, H. G.: Studies in Early Chinese Culture. London 1938.
Curatola, G.: Draghi. Venedig 1989.
Dalley, S.: Myths from Mesopotamia. Oxford 1989.
De Visser, M. W.: The Dragon in China and Japan. Amsterdam 1913.
Hartner, W.: The Pseudoplanetary Nodes of the Moon's Orbit in Hindu and Islamic Iconographies. In: Arts Islamica 5,2 (1938) S. 114–153.
Hoult, J.: Dragons. Their History and Symbolism. Glastonbury 1987.
Jameson, A.: Sacred and Legendary Art. London 1850.
Kramrisch, S.: Manifestations of Shiva. Philadelphia 1981.
Le dragon dans la culture médiale. Hrsg. von D. Bauschinger und W. Spiewok. Greifswald 1994. (Greifswälder Beiträge zum Mittelalter. 24. Serie *Wodan*. 39.)
Rawson, J.: Chinese Ornament. The Lotus and the Dragon. London 1984.
Stanford, H.: Royal Beasts. London 1956.
Zhao, Q.: Dragon. The Symbol of China. In: Oriental Art 37,2 (Sommer 1991) S. 72–80.

Einhörner

Auden, W. H.: Collected Poems. Hrsg. von E. Mendelson. London 1976.
Beer, R. R.: Einhorn. Fabelwelt und Wirklichkeit. München 1972.
Benedetto, L. F.: Marco Polo, Il Milione. Florenz 1928.
Büttner, G.: Die Dame mit dem Einhorn. Die Teppiche des Musée de Cluny. Bilder der seelischen Entwicklung. Stuttgart 1990.
Caesar: De Bello Gallico / Der Gallische Krieg. Übers. und hrsg. von M. Deissmann. Stuttgart 1980 [u. ö.].
Einhorn, J. W.: Spiritualis Unicornis. Das Einhorn als Bedeutungsträger in Literatur und Kunst des Mittelalters. München 1976.
Ettinghausen, R.: The Unicorn. Washington 1950. (Studies in Muslim Iconography.)
Fournival, R. de: Le Bestiaire d'amour. Hrsg. Von C. Hippeau. Paris 1860.
Freeman, M.: The Unicorn Tapestries. New York 1976.
Gutmann, S.: Interessantes über das Einhorn. Ettlingen 1965.
Jung, C. G.: Psychologie und Alchemie. Hrsg. von D. Baumann, L. Jung-Merker und E. Rüf. Olten / Freiburg i. Br. 1972. (C. G. J.: Gesammelte Werke. Bd. 12.)
Naumann, H.: Mon Seul Désir, La Dame à la Licorne vor dem Zelt des Aubert Le Viste. In: Archives Héraldiques Suisses 106,2 (1992).
Petrarca, F.: Die Triumphe: auf das Leben und den Tod der Monna Laura. Übers. von B. Geiger. Wien ^{2}1935.
Der Physiologus. Übers. und erl. von O. Seel. Zürich ^{7}1995.

Rilke, R. M.: Die Sonette an Orpheus. Leipzig 1923.
Sanford, E. M.: Honorius Presbyter and Scholasticus. In: Speculum 23 (1948) S. 397–425.
Schlingloff, D.: Die Einhorn-Legende. In: Christiana Albertina. Kieler Universitäts-Zeitschrift 11 (1971) S. 51–64.
Shepard, O.: The Lore of the Unicorn. London 1930.
Spenser, E.: The Faerie Queene. London 1955.
Stern, C. M.: Unicorn, Myth and Reality. London 1977.
Thurber, J.: The Thurber Carnival. London 1953.
Topsell, E.: The Historie of Foure-footed Beastes. London 1607.
Wolfram von Eschenbach: Parzival. [Mhd./Nhd.] Mittelhochdt. Text nach der Ausg. von K. Lachmann. Übers. und Nachw. von W. Spiewok. 2 Bde. Stuttgart 1980–81 [u. ö.].

Greifen

Aethicus von Istria: Cosmographia. In: Éthicus et les ouvrages cosmographiques intitulés de ce nom. Hrsg. von M. D'Avezac. Paris 1852. [Hier bes. III,2, 5, IV, V,2.]
Aischylos: Der gefesselte Prometheus. Übers. und Nachw. von W. Kraus. Stuttgart 1965 [u. ö.].
Albertus Magnus: De animalibus libri XXVI. Hrsg. von H. Stadler. Münster 1916–20. [Hier bes. XXIII,24, 46.]
Aldrovandi, U.: Ornithologiae, hoc est de avibus historiae libri XII. Bologna 1599. [Hier bes. X,1.]
– Monstrorum historia. Bologna 1642.
Armour, P.: Dante's Griffin and the History of the World. Oxford 1989.
Arrianos: Der Alexanderzug. [Griech./Dt.] Hrsg. und übers. von G. Wirth und O. von Hinüber. München 1985.
Ayzac, F. d': Du symbolisme du griffon dans l'art chrétien du moyen-âge. In: Revue de l'art chrétien 4 (1860) S. 241–263.
Benjamin von Tudela: Itinerarium ex versione Benedicti Ariae Montani. Leipzig 1764.
Bisi, A. M.: Il grifone. Storia di un motivo iconografico nell' antico Oriente mediterraneo. Rom 1965.
Bolton, J. D. P.: Aristeas of Proconnesus. Oxford 1962.
Bouras, L.: The Griffin through the Ages. Athen 1983.
Brown, R.: Remarks on the Gryphon, Heraldic and Mythological. Westminster 1885.
Bulwer Lytton, E. G. E.: The Pilgrims of the Rhine. London [o. J.]. [Hier bes. Kap. 12.]
Carroll, Lewis: Alice's Adventures in Wonderland. London 1972. [Hier bes. Kap. 9–12.]

Caxton, W.: Caxton's Mirrour of the World. Hrsg. von O. H. Prior. Oxford 1913.
Chaucer, G.: The Knightes Tale / Die Erzählung des Ritters. In: G. Ch.: The Canterbury Tales / Die Canterbury-Erzählungen. [Mittelengl./ Dt.] Übers. und erl. von H. Bergner, W. Böttcher, G. Hagel und H. Sperber. Ausgew. und hrsg. von H. Bergner. Stuttgart 1982 [u. ö.]. S. 57–185.
Chierici, J.: Il grifo dantesco. Rom 1967.
Dante Alighieri: Die göttliche Komödie. Übers. von H. Gmelin. Stuttgart 1951 [u. ö.].
Delplace, C.: Le griffon de l'archaïsme à l'époque impériale. Brüssel/Rom 1980.
Die Erzählungen aus tausendundein Nächten. Zum ersten Mal nach dem arabischen Urtext der Calcuttaer Ausgabe vom Jahre 1839 übertragen von E. Littmann. Bd. 1–6. Leipzig 1966. [Hier bes. IV.]
Ernestus, seu carmen de varia Ernesti Bavariae ducis fortuna, auctore Odone. In: E. Martène / U. Durand: Thesaurus novus anecdotorum. Paris 1717.
Flagge, I.: Untersuchungen zur Bedeutung des Greifen. Sankt Augustin 1975.
Frugoni, C. Settis: Historia Alexandri elevati per griphos ad aeram. Rom 1973.
Griffin, M. I. J.: Frank R. Stockton. A Critical Biography. Philadelphia 1939.
Helgaud de Fleury: Vie de Robert le Pieux (Epitoma vitae regis Roberti Pii). Hrsg. von R. H. Bautier und G. Labory. Paris 1965.
Herodot: Historien. Übers. von A. Horneffer. Stuttgart 1955. [Hier bes. IV,13 ff.]
Historia de preliis. Der Alexanderroman des Archipresbyters Leo. Hrsg. von F. Pfister. Heidelberg 1913.
Historie von Alexander dem Großen. Übers. von W. Kirsch. Leipzig 1984.
Jerome, Jerome K.: Three Men on the Bummel. Bristol [o. J.].
Johannes von Genua (Joannes Balbus): Arimaspi. Griphes. In: Catholicon. Mainz 1460. Reprogr. Nachdr. Westmead 1971.
Lindsay, V.: Collected Poems. New York 1946.
Mandeville's Travels. Hrsg. Von M. Letts. London 1953.
Mela, Pomponius: Kreuzfahrt durch die Alte Welt. [Lat./Dt.] Hrsg. und übers. von K. Brodersen. Darmstadt 1994.
Michovius, Mathias: Tractatus de duabus Sarmatiis Asiatica et Europiana et de contentis in eis. Augsburg 1518. [Hier bes. Bd. 1: De Sarmatia Asiana. Buch 2. Kap. 5.]
Milton, John: Das verlorene Paradies. Übers. und hrsg. von H. H. Meier. Stuttgart 1968 [u. ö.].
Neckam, A.: De naturis rerum libri II. [Hier bes. XXXI.] De laudibus divinae sapientiae. [Hier bes. IX,121–126.] Hrsg. von T. Wright. London 1863.
Nicolaus Pergamenus: Dialogus creaturarum. In: J. G. T. Grässe (Hrsg.): Fabelbücher des Mittelalters. Tübingen 1880. [87: De grife tyranno.]
Nigg, J.: The Book of Gryphons. Cambridge (Mass.) / Watertown 1982.

Nonnos: Leben und Taten des Dionysos. In: N.: Werke in zwei Bänden. Übers. von D. Ebener. Berlin/Weimar 1985.
Patrologia graeca: Patrologiae Cursus Completus: Series Graeca. Hrsg. von J.-P. Migne.
– Bd. 11. Origenes: Peri archon libri IV. [Hier bes. IV,17, Sp. 379–380.] Contra Celsum. [Hier bes. III,27, Sp. 953–954.]
Patrologia latina: Patrologiae Cursus Completus: Series Latina. Hrsg. von J.-P. Migne.
– Bd. 82. Isidor von Sevilla: Etymologiarum libri XX. [Hier bes. XII,2, 17; XIV,3, 7, 32, Sp. 436, 497, 501.]
– Bd. 122. Johannes Scotus Erigena: De divisione naturae libri V. [Hier bes. III,39, Sp. 738.]
– Bd. 177. Hugo von St. Victor (zugeschr.): De bestiis et aliis rebus libri IV. [Hier bes. III,4, 58, Sp. 84, 116–117.]
– Bd. 197. Hildegard von Bingen: Subtilitatum diversarum naturarum creaturarum libri IX. [Hier bes. VI,1, Sp. 1287.]
Pausanias: Reisen in Griechenland. Gesamtausgabe in drei Bänden. Auf Grund der komm. Übers. von E. Meyer hrsg. von F. Eckstein. Zürich [u. a.] ^{3}1986 bis 1989.
Peters, E.: Der griechische Physiologus und seine orientalischen Übersetzungen. Berlin 1898.
Petrus Riga: Aurora Petri Rigae. Biblia versificata. Hrsg. von P. E. Beichner. Notre Dame 1965.
Philostrat: Das Leben des Apollonius von Tyana. [Griech./Dt.] Hrsg., übers. und erl. von V. Mumprecht. München/Zürich 1983.
Polo, Marco: Il Milione. Hrsg. von D. Olivieri. Bari 1928.
Reaney, P. H.: Griffin. In: P. H. R.: A Dictionary of British Surnames. London 1961.
Ross, Alexander: Arcana Microcosmi [...] with a Refutation of Doctor Browns Vulgar Errors, and the Ancient Opinions vindicated. London 1651.
Sankt Brendans Meerfahrt. Ein lateinischer Text und seine drei deutschen Übertragungen aus dem 15. Jh. Hrsg. von K. A. Zaenker. Stuttgart 1987.
Sidonius Apollinaris: Poems and Letters. [Lat./Engl.] Hrsg. von W. B. Anderson. 2 Bde. London 1956–65.
Simon, E.: Zur Bedeutung des Greifen in der Kunst der Kaiserzeit. In: Latomus 21 (1982) S. 749–780.
Solinus: C. Iulii Collectanea rerum memorabilium. Hrsg. von T. Mommsen. Berlin 1864.
Steele, Sir Richard: The Guardian. Nr. 60. London 1747.
Stockton, F. R.: The Griffin and the Minor Canon (1885). In: The Penguin Book of Western Fairy Tales. Hrsg. von J. Zipes. Harmondsworth 1993.
– The Great Show in Kobol-Land. London 1891.
Strabo: Erdbeschreibung in 17 Büchern. Übers. von Ch. G. Groskurd. Berlin/Stettin 1831–34. Reprogr. Nachdr. Hildesheim [u. a.] 1988.

Suda (Suidas): Abaris. In: Suidae Lexicon. Hrsg. von A. Adler. Leipzig 1928 bis 1938.

Thomas von Aquin: Summa theologica. Hrsg. von B. M. de Rubeis, Ch. R. Billuart [u. a.]. Turin 1922. [Hier bes. Ia-IIae, Q. 102, Art. 6, ad 1.]

Vasari, Giorgio: La Vita di Michelangelo nelle redazioni del 1550 e del 1568. Hrsg. von P. Barocchi. Mailand/Neapel 1962.

Vergil: Hirtengedichte (Eklogen). Übers. und erl. von H. C. Schnur. Stuttgart 1968 [u. ö.]. – Virgil: Bucolica. Hirtengedichte. Übers. und erl. von F. Klingner. München 1977.

Wegner, I.: Studien zur Ikonographie des Greifen im Mittelalter. Leipzig 1928.

Ziegler, K.: Gryps. In: Paulys Real-Encyclopädie der classischen Altertumswissenschaft. Hrsg. von G. Wissowa und W. Kroll. Stuttgart 1912.

Sphingen

Brosi, S.: Der Kuß der Sphinx. Weibliche Gestalten nach griechischem Mythos in Malerei und Graphik des Symbolismus. München/Hamburg 1991.

Curl, J. S.: The Egyptian Revival. London 1982.

Demisch, H.: Die Sphinx. Geschichte ihrer Darstellung von den Anfängen bis zur Gegenwart. Stuttgart 1979.

Dessenne, A.: Sphinx iconographique. Paris 1957.

Fischer, H. G.: The Ancient Egyptian Attitude Towards the Monstrous (Monsters and Demons in the Ancient and Medieval Worlds). Papers presented in honour of Edith Porada. Hrsg. von Ann E. Farkas [u. a.]. Mainz 1987.

Gardiner, Sir A.: Some Personifications II. In: Proceedings of the Society of Biblical Archaeology. 46th session (1916) S. 83–94.

Hassan, S.: Le Sphinx, son histoire à la lumière des fouilles récentes. Kairo 1952.

Ilberg, J.: Die Sphinx in der griechischen Kunst und Sage. Leipzig 1896.

Lehner, M.: Reconstructing the Sphinx. In: Cambridge Archaeological Journal 2,1 (1992) S. 3–26.

Müller, P.: Löwen und Mischwesen in der archaischen griechischen Kunst. Zürich 1978.

Simpson, W. K.: Egyptian Sculpture and Two-Dimensional Representation as Propaganda. In: Journal of Egyptian Archaeology 68 (1982) S. 266–271.

Wunderblock. Eine Geschichte der menschlichen Seele. Katalog. Hrsg. von J. Clair [u. a.]. Wien 1989.

Halbmenschliche Wesen

Alciatus, A.: Emblemata cum commentariis. Padua 1621. – Unveränd. Nachdr. unter dem Titel: The Renaissance and the Gods. New York / London 1976.
Alpers, A.: Maori Myths and Tribal Legends. London 1964.
Atwood, M.: Siren Song. In: M. A.: You are Happy. New York 1974.
Bacon, Francis: The Wisdom of the Ancients. Aus dem Lat. ins Engl. übers. von Arthur Knight. London 1619.
Baer, E.: Sphinxes and Harpies in Medieval Islamic Art. An Iconographical Study. Jerusalem 1965.
Baur, P. V. C.: Centaurs in Ancient Art. The Archaic Period. Berlin 1912.
Beagon, M.: Roman Nature. The Thought of Pliny the Elder. Oxford 1992.
Bennett, A. G.: Focus on the Unknown. London 1953.
Benwell, G. / Waugh, A.: Sea Enchantress. The Tale of the Mermaid and Her Kin. London 1961. – Dt. unter dem Titel: Töchter des Meeres. Von Nixen, Nereiden, Sirenen und Tritonen. Übers. von K. Birkenhauer. Hamburg 1962.
Berman, R.: Mermaids. Sirens. In: Mythical and Fabulous Creatures. Hrsg. von M. South. Westport (Conn.) 1987. S. 133–145, 147–153.
Bessler, G.: Von Nixen und Wasserfrauen. Köln 1995.
Binyon, L.: The Sirens. An Ode. Chelsfield 1924.
Bisschop, E. de: Tahiti-Nui. London 1959.
Camões, L. de: Os Lusíades / Die Lusiaden. Übers. von J. J. Donner [1833]. Veitshöchheim 1991.
Daly, M. / Caputi, J.: Webster's First Intergalactic Wickedary of the English Language. London 1988.
Detienne, M.: The Gardens of Adonis. Übers. von J. Lloyd. Brighton 1977.
Douglass, N.: Siren Land. London [2]1923.
DuBois, P.: Centaurs and Amazons. Women and the Pre-History of the Great of Being. Ann Arbor 1991.
Faral, E.: La queue de poisson des sirènes. In: Romania 47 (1953) S. 433–506.
Forster, E. M.: The Story of the Siren. In: E. M. F.: Collected Short Stories. Bd. 2. London 1986.
Gardner, W. H. / MacKenzie, N. H.: The Poems of Gerard Manley Hopkins. London 1967.
Greenblatt, S.: Marvelous Possessions. The Wonder of the New World. Oxford 1988.
Hall, E.: Inventing the Barbarian. Greek Self-Definition through Tragedy. Oxford 1989.
Heisig, K.: Über den Ursprung der Melusinensage. In: Fabula. Zeitschrift für Erzählforschung 3 (1960) S. 170–181.
Hermand, J.: Undinen-Zauber. Zum Frauenbild des Jugendstils. In: J. H. (Hrsg.): Jugendstil. Darmstadt 1971. S. 469–494.

Hofstetter, E.: Sirenen im archaischen und klassischen Griechenland. Würzburg 1990.
Holze, E. A.: Sirens and their Song. In: Woman's Power, Man's Game. Essays on Classical Antiquity in Honor of Joy A. King. Hrsg. von M. DeForest. Wauconda (Ill.) 1993. S. 392–414.
Homer: Odyssee. Übers. von Roland Hampe. Stuttgart 1979 [u. ö.]. [Hier bes. XII.]
Honeycombe, G.: Selfridges. 75 Years. The Story of the Store 1909–1984. London 1984.
Kastner, G.: Les Sirènes. Essai sur les principaux mythes relatifs à l'incantation. Paris 1858.
Kearns, E.: Indian myth. In: The Feminist Companion to Mythology. Hrsg. von C. Larrington. London 1992. S. 189–226.
King, H.: Producing woman. Hippocratic Gynaecology. In: An Illusion of the Night. Women in Ancient Societies. Hrsg. von L. Archer [u. a.]. Basingstoke 1994. S. 102–114.
Klugsberger, T.: Verfahren im Text. Meerjungfrauen in literarischen Versionen und mythischen Konstruktionen von H. C. Andersen, H. C. Artmann, K. Bayer, C. M. Wieland, O. Wilde. Stuttgart 1989.
Lawson, J. C.: Modern Greek Folklore and Ancient Greek Religion. Cambridge 1910.
Le Goff, J. / Le Roy Ladurie, E.: Mélusine maternelle et défricheuse. In: Annales 26 (1971) S. 587–622.
Lycosthenes, C.: Prodigiorum ac Ostentorum Chronicon. Basel 1557.
McCulloch, F.: Medieval Latin and French Bestiaries. University of North Carolina Studies in the Romance Languages and Literatures. Nr. 3. Chapel Hill 1962.
Napier, A. D.: Masks, Transformations and Paradoxes. Berkeley/London 1986.
Padel, R.: Women. Model for Possession by Greek Daemons. In: Images of Women in Antiquity. Hrsg. von A. Camerons und A. Kuhn. London 1983.
Payne, H. G. G.: Necrocorinthia. Oxford 1931.
Pollard, J.: Seers, Shrines and Sirens. The Greek Religious Revolution in the Sixth Century BC. London 1965.
– Birds in Greek Life and Myth. London 1977.
Pucci, P.: The Song of the Sirens. In: Arethusa 12 (1979) S. 121–132.
Rachewiltz, S. de: De Sirenibus. An Inquiry into Sirens from Homer to Shakespeare. New York / London 1987.
Rowland, B.: Harpies. In: Mythical and Fabulous Creatures. Hrsg. von M. South. Westport (Conn.) 1987. S. 155–161.
Rubens, B. / Taplin, O.: An Odyssey round Odysseus. The Man and His Story Traced through Time and Place. London 1989.
Sehnsucht und Sirene. Vierzehn Abhandlungen zu Wasserphantasien. Hrsg. von I. Roebling. Pfaffenweiler 1992.
Smith, J. C. / de Selincourt, A.: Spenser. Poetical Works. London 1966.

Stuby, A. M.: Liebe, Tod und Wasserfrau. Mythen des Weiblichen in der Literatur. Opladen 1992.
Sylvester, D.: Magritte. Catalogue of the Tate Gallery Exhibition. London 1969.
The Decorative Arts of the Mariner. Hrsg. von G. Frere-Cook. London 1966.
The Feminist Companion to Mythology. Hrsg. von C. Larrington. London 1992.
Theophrast von Hohenheim: Das Buch von den Nymphen, Sylphen, Pygmaeen, Salamandern und den übrigen Geistern. Faks. Ausg. Basel 1590. Übers. von G. Pörksen. Marburg 1996.
Thomas, K.: Man and the Natural World. Changing Attitudes in England 1500–1800. London 1983.
Tomasi di Lampedusa, G.: Die Sirene. Erzählungen. Übers. von Ch. Birnbaum. München ^{3}1991.
Undinenzauber. Geschichten und Gedichte von Nixen, Nymphen und anderen Wasserfrauen. Hrsg. von F. R. Max. Stuttgart 1991.
Vogel, M.: »Melusine ... das lässt aber tief blicken.« Studien zur Gestalt der Wasserfrau in dichterischen und künstlerischen Zeugnissen des 19. Jahrhunderts. Bern / Frankfurt a. M. [u. a.] 1989.
Walcott, D.: The Odyssey. A Stage Version. London 1993.
Wedner, S.: Tradition und Wandel im allegorischen Verständnis des Sirenenmythos. Ein Beitrag zur Rezeptionsgeschichte Homers. Frankfurt a. M. / Berlin [u. a.] 1994.
Woman Defamed and Woman Defended. An Anthology of Medieval Texts. Hrsg. von A. Blamires [u. a.]. Oxford 1992.
Woodroffe, P.: Hallelujah Anyway. Limpsfield 1984.
Yolen, J.: The Lady and the Mermaid. In: J. Y.: Tales of Wonder. London/ Sydney 1983.

Die Abbildungen sind, mit Ausnahme der Abbildung S. 58 (Lukas Cranach d. Ä.: Der hl. Georg. Gemälde um 1510. Hamburger Kunsthalle), der englischen Originalausgabe entnommen; dort finden sich auch die entsprechenden Nachweise. Der Großteil der Bildvorlagen befindet sich im Besitz des Britischen Museums, London.

Register

Kursive Seitenangaben beziehen sich auf Bildlegenden

Adam und Eva, Garten Eden (Paradies) 27, 55, *69*, 131, 147, 148 f.
Adler 15, 110, 116, 126, 146, 150, 152, 155, 178
Aelian, Schriftsteller *72*, 109, 124, 156, 158
Ägypten 165–218 (passim)
  Greif 112, 115, 122, 152, 156, 157, 160
  Löwe und Einhorn 99
  Phönix 9, 290 f.
  Schlangen (und Drachen) 13, 21, 25–27, *27*, *28*
  Sphingen 8
  Wiedergeburt 13
Äthiopien 9, *272*, 278
Afrika 272, 287
Aigamuxa 269
'Ain Dara (Syrien) 176
Akkadische Dynastie *24*, 180, 251
Albertus Magnus 88, 151–153, 156, 157
Alchimie 62 f.
Alciatus, Andreas 245
Aldhelm von Malmesbury 241
Aldrovandi, Ulisse 156 f., 157, 160, *253*, 254
Alexander der Große 51, 137–141, *138*, *140*, 151, 190, 236, 239 f., *240*
Alexanderroman 137–141, *240*
Alexandria 73, 75, 190
Algerien 280
Algonquin-Indianer 300
Altes Testament 13, *27*, 55 f., *73*, 147; *s. auch* Bibel
Amazonen 117, 224, 225
Ambon, Meerjungfrau von 257 f., *258*
Ameisenlöwe 269
Amemait 269
Amphisbaena (Vogelschlange) 269
Ananta (Schlange) 269
Anatolien 115, 183, 187
Andersen, Hans Christian 260
Angelsächsisch 15, 277
Anzu 269, *270*
Apokalyptisches Tier *9*
Apokryphen 13, 59
Apollon (Sonnengott) 116, 119, 122 f., *122*, 137, 139, *140*, 156, 157, 190, 291, 293
Apophis, Aapep (Wasserschlange) 13, 25, 26–27
Apsaras 247
Aquamaniles 103
Arabische Fabeltiere *s.* Ruch
Aries 270
Arimaspen (Volk von Einäugigen) *115*, 117–120, 135, 144, 146, *147*, 148, 155, 157, 158
Ariosto, Ludovico 153 f., *154*
Aristeas 118–120, 151, 157, 163
Ashanti (westafrikanischer Stamm) 293
Asien, asiatisch 271, 285
Assyrien *113*, 179, 180, 284, 289
Astronomie und Astrologie 40, *47*, 49 f.

Atargatis (Mondgöttin) 251
Auden, W. H. 109
Audhumla (Kuh) 270
Australische Ureinwohner 288, 300
Awaren 126
Azteken *66*, *67*, 300

Babylonisch 23, 25, 180, 251
Baghdad, Talismantor 50
Bai (Seelenvogel) 239
Bai ma 270
Baku 270
Bannu (Pakistan) *21*, 22
Basilisk, König der Schlangen 62, 270, *271*
Baum des Lebens 116, 117, *130*, 131
Benevent (Italien) 192, 193
Benin 273
Bernhard von Clairvaux 17
Berry, Herzog von 92
Bestiarien 62, 131, *132*, 241, 246, 269, 270
  Einhörner 75, 81-83, *82*, 102
Bi-bi (geflügelter Fuchs) 271
Bibel 10, 223
  Drache und Schlange 28–30, 48, 55, 65
  Einhorn 73 f.
  Greif 126 f., 131, 146, 151, 156, 158
Bixie 271
Bo (Pferd) 271
Bonnacon 271
Book of Durrow *298*
Borneo 298
Böse, das Böse 13, 50, 62
  Drachen und Schlangen 10, 30, 33, 52, 55, 61
  Greif 113, 116, 130 f., 164
Brasilien 299
Browne, Sir Thomas 14 f., 93, 156 bis 158
Brügge (Belgien) 97
Buddhismus, buddhistisch 37, 40, 42–46
Bukentauros 272
Burma 297
Byblos 180

Cadwaladr, roter Drache von 63 f.
Caladrius (Vogel) 272
Callitrice 272
Camazotz (Fledermaus) 272, *272*
Canning-Juwel *250*, 251
Carroll, Lewis 110, 160, *160*
Catoblepas 272
Chamseh 52
Chaucer, Geoffrey 143
Chemosit 272
Chertsey (Abtei) *133*
Chimäre 10, 13, 80, 157, 222, 272, *273*
China, chinesisch 22, 254, 270, 271, 275, 285, 293, 300
  Drachen 10, 21, 22, *22*, 33–42, *35*, 36, *41*, 42, 50, 65, 285
  Nashorn *72*, 102
  Phönix 291 f., *291*
  Qilin 36, 101 f., 293
  Taotie 36, 295, *296*
Chiron (Kentaur) 226 f., *226*, 246, 280
Christentum, christlich 10, 13, 17, 270, 284
  Drachen 55–64
  Einhorn *11*, 69 f., 73–80
  Greif *11*, 131, 144 f., 147–150
  Sirenen und Fisch-Sirenen 230 bis 233, 244 f., 245
  Sphinx 195
  Clemens von Metz 61
  Cluny-Museum, Paris 91
  Gobelin (Teppich) 94–96, *95*, 104, 106, 108, 110
Cranach d. Ä., Lukas *58*

Da Aido Hwedo (Schlange) 273
Dai, Herzog von 36
Damaskus 47, 175, *177*
Damballah Wedo (Schlangengott) 273
Dame mit dem Einhorn, Gobelin 94, *95*
Dante 16, 149 f., 233, 246
Davies, Arthur Bowen 107, *108*
Delphi (Griechenland) 12, 188, 190
Delphyne 274
Denon, Dominique Vivant 209, 210, 212
Derketo (Mondgöttin) 251

Deutschland 15, 161 f., 212, 215
Einhorn 69, 79, 80, 90, 94, *100*, 101
Dinosaurier 160
Diodorus Siculus 196, 201, 223 f.
Drachen 8, 9, 10, 12, 13, 15, 19–67, *250*, 284, 285, 297
das Böse und Symbol des Teufels 10, 13, 30, 33, 52, 55, 61
China 10, 19, 21, 22, *22*, 33–42, 101, 286
Drachenlaterne 45 f.
Eier 46
Griechenland 12, 30–32, 63
Heraldik 15, 64, *64*
Hethitisch 280
Hindu-Mythologie 28, 299
Islam 47–55
Japan 42–46, 293 f.
Neujahr 40
nordische Mythologie 65, 288
Perle 40
Sternbild 40, 48
in Verbindung mit Regen, Wolken und Himmel 10, 33, 40, 42, 43, *44*, 45 f.
Wächter 12, 25, 28, *35*, 39, 52
Wasser 37, 42 f., 45 f., 57
Wiedergeburt 13
s. auch Ladon; Tiamat; Wyvern
Drachenpferd 37, *38*, 44 f.
Dürer, Albrecht *29*
Durham *134*
Duvet, Jean *89*, 106, *107*
Dzoavits (Ungeheuer) 274

Ea 9, 23
Eber 274, *274*
Echidna 10, 189, 222, 275
Einhörner 8, 68–111
Christentum 10, *11*, 17, *69*, 73–80
Heraldik 16, 64, 94–101
Liebe 81 f., 106
medizinischer Nutzen 87–90
profane Darstellung 81–84
Reinigung von Wasser und Gift 68, 70 f., *72*, 89, *89*, 100 f., 103, 104
Symbol der Keuschheit 16, 85–87
Eklipse *s.* Sonnen- und Mondfinsternis
Elam 112
Empusa 275
Engel (Cherubim) 117, 203
Erichthonios 275
Etrurien, Etrusker, etruskisch 193, *195*, 197, 217, 278

Fafnir (Drache) 275
Faun 203, 275
Fei-yi (Schlange) 275
Fênghuang *s.* Phönix
Fenrir (Wolf) 275
Feuer 10, 27, 54, 62, 101, 293, 300
Fischer von Erlach, Johann Bernhard 201, *202*, 203, 204
Fischfrauen und -männer *s.* Meerjungfrau; Wassermann; Nereiden
Fledermaus 272
Floreffe Bibel 78 f.
Flußgötter 42, 249
Fournival, Richard de 82, 108
Frankreich 15, 91, 199 f., 203, 206, 212
Frauen: als Bewacher 249
als Mischwesen, Tierfrauen 16, 223, 241, 247
Königinnen als Sphingen *172*, 173
Wasser 242
s. auch Harpyien; Meerjungfrau; Sirenen
Fuchs 271, 283

Ga-gaah (Krähe) 275
Gaja-simha (Elefanten-Löwe) 276
Garm 276
Garten Eden *s.* Adam und Eva
Garuda 57, 276
Gefiederte Schlange 65, 284
Georg, hl. 13, *58*, 59–61, *64*
Germanien, germanisch 71 f., 270; *s. auch* Deutschland
Geryon (geflügelter Gigant) 276, *276*
Ghul 276
Giganten 278
Gize (Ägypten) 166–169, *167*, 201
Glaistig 277
Gobelin *79*, 84, 94–96, 104–106, *105*, 110
Gonzaga, Cecilia 85, *85*
Gorgona 15, 222, 247, 277

Gorgonen *s.* Medusa
Grabmäler, Gräber 117, 199, 206, 214
Greif 7, 8, 12, *15*, 16, 80, 112–164, 170
  Bewacher, Beschützer 11 f., 113 f., *114*, 116, 117, 118, 123, 128–130, 143 f., 156 f., 161
  Christentum 10, *11*, 126–131, 146 bis 149, *147*
  Eier 134, 142
  Heraldik *16*, 128–130
  Herkunft des Namens 126
Grendel *277*
Griechenland, griechisch 10, 30, 225 bis 228, 246 f., 249 f., 274, 275, 280, 281, 282, 295, 299
  Drachen und Schlangen 12, 30–32, 63
  Greif *115*, 117–123, *119*, 126, 152
  Sphingen 187–190, *202*, 203, 217
  Tiermenschen 223 f., 298
  Vogel 240
  Wächter 16, 28, 249

Häresie 13
Hahgwehdiyu 275
Haiti 273
Hamath, Königreich 176
Hamsa 278
Harpokrates 278
Harpyien 16, 33, 156, 157, 219, 222, *231*, 236–241, *236*, 246, 247, 257, 267, 278
  Harpyiengrab 17, *238*, 239
Hatschepsut, Königin *172*, 173
Hawaii 247
Hebräer, Hebräisch 178, 300
Heiliges Römisches Reich 13
Heinrich VI., König von England 88
Hekatoncheires 278
Held, Heros 9, 13, 30, 33, 48, 51, 55, 61 f., 102, *113*, 114, *134*, 154, 227, 270, 281, 295, 300
Hemikynes 278
Herakles 13 f., *14*, 31 f., *31*, 63, 223, 227, 274, *274*, 276, *276*, 279, 282, 284, 287, *287*, 295, *296*
Heraldik 15, 63, 70, 94–101, 128 bis 130, 157
Herodot 117–120, 122, 151, 156, 160, 163, 168, 201, 223
Herr der Greifen 113, *113*, 139, *140*
Herrin der Greifen 121
Hesiod 189
Hethitisch 171, 187, 226, 279
Hildegard von Bingen 88, 141 f.
Hinduismus 10, 49, *248*, 269, 276, 280, 299
  Nagas 28, 287
Hippogryph 154, *154*, 162, 278
Hippokampos *278*, *279*
Holawaka 278
Homer 228–234, 241, 246, 281
Honorius von Autun 79
Hōō *s.* Phönix
Horn von Savernake *77*
Horn von Windsor 92
Hugo von St. Viktor 132, 148
Hunde 104, 276, 278, 282; *s. auch* Kerberos
Hyale 278
Hydra 7, 14, *14*, 31, 279

I King (Buch der Wandlungen) 33 f., 37, *38*
Ichthyokentaur 279
Ightham Mote (Kent) 99
Illuyankas 279
Imdugud *s.* Anzu
Indien, indisch *30*, 70 f., 72
  Apsaras 247
  Greif 123, 124, 131, 137, 143
  Harpyien 236
  Hippokampos 278
  Makara *20*, 21
  Nāgas 28, 37, 42 f., 57
  Nashorn 68, 72
  Schlangen und Drachen 21, 28, 42, 49, 57, 299
Indogermanische Balten 300
Irak 50
Iran 19, 50 f., 53
Irokesen 275
Isidor von Sevilla 75, 131, *132*, 241
Isis 190–193, 197 f.
Islam 238, 291
  Drachen 47–55
  Karkadann 102, 282
Italien 12, 16, *81*, 150, 198, 212
Itherther 280

Jakob I., König von England (Jakob VI. von Schottland) 88 f., 97–99
Jakob I., König von Schottland 96
Jakob III., König von Schottland 96, *96*
Jakob IV., König von Schottland 97, *99*
Jalpari, Flußfee 249
Japan 42–46, 270, 280, 283, 288, 294, 295
Jawzahr 49
Jerome, Jerome K. 161
Jormungandr (Seeschlange) 280
Julius Cäsar 71 f.

Kalamakara 280
Kaliya, Schlangenkönig 280
Kambodscha 278
Kanaanitische Mythologie 285
Kanker *s.* Krebs
Kappa 280, *281*
Karkadann 280
Karl VI., König von Frankreich 92
Kartenspiel, Einhornmotiv 104
Kassiten-Dynastie 183
Kentauren 7, 222, 223, 224–228, *225*, *226*, 244, *245*, 246, 280
Kerberos (Zerberos) 10, 16, 281
Keren 281
Kerub (Cherub) 178
Kerver, Thielman *100*, 101
Kerynitische Hirschkuh 282
Keuschheit 16, 85–87, 143
Kimat (Hund) 282
King James Bibel 74
Kircher, Athanasius *191*, 200, 201
Kirin *282*, 283
Kitsune (Fuchs) 283, *283*
Klapperschlange (Hund) 284
Korinth 188, *230*, *232*
Krähe 275
Kraken 284
Krebs (Sternbild) 50, 280
Kreta 115 f., 184, *184*, 185, *186*, 187
Kreuzfahrer, -zug 33, 59, 60
Kriokamp 284
Kriosphinx *s.* Widdersphinx
Ktesias 70, 71, 72, 285
Kuh 270
Kühnheit 14
Kukulkan (Vogelschlange) 66, 284
Kura ngaituku 241

Ladon (Drache) 12, *31*, 32, 284
Lamassu 179, 284
Lamia (Schlange) 284
Le Mans, Kathedrale 199
Legenda aurea 59
Leopard 57
Leviathan 10, 55, 284 f.
Ling yu 285
Löwe 12, 15, 17, 57, 110, 150, 152, 155, *220*, 249, 284, 285, 287
  Einhorn 97–99
  Greif 112, 115, 116, 123, 124, 142, 289
  Heraldik (Wappen, Embleme) 16, 94
  Sphinx 167, 170, 176, 179, 188, 192
  Sternbild 50
  s. auch Widdersphinx
London 91, 116, 210, 214
  Heraldik (Wappen, Embleme) *64*, 128
  Selfridges 256
Long (Drache) 33, 285
Lotan 285
Luther, Martin 55

Makara (Wassertier) *20*, 21, 285
Mandeville, John 142, 153, 156
Manticora 285, *285*
Maori 241
Mappa mundi 146
Marduk, Götterheros 9, 23–25, 292
Margareta von Antiochien 61
Margareta von Dänemark 90
Maria Stuart, Königin von Schottland 97
Martha, hl. 61
Martin von Aragonien, König 90
Matsya *248*
Maya 66, 272, *272*, 284, 299
Medusa 13, 277, 289 f.
Meerjungfrauen 7, 222, 229, 241, 241 bis 267, *243*, *250*, *261*, *264*, 286
Meernymphen 246, *256*
Megasthenes, Gesandter 71, 72
Megiddo (Israel) 183
Meister E.S. 104

Melusine (Meerjungfrau) 247
Mesopotamien 9, 12, 279, 280, 284, 286, 287, 290, 297
Greif 112–114, 152, 160
Sphinx 179, 180, 187
s. auch Tiamat
Metropolitan Museum, New York 104–106, *105*, 107, *108*, 169
Mexiko 66, *66*
Michael, hl. 56, 57, 126
Michovius, Mathias (Maciej z Miechowa) 155, 157, 160
Milton, John 148, 235
Minotauros 7, 222, 286, *286*
Mirrour of the World 142 f.
Mitanni, Königreich *182*, 183 f.
Mittelamerika 65
Mittelmeer 242
Mokele-Mbembe 287
Mond 40, 66, 256
More of More Hall 62
Mormo 287
München 87
Murgh-i-adami 238
Mušhuššu (Drache) 23, 24, *24*, 287
Mušmahhu 287
Mykene 188 f.

Nagakal *30*
Nāgas 28, 37, 42 f., 57, 287
Nandi (ostafrikanisches Volk) 272
Nandi (Stier) 287
Narwal 91 f., *92*
Nashorn 68, 72, 102, 280
Navajo in Arizona 295, 298
Nemeischer Löwe 287, *287*
Nemesis (Göttin) *120*, 121, *128*
Neraida 241
Nereiden 234, 241, 247, 258
Nez Percé (Indianerstamm) 300
Nialyod (Regenbogenschlange) 288
Nidhoggr (Drache) 288
Nimrud 171, 180 f., *181*, *186*, 187, *220*, 249
Ninive 179
Nordamerikanische Ureinwohner 65, 275, 299
Nordische Mythen 65, 275, 276, 280, 288, 295
Nue 288, *288*

Oannes 251
Ödipus 189 f.
Odysseus 221, 228–234, *235*, 244 bis 246, 254, 262, *264*, 266
Olins, Wolf *16*
Oni 288, *289*
Opinicus (Greif) 116, 128, 289
Ortokiden-Dynastie *47*

Pakistan *21*, 22
Palästina 115, 178
Pan (Gott) 289
Pandschab 249
Paris 78, 83, *83*, 91, 216; *s. auch* Cluny-Museum
Pazuzu (Dämon) 289
Pegasus (geflügeltes Pferd) 13, 16, 289 f., *290*
Persien 47, 49, 51 f., 54 f., 291, 292, 294
Perugia (Italien) 128, *128*, 145
Petrarca 86, 106
Pferde 125, 131, 292, 295, 300
Pferdedrachen *s.* Drachenpferd
Philipp der Gute, Herzog von Burgund 92
Philippinen 282, 296
Philippus (Apostel), hl. 61
Phönikien, phönikisch 171, *177*, 185, *186*, 187
Phönix 8, 9, *12*, *20*, 101, 290 f., *291*
Phönix-Juwel *12*
Physiologus 75, 76–78, 87, 126
Piranesi, Giovanni Battista 204, *205*, 210
Pisanello, Antonio 85, *85*, *128*
Plinius, Historiker 71, 124, 126, 143, 151, 156, 157, 168, 236, 252–254, 255, 258 f., 270
Poitiers, Diana von *89*, 106
Dianas Grab 199 f.
Polo, Marco 102, 152
Pompeji (Italien) *192*, 195
Psalmenbuch der Queen Mary 10, *11*, *74*
Python 291

Qilin 36, 39, 292
Qingu 292
Quetzalcoatl 66, 284

Rachsch, Rakhsh (Pferd) 51, 292, *292*
Reinkarnation *s.* Wiedergeburt
Rilke, Rainer Maria 110
Robert der Fromme, König von Frankreich 135
Römisch-britisch *65*, *122*
Rom, römisch 15, 33, *72*, *120*, 150, 246 f., 249, 252, 275, 290
  Drachen 15, 33
  Greif *119*, 121–125, 152
  Sphingen 191–195, *191*, 195 f., 199, 200, *202*, 206, 217
Rostam 51, 292, *292*
Ruch, Roch 135–137, 152, 156, 292

Salamander 293, *293*
Sasabonsam 293
Satyr 223, 227 f. , *227*, 293
Sauerschwabenheim, Kloster (Deutschland) 78
Schahnameh 51 f.
Schatz *s.* Drachen; Greif; Wächter
Schildkröten 36, 39, 101
Schiller, Friedrich 94
Schlangen 12, 13, 15, 17, 25–32, 34, 66 f., 269, 273, 275, 278, 287, 288, 299, 300
  China 36
  in Verbindung mit Bäumen 28–30
  Indien 21, 28, *30*, 42
  Schlangendrache 13, 285, 287
  Schlangenfrau 241, 247, 275, 284
  Schlangenverehrung 22, *30*, 61
Schöpfungsmythen 9
Schottland, schottisch 64, 96, *96*, 99, 247, 277, 298
Schütze (Sternbild) *47*, 50, 280
Seedrache *s.* wani
Seelenvogel (bai) 239
Sèvres, Tafelservice 212, *213*
Seymour, Jane 97
Shakespeare, William 100, 110, 155
Shan hui (Hund) 293
Shang yang (Vogel) 293
Shokuin (Drache) 293 f.
Shoshonen 274
Silber, Einhornmotiv 104
Simurgh *20*, 55, 294, *294*
Sirenen 219, 222, 228–235, 236, 239, 244 f., *245*, 246, 247, 249, 260–267, 294
  männliche Sirenen 251, 263
Sizilien 188, 190, 261 f.
Skandinavien *s.* nordische Mythen
Skorpionmenschen 10, 295
Skylla 295
Skythien, Skythen 118, 123, 124, 131, 143, 146, 158, 223
Sleipnir 295
Solinus, Gaius Iulius 124 f., 126, 143, 156
Sonne und Sonnenverehrung 40, 157
Sonnen- und Mondfinsternis 49, 50
Spenser, Edmund 99, 242–244
Sphingen 8, 33, 121, 157, 165–218, 247
Steinbock 295
Stier 12, 179, 270, 284, 286
Stiermensch 10; *s. auch* Minotauros, Bukentauros
Stockton, Frank R. 162 f.
Stundenbuch von Wharncliffe 87
Stymphaliden 295, *296*
Südamerika 65
Sumerisch 25, 269, 292, 299
Syrien 251
  Greif 115
  Sphingen 170, 175, *175*, 176, 180, 184, 187

Taotie 36, 295, *296*
Teelget 295
Tengu 297, *297*
Teppich von Bayeux *127*, 128
Teufel, Satan 13, 54, *54*, 56 f., 147, *147*, 148, 149
  Symbole 27 f.
Thomas von Aquin 146
Thutmosis III. *172*, *211*
Thutmosis IV. *166*, 168, *171*, 173
Tiamat 10, 23–25, 297
Tianlu 297
Tibet 291
Timmermann, Hans, Goldschmied *103*, 104
Tivoli, Villa Hadriana 193, 197
To (Löwe/Hirsch) 297
Topsell, Edward 93, *285*
Trier *207*

Triton 249, 252, 298
Tsenahale 298
Tua 298
Türkei *52*, 54 f., 176; *s. auch* Anatolien
Tutanchamun 216, 218
Typhon, Typhoeus 10, 32, 236, 298

Ugarit 170
Unterwelt, Hades 25, *28*, 237, *238*, 275
Urisk 298
Uroboros 298, *298*
Urubutsin (›Geierkönig‹) 299
Usumgal 299

Venedig *54*
Markuskirche 91
Vergil 122, 125, 153, 233 f., 237
Visionsschlange 299
Viterbo 195 f.
Vögel, menschenköpfige und Vogelfrauen 10, 16, *231*, 237, 239, 241, 242, 244, 246
Vorderer Orient, Vorderasien 17, 21, 33
Vritra (Drache) 10, 299
Vucub Caquix (Vogel) 299

Wächter, Bewacher, Hüter 12, 25, 26, 28, *35*, 176, 187, 216, *220*, 221, 274, 284, 295, 298
der Unterwelt und des Todes 16, *114*, 117, 188, 240, 276
von Grenzen oder Übergängen 16, 170
von heiligen oder symbolischen Objekten 114, 115, 116, *129*, *130*
von Meerjungfrauen 249
von Schätzen 52, 131, *145*, 249, 287
s. auch Drachen; Greifen
Wakonda (Donnervogel) 299, *299*
Waldegrave, Richard von 61
Wales 64, 130
Walfisch 55
Wani (See-Drachen) 42 f.
Wappen *s.* Heraldik
Warwick, St Mary's 131
Wasser 10, 101
Drache und Pferdedrache 10, 25, 37, 62
Frauen 242
s. auch Leviathan; Einhorn
Wassermänner 249, *250*, 251 f., 286
Wedgwood 206, *208*
Wells, Kathedrale von *140*
Weltschöpfungsepos, *-lied* 9, 23–25
Werwolf 300
Widder 165, 270, 284
Widdersphinx 165, *182*, 185, 212
Wiedergeburt 12, *27*, 28, 45
William von Shoreham *78*
Windigo 300
Wishpoosh 300
Wititj (Schlange) 300
Wolfram von Eschenbach 88
Worm, Ole 92 f.
Wu, Tian wu 300
Wyvern 300

Xanthos (Pferd) 300
Xanthos, Nereidenmonument 188
Xiuhcoatl (Feuerschlange) 67, 300

Yali 300
Yeats, William Butler 108

Zaltys (Schlange) 300
Zauberflöte, Die 209, 212, *214*
Zerberus *s.* Kerberos
Zimri-Lim von Mari, Palast 180
Zinnoberroter Südvogel 300
Ziz 300
Zweistromland, *s.* babylonisch
Zwillinge (Sternbild) 50
Zypern *114*, 115, 185 f., 190